MOZART – LUCIO SILLA
Ein frühes Meisterwerk

INTERNATIONALE STIFTUNG MOZARTEUM (HG.)

VERLAG ANTON PUSTET

STIFTUNG
MOZARTEUM
SALZBURG

MOZART
LUCIO SILLA

Ein frühes Meisterwerk

Michael Fischer
Johannes Honsig-Erlenburg
Ulrich Leisinger

INTERNATIONALE STIFTUNG MOZARTEUM (HG.)

VERLAG ANTON PUSTET

Konzerte
Wissenschaft
Museen

INHALT

GRUSSWORT

Einen Riesenerfolg erzielte der erst 16-jährige Wolfgang Amadeus Mozart mit seiner dritten für Mailand geschriebenen Oper *Lucio Silla.* Dass zu dieser Zeit die Mailänder Untertanen Maria Theresias waren und damit Österreicher, die Familie Mozart aber Salzburger und damit Nicht-Österreicher, muss ich in diesem Zusammenhang immer schmunzelnd erwähnen. Salzburg verlor erst durch Napoleon seine Unabhängigkeit und wurde 1815 Teil von Österreich.

Leopold Mozart wurde nicht müde, seiner in Salzburg zurückgelassenen Frau zu berichten, wie groß der Erfolg beim Mailänder Publikum war. Doch obwohl das Dutzend Vorstellungen ausverkauft war, erfolgten keine weiteren Aufführungen und auch keine Wiederaufnahmen. Im Gegenteil, zu Mozarts Enttäuschung gab es keine weiteren Aufträge, und seine Italien-Sehnsucht konnte er nie stillen.

Auch bei den Festspielen war *Lucio Silla* „ein Spätzünder“: Präsident Bernhard Paumgartner sorgte 1964 endlich dafür, dass diese Mozart-Jugendoper in das Herz unserer Programmatik rückte. Ein heute völlig vergessenes Trio – Bernhard Conz als Dirigent, Christoph Groszer als Regisseur und Ekkehard Grübler als Bühnenbildner und Kostümschöpfer – arrangierten das Debüt in der Residenz.

Den wirklichen Durchbruch dieser Oper aber erreichte Gerard Mortier. *Lucio Silla* war 1993 eines seiner so aufsehenerregenden Projekte der Zusammenarbeit zwischen Mozartwoche und Salzburger Festspielen. In der subtilen Regie von Peter Mussbach, mit Bühnenbild und Kostümen von Robert Longo, einem Weltkünstler, und unter dem Dirigat von Sylvain Cambreling war *Lucio Silla* im Kleinen Festspielhaus so erfolgreich, dass man die Oper 1997 wiederaufnahm.

Für mich als Salzburgerin, als Präsidentin der Salzburger Festspiele und als Mitglied des Kuratoriums der Stiftung Mozarteum Salzburg ist die Zusammenarbeit zwischen den beiden Institutionen ein großes Anliegen. Daher habe ich mich besonders gefreut, dass *Lucio Silla* 2013 ein so großes Echo fand.

Marc Minkowski hat 2006 mit *Mitridate,* der anderen Mailänder Jugendoper Mozarts, den eigentlichen Hit, um es salopp zu formulieren, des Mozart-Jahres gelandet – im Residenzhof in einer besonders packenden Inszenierung von Günter Krämer mit herausragenden Künstlern. Dass es jetzt wieder Marc Minkowski war und ist, der mit *Lucio Silla* die herausragende Mozart-Kompetenz der Mozartwoche einerseits und der Salzburger Festspiele andererseits unterstreicht, freut mich besonders.

Für uns als Festspiele ist es aber auch wichtig, dass unsere praktische Arbeit theoretisch vertiefend begleitet wird. Insofern danke ich den für diese Publikation Verantwortlichen: Michael Fischer, Johannes Honsig-Erlenburg und Ulrich Leisinger. *Lucio Silla* markiert jenen faszinierenden Punkt, an dem sich das Wunderkind Mozart zum reifen Komponisten wandelte. Dieses Buch gibt interessante, neue Einblicke in ein zu Unrecht selten gespieltes Werk.

Helga Rabl-Stadler
Präsidentin der Salzburger Festspiele

ZUM GELEIT

Mit *Lucio Silla* hat der damals 16-jährige Wolfgang Amadé Mozart erstmals die Geschichte der europäischen Oper geprägt. Das Werk hat nicht nur 1772/73 unter Beteiligung herausragender Interpreten wie Venanzio Rauzzini und Anna De Amicis eine beachtliche Premierensaison in Mailand erlebt, das Libretto von Giovanni De Gamerra wurde auch unmittelbar von zwei bedeutenden Zeitgenossen, Pasquale Anfossi (Venedig 1774) und Johann Christian Bach (Mannheim 1775), aufgegriffen. Wenige Jahre später folgte ihnen noch Michele Mortellari (Turin 1779). Mozart selbst hat sein Jugendwerk hoch geschätzt und einige Arien bis in die späte Wiener Zeit bei Akademien aufführen lassen.

Dennoch ist die Oper bis heute kaum als eigenständiges Werk gewürdigt worden; vielmehr hat man sie meist nur als Vorläufer von *Idomeneo* (1780/81), der ersten der „sieben großen Opern" Mozarts, angesehen. Die Verbindungen von *Lucio Silla* zur Tradition der Opera seria und die bahnbrechenden Neuerungen des Werkes, die gleichermaßen dem Komponisten wie dem Librettisten geschuldet sind, werden in dieser Publikation, die sich sowohl an Liebhaber als auch an Kenner von Mozarts Opern wendet, in den geistesgeschichtlichen Kontext eingebettet und sorgfältig gegeneinander abgewogen. Den willkommenen Anlass, sich mit *Lucio Silla* auseinanderzusetzen, bildeten die Aufführungen unter Marc Minkowski (Regie: Marshall Pynkoski, Bühnenbild: Antoine Fontaine), die als Koproduktion mit den Salzburger Festpielen und in Kooperation mit dem Musikfest Bremen bei der Mozartwoche 2013 der Stiftung Mozarteum Salzburg dargeboten wurden und durch ein interdisziplinäres Symposium *Mozart-Opern multiperspektivisch: Lucio Silla* der Stiftung Mozarteum Salzburg und der Paris-Lodron-Universität Salzburg/Universität Mozarteum Salzburg, Schwerpunkt Wissenschaft und Kunst, im Herbst 2012 vorbereitet worden waren.

Es ist mir eine angenehme Pflicht, im Namen der Mitherausgeber allen Autoren für die prompte Lieferung ihrer Beiträge, Ingeborg Schrems und Miriam Pfadt bei der Organisation des Symposiums und der Veranstaltungen während der Mozartwoche, und insbesondere Angelika Worseg, Matthias Horngacher und Till Reininghaus für die umsichtige Umsetzung zu danken. Ohne ihren Einsatz wäre es nicht möglich gewesen, das Buch bereits zur Wiederaufnahme der Oper bei den Salzburger Festspielen im Juli 2013 in den Händen zu halten.

Michael Fischer
Paris-Lodron-Universität Salzburg/Universität Mozarteum Salzburg
Programmbereich Arts & Festival Culture (Schwerpunkt Wissenschaft und Kunst)

VORWORT

Lucio Silla ist ein ganz außergewöhnliches Werk eines Sechzehnjährigen. Mit den Opere serie *Mitridate re di Ponto* und *Ascanio in Alba* hatte Mozart Anfang der 1770er-Jahre in Mailand Achtungserfolge errungen; mit *Lucio Silla* hat Mozart dann am 26. Dezember 1772 zum ersten Mal Operngeschichte geschrieben, denn hiermit durfte er auf dem Gebiet der ernsten Oper ein Textbuch erstmals vertonen. Binnen weniger Jahre hat dieses Werk drei Nachfolger gehabt: Pasquale Anfossi hat den Text für Venedig 1774 erneut in Musik gesetzt, Johann Christian Bach für Mannheim 1775/76 und Michele Mortellari für Turin 1779. Mit Ausnahme von Mortellari konnten wir diese Werke und ihre gegenseitigen Beziehungen bei der Mozartwoche 2013 in Salzburg vorstellen.

Obwohl *Lucio Silla* für Mailand bestimmt war, handelt es sich letztlich doch auch um eine Salzburger Oper: *Lucio Silla* ist zunächst einmal die letzte ernsthafte Oper, die ganz in Mozarts Salzburger Zeit fällt. Wie dies für die Opera seria die Regel ist, hat sie dann im späten 18. und speziell dann im 19. Jahrhundert keine Aufmerksamkeit mehr gefunden. Salzburg hat aber ganz wesentlichen Anteil an der Wiederentdeckung des Werkes, nachdem die Veröffentlichung in der *Alten Mozart-Ausgabe* im Jahre 1880 keinen Nachklang in der musikalischen Praxis gefunden hat. Bei der Mozartwoche 1975 der Internationalen Stiftung Mozarteum konnte die Oper jedenfalls erstmals nach dem Notentext der *Neuen Mozart-Ausgabe*, den Kathleen Kuzmick Hansell in mustergültiger Form vorgelegt hat, aufgeführt werden – in einer konzertanten Fassung unter Leopold Hager. Bei der Mozartwoche 1993 folgte die erste szenische Realisierung; 2006 kam das Werk bei den Salzburger Festspielen erneut auf die Bühne. Inzwischen hat sich *Lucio Silla* auf den Bühnen in Europa wieder – oder vielleicht muss man sagen: zum ersten Mal überhaupt – etabliert.

Die Aufführungen bei der Mozartwoche 2013 waren ein spannendes Erlebnis. Was Marc Minkowski als künstlerischer Leiter der Mozartwoche in der Zusammenarbeit mit Marshall Pynkowski und Antoine Fontaine sowie fabelhaften Interpreten auf die Bühne gebracht hat, war ein Fest für alle Sinne, eine unglaublich faszinierende Mischung aus Musik, Bildern und Bewegung. Der Applaus hat sich von Aufführung zu Aufführung gesteigert, und ich glaube, dass sich dieser Erfolg genauso bei den Produktionen unserer Kooperationspartner, den Salzburger Festspielen und dem Musikfest Bremen, fortsetzen wird. Dabei ist *Lucio Silla* keine einfache Kost: Die Länge, die musikalisch-technischen Ansprüche, die verworrene Handlung – all dies hätte abschrecken können.

Die Zeitgenossen hatten es vielleicht leichter als wir, denn sie hatten einen Erwartungshorizont, in den sie dann die auch für sie neue Oper einordnen konnten. Wir können uns dem Werk weitgehend nur analytisch nähern und müssen uns dabei immer fragen, ob das, was uns heute wichtig erscheint, auch für die Zeitgenossen von Bedeutung war. Haben sie beim Anhören der Musik wirklich an den 16-jährigen Komponisten gedacht oder nicht vielmehr an die fabelhafte *prima donna* Anna De Amicis, den gewandten Kastraten Venanzio Rauzzini oder an den Titelhelden, der aus der Not heraus mit einem tolpatschigen Kirchensänger besetzt werden musste, der keineswegs alle Erwartungen erfüllen konnte? Haben sie es zu schätzen gewusst, dass der Librettist Giovanni De Gamerra Experimente gewagt und das traditionelle Duett aus dem zweiten Akt bereits an das Ende des ersten Aktes verlegt hat? Hat ihnen die neue, sehr präsente Rolle des Chores gefallen? Haben sie Geschmack an De Gamerras schaurigen Grabes- und Kerkerszenen gefunden? Haben sie die ungewöhnlich vielen Accompagnato-Rezitative, mit denen der junge Mozart den düsteren Tonfall unterstrichen hat, zu schätzen gewusst?

Wir haben uns diesen und vielen anderen Fragen gestellt: Vor der Mozartwoche mit einer dreitägigen Lehr- und Informationsveranstaltung vom 22. bis 24. Oktober 2012 im Rahmen des Zyklus' *Mozart-Opern multiperspektivisch* in der inzwischen bewährten Zusammenarbeit mit dem Programmbereich *Arts & Festival Culture* des Schwerpunkts *Wissenschaft & Kunst* an der Paris-Lodron-Universität Salzburg/Universität Mozarteum Salzburg und während der Mozartwoche mit dem Almanach, mit Roundtable-Gesprächen und Einführungsvorträgen, zu denen wir Wissenschafter, Künstler und Kulturvermittler eingeladen hatten. Dabei haben wir unseren Blick nicht nur auf Mozart, sondern auch auf seine Zeitgenossen, vor allem auf Johann Christian Bachs höchst beeindruckendes Mannheimer Gegenstück, gerichtet.

Die Beiträge von Marc Minkowski, Marshall Pynkoski, Antoine Fontaine, Rolando Villazón und Matthias Schulz, die unter dem Titel *Positionen* wiedergegeben werden, spiegeln die Eindrücke von der Opernproduktion bei der Mozartwoche 2013 wider.

Wir sind stolz, dass wir mit dieser Publikation unsere Begeisterung für dieses Jugendwerk Mozarts einer breiteren Öffentlichkeit nahebringen können; denn *Lucio Silla* ist nicht einfach eine Vorahnung auf ein kommendes Genie, sondern ohne Übertreibung Mozarts erstes Meisterwerk.

Johannes Honsig-Erlenburg
Präsident der Stiftung Mozarteum Salzburg

ABKÜRZUNGEN UND GENERELLE LITERATUR

BD *Mozart. Briefe und Aufzeichnungen*. Gesamtausgabe, gesammelt (und erläutert) von Wilhelm A. Bauer und Otto Erich Deutsch (4 Textbände = Bauer-Deutsch I–IV, Kassel u.a. 1962/63), aufgrund deren Vorarbeiten erläutert von Joseph Heinz Eibl (2 Kommentarbände = Bauer-Deutsch V und VI, Kassel u.a. 1971), Register, zusammengestellt von Joseph Heinz Eibl (= Bauer-Deutsch VII, Kassel u.a. 1975), Einführung und Ergänzungen von Ulrich Konrad (VIII, Kassel u.a. 2006); Taschenbuch-Ausgabe (Bände I–VIII), Kassel u.a. und München 2005.
Soweit verfügbar, folgen Zitate der Neuausgabe der Briefe und Dokumente im Rahmen der *Digitalen Mozart-Edition*, einem Editionsprojekt der Stiftung Mozarteum Salzburg und des Packard Humanities Institute, Los Altos/CA (http://dme.mozarteum.at/DME/briefe; Projektverantwortliche: Anja Morgenstern).

Dok 1961 *Mozart. Die Dokumente seines Lebens*, gesammelt und erläutert von Otto Erich Deutsch (= NMA X/34), Kassel u.a. 1961 [Deutsch-Dokumente].

Dok 1997 *Mozart. Die Dokumente seines Lebens. Addenda, Neue Folgen*, zusammengestellt von Cliff Eisen (= NMA X/31/2), Kassel u.a. 1997.

KV Köchelverzeichnis: Ludwig Ritter von Köchel, *Chronologisches Verzeichnis sämtlicher Tonwerke W. A. Mozarts*, Wiesbaden ^{6}1964.

Werkausgabe:
Wolfgang Amadeus Mozart, Lucio Silla, hrsg. von Kathleen Kuzmick Hansell, Kassel u.a. 1986 (NMA II/5/7).

Wolfgang Amadeus Mozart, Lucio Silla, Kritischer Bericht, hrsg. von Kathleen Kuzmick Hansell und Martina Hochreiter, Kassel u.a. 2007 (NMA II/5/7).

Ulrich Leisinger

MOZARTS LUCIO SILLA

Opera seria aus der Sicht der Zeitgenossen*

I.

Die Jugendoper *Lucio Silla* von Wolfgang Amadé Mozart, die am 26. Dezember 1772 erstmals aufgeführt wurde, ist ein Werk, das an der Grenze zweier musikgeschichtlicher Epochen steht, die wir heute als Barock und als Klassik bezeichnen. Man kann diesem Werk leicht unrecht tun, wenn man es nur aus dem Blickwinkel dieser beiden Epochen betrachtet. Nähern wir uns der Oper, wie dies meist geschieht, aus der Sicht der Klassik, so überwiegt der Eindruck des „Noch-Nicht". Dies ist nahezu unvermeidlich der Fall, wenn wir *Lucio Silla* mit den uns vertrauten Meisterwerken Mozarts vergleichen. Immerhin erscheint uns dann manches als eine Vorahnung; wir werden nicht leugnen, dass schon die Musiksprache dieses 16-Jährigen – beispielsweise in den orchesterbegleiteten Rezitativen – eine unverwechselbare Persönlichkeit verrät, an die er neun Jahre später mit *Idomeneo* nahtlos anknüpfen kann. Es wäre sicherlich reizvoller, den umgekehrten Weg zu beschreiten, nämlich *Lucio Silla* mit der Gattungstradition der Barockoper in Beziehung zu setzen und das Augenmerk darauf zu richten, inwiefern hier keine Opera seria alter Prägung mehr vorliegt. *Lucio Silla* ist aber bei allem Neuen keine Reformoper, wie dies etwa für Christoph Willibald Gluck bei der Komposition von *Orfeo ed Euridice* 1762 oder *Iphigénie en Tauride* 1774 erklärtes Programm war. Wir wollen uns aber nicht in intellektuelle Gedankenspiele verlieren, zu deren Nachvollzug es weiterreichender historischer Kenntnisse bedürfte. Vielmehr schlage ich vor, *Lucio Silla* einfach als das zu nehmen, was er 1772/73 tatsächlich war: ein Kunstwerk, mit dem ein ambitionierter junger Textdichter und ein noch jüngerer, aber nicht weniger ehrgeiziger Komponist versuchten, die Gunst ihres damaligen Mailänder Publikums zu erringen – ohne auch nur einen Moment daran zu denken, was wohl die Nachwelt hierzu sagen werde.

Gewiss, wir können uns einer grundsätzlichen Skepsis nicht entziehen: Was will, was kann uns die Opera seria heute noch sagen? Gibt es nicht gute Gründe, warum sich *Lucio Silla* trotz periodischer gutgemeinter Bemühungen einer Wiederbelebung hartnäckig entzieht? Müssen wir uns hier nicht auf eine verwickelte und in einem hohen Maße unwahrscheinliche Handlung einlassen? Werden uns die Sänger mit ihrer Stimmakrobatik nur in Erstaunen versetzen oder können sie uns etwas sagen, das uns im Inneren,

* Der Beitrag beruht auf dem am 29. Jänner 2013 gehaltenen Einführungsvortrag zur Aufführung von Mozarts *Lucio Silla* (Leitung: Marc Minkowski, Regie: Marshall Pynkoski, Bühnenbild: Antoine Fontaine) bei der Mozartwoche 2013. Der Vortragsstil wurde beibehalten.

im Jetzt und Heute, berührt? Immerhin, es ist beruhigend, dass sich das Publikum in Mozarts Tagen dieselben Fragen auch schon gestellt hat. In einem Lexikon dieser Zeit heißt es:

> Bey dem außerordentlichen Schauspiehl, dem die Italiäner den Namen Opera gegeben haben, herrscht eine so seltsame Vermischung des Großen und Kleinen, des Schönen und Abgeschmakten, daß ich verlegen bin, wie und was ich davon schreiben soll. In den besten Opern siehet und höret man Dinge, die so läppisch und so abgeschmakt sind, daß man denken sollte, sie seyen nur da um Kinder, oder einen kindisch gesinnten Pöbel in Erstaunen zu sezen; [...]

Trotz dieser im Ansatz vernichtenden Kritik muss der Autor unmittelbar danach einräumen:

> [...] und mitten unter diesem höchst elenden, den Geschmak von allen Seiten beleidigenden Zeuge, kommen Sachen vor, die tief ins Herz dringen, die das Gemüth auf eine höchstreizende Weise mit süßer Wollust, mit dem zärtlichsten Mitleiden, oder mit Furcht und Schreken erfüllen.

Und bei allen Vorbehalten nimmt er das Ergebnis seiner Analyse bereits vorweg:

> Die Oper kann das Größte und Wichtigste aller dramatischen Schauspiehle seyn, weil darin alle schönen Künste ihre Kräfte vereinigen: [...]

So schrieb der Schweizer Philosoph und Aufklärer am Hofe Friedrichs des Großen in Berlin, Johann Georg Sulzer, im dritten Teil seiner vielbeachteten *Theorie der Schönen Künste*, der 1774, zwei Jahre nach der Premiere von *Lucio Silla*, gedruckt wurde. Ich möchte diesen Artikel meinen Ausführungen zugrunde legen, weil er die Erwartungen, die das Publikum seiner Zeit in das Opernhaus hineintrug, offenlegt. Sulzers Beobachtungen sind scharfsinnig und scharfzüngig und manchmal auch erfrischend ungerecht. Auch wenn ich Sulzers Überlegungen in einer gewissen Ausführlichkeit behandle, möchte ich sie nur zum Ausgangspunkt für einen zentralen musikalischen Aspekt nehmen, nämlich die Frage, inwieweit Mozart in *Lucio Silla* Empfindungen schildern und seine Figuren als Individuen zeichnen kann. Unberücksichtigt müssen hier die grundlegenden Forderungen Sulzers bleiben, der die Opera seria nur deswegen ausführlich schildert, um daraus eine Reform der Oper aus dem Geiste der griechischen Tragödie anzumahnen.

Zurück zu Johann Georg Sulzer:

> Die Dichtkunst liefert den Hauptstoff, indem sie die dramatische Handlung dazu hergiebt. In den vorigen Zeiten war es in Italien, wo die Oper zuerst aufgekommen ist, gebräuchlich, den Stoff zur Handlung aus der fabelhaften Welt zu nehmen. Die alte Mythologie, das Reich der Feen und der Zauberer, und hernach auch die fabelhaften Ritterzeiten, gaben die Personen und Handlungen dazu an die Hand. Gegenwärtig aber haben die Operndichter zwar diesen fabelhaften Stoff nicht ganz weggeworfen, aber sie wechseln doch auch mit wahrem historischen Stoff, so wie das Trauerspiehl ihn wählt, ab.

Im Falle von *Lucio Silla* haben wir in der Tat ein historisches Sujet vorliegen. Hierauf hebt Mozarts Textdichter Giovanni De Gamerra in der Inhaltsbeschreibung ab, die der Oper im originalen Textdruck von 1772 vorangestellt ist:

> Son note nell'istoria le inimicizie di Lucio Silla e di Caio Mario. È palese altresì il modo con cui il primo trionfò del suo emulo. Non può a Silla negarsi il vanto di gran guerriero felice in tutte le sue marziali intraprese. Ma colla crudeltà, coll'avarizia, colla volubilità e colle dissolutezze adombrò la gloria del proprio valore.
>
> Die Feindschaft zwischen Lucio Silla und Caio Mario ist historisch bekannt. Ebenso bekannt ist die Art, wie Ersterer über seinen Widersacher triumphierte. Man kann Silla den Ruf eines großen und glücklichen Kriegers in all seinen militärischen Unternehmungen nicht streitig machen. Doch mit der Grausamkeit, mit dem Geiz, mit dem Wankelmut und mit den Ausschweifungen verdunkelte er den Ruhm seiner Tapferkeit.

Und ich springe gleich zum Schluss der Beschreibung des Handlungsrahmens:

> Odioso a tutta Roma lo resero le stragi, l'usurpatasi dittatura, la proscrizione e la morte di tanti cittadini, ma degna fu d'ogni encomio la volontaria sua abdicazione per cui cedette le insegne di dittatore, richiamando in Roma tutti i proscritti e anteponendo all'impero e alle grandezze la tranquillità d'una oscura vita privata. [...] Da tali istorici fondamenti è tratta l'azione di questo dramma, la quale è per verità fra le più grandi [...].
>
> Die Blutbäder, die usurpierte Diktatur, die Proskription und der Tod vieler Bürger machten ihn [Sulla] in ganz Rom verhasst; sehr lobenswert war hingegen seine freiwillige Abdankung, mit der er die Insignien der Dikatorenwürde niederlegte, die verbannten Bürger nach Rom zurückrief und die Ruhe eines anonymen Privatlebens der Herrschaft und dem Ruhm vorzog. [...] Auf diesem historischen Hintergrund basiert die Handlung dieses Dramas, welche in Wahrheit zu den allerbedeutendsten gehört [...].

Soweit Giovanni De Gamerra. Sulzer, zu dem ich zurückkehren möchte, weist vertiefend auf den engen Zusammenhang zwischen Opera seria und Tragödie hin:

> Man kann also überhaupt annehmen, daß der Trauerspiehldichter und der Dichter der Oper, einerley Stoff bearbeiten. Beyde stellen uns eine große und wegen der darin verschiedentlich gegen einander würkenden Leidenschaften merkwürdige Handlung vor, die von kurzer Dauer ist, und sich durch einen merkwürdigen Ausgang endiget.

Es wird also eine große, eine bedeutende Handlung dargestellt, die von Leidenschaften bestimmt ist und nach den Idealen der antiken (und bis ins 18. Jahrhundert nachwirkenden) Dramentheorie an einem einzigen Tag spielt. Sie ist zielgerichtet und endet auf „merkwürdige", oder wie wir heute sagen würden, „denkwürdige" Weise. Lucio Silla, hinter dem sich der uns wenigstens dem Namen nach vertraute Lucius Cornelius Sulla

Felix verbirgt, der im Jahre 78 v. Chr. starb, steht scheinbar auf dem Höhepunkt seiner Macht. Er hat Giunia, die Tochter seines verstorbenen Todfeindes Gaius Marius in seiner Hand; ihren Verlobten Cecilio hat er als römischer Diktator zusammen mit hunderten anderen rechtschaffenen Bürgern des Landes verwiesen. Sollten sie jemals nach Rom zurückkehren, so würde sie dort die Todesstrafe erwarten. Nicht genug, Giunia und Cecilio voneinander zu trennen, hat Silla das Gerücht verbreiten lassen, dass Cecilio tot ist, um Giunia heiraten zu können. Da sie sich weiterhin weigert, will er sie sich auch gegen ihren Willen vom Senat als Belohnung für seine Verdienste um die Befreiung Roms von äußeren Gefahren und um die Wiederherstellung der inneren Ruhe Roms bestätigen lassen.

Wolfgang Amadé Mozart, *Lucio Silla*
Autographe Partitur. Titelseite

Aber am Tag der Hochzeit steht Silla – wie das Publikum erfährt – zugleich auch unmittelbar vor seinem Sturz: Giunias Verlobter Cecilio ist heimlich nach Rom zurückgekehrt, um den Tyrannen zu ermorden. Sillas Vertrauter Cinna entpuppt sich, von diesem völlig unbemerkt, als ein Freund des Cecilio und damit als sein Feind, der ihm nach dem Leben trachtet. Die in mehreren Varianten durchgespielten Anschläge gegen den Diktator misslingen; er bekommt Cecilio in seine Hand. Doch anstatt das plakativ angekündigte Todes-

urteil zu vollziehen, kommt es zu dem in der *Theorie der Schönen Künste* angesprochenen „merkwürdigen“ Ende. Denn in dem Moment, in dem jedermann auf der Bühne und im Publikum die Vollstreckung des Urteils erwartet, verkündet Sulla seine Entscheidung, auf Giunia zu verzichten, allen zu vergeben, das begangene Unrecht wiedergutzumachen und als Diktator zurückzutreten. Eine überraschende, unvorhersehbare und wie Sulzer wohl zu Recht sagen würde, völlig „unnatürliche“ und „erzwungene“ Wendung.
Doch der Textdichter hat in diesem Fall geschickt gegen Kritik vorgebaut, denn der Sinneswandel ist historisch verbürgt: Ein Jahr vor seinem Tod hat Sulla alle Privilegien des Diktators, die ihm in der Situation der äußeren Bedrohung Roms anfangs rechtmäßig verliehen waren, die er dann aber gegen die innere Freiheit Roms verwendet hatte, freiwillig niedergelegt und die von ihm vertriebenen Bürger ins Land zurückgerufen. Marius hatte sogar eine Tochter. Dass diese nicht Giunia, sondern Julia hieß, darf man der dichterischen Freiheit zuschreiben. Dass es Sulla, der immerhin fünf Mal verheiratet war, auf die Tochter des Marius abgesehen hätte, ist zwar nicht belegt, aber ebenso wenig gänzlich auszuschließen.

II.

Sulzer wendet sich in seiner *Theorie der Schönen Künste* nun der Musik in der Oper zu:

> Aber nun kommt die Anfo[r]derung der Sänger. In jeder Oper sollen die besten Sänger auch am öftersten singen, aber auch jeder mittelmäßige und so gar die schlechtesten, die einmal zum Schauspiehl gedungen sind und bezahlt werden, müssen sich doch ein oder ein paarmal in großen Arien hören lassen; die beyden ersten Sänger, nämlich der beste Sänger und die beste Sängerin, müssen nothwendig ein oder mehrmal zugleich singen; also muß der Dichter Duette in die Oper bringen; oft auch Terzette, Quartette u.s.w. Noch mehr: die ersten Sänger können ihre völlige Kunst insgemein nur in einerley Charakter zeigen; der im zärtlichen Adagio, dieser im feuerigen Allegro u.s.w. Darum muß der Dichter seine Arien so einrichten, daß jeder in seiner Art glänzen könne.

Die Beobachtungen, die Sulzer trifft, sind im Grundsatz richtig:

1. Die Opera seria ist ein konstruiertes Gebilde. Die Bedeutung der Personen für die Oper lässt sich rein rechnerisch an der Zahl ihrer Arien ablesen. Giunia und Cecilio sind die Hauptpersonen des Dramas, *prima donna* und *primo uomo*. Dass der *primo uomo* im biologischen Sinne kein Mann, sondern gewöhnlich ein Kastrat war, ist Sulzer keiner Erwähnung wert. Silla, die einzige Männerstimme in der Opernkonstellation des Winters 1772/73, tritt hinter diesen beiden zurück, in Mozarts Oper allerdings mehr als ursprünglich vorgesehen. Denn wenige Wochen vor der Premiere erschütterte eine Absage die Opernvorbereitungen. Der für die Karnevalssaison engagierte Tenor Arcangelo Cortoni, den Leopold Mozart in einem Brief vom 5. Dezember 1772 (BD 269) „Cordoni“ nennt, war erkrankt und konnte nicht nach Mailand reisen. Auf die Schnelle

Ersatz herbeizuschaffen, erwies sich als schwierig. Der kurzerhand aus Lodi für die Partie des Silla verpflichtete Sänger Bassano Morgnoni war kein Bühnenprofi, sondern ein Kirchensänger. Offenbar war er es nicht gewohnt, auswendig zu singen; auch kam er erst zehn Tage vor der Premiere in Mailand an, sodass man ihm fast die Hälfte der Partie erlassen musste: Zwei der für ihn vorgesehenen Arientexte hat Mozart überhaupt nicht mehr vertont. Immerhin versuchte man gar nicht, das Missgeschick zu vertuschen. Der Textdruck der Uraufführung enthält auch jene Arien, die bei der Premiere überhaupt nicht gesungen wurden. Ich glaube nicht, dass dies geschehen ist, weil die Vorbereitungen auf den Druck schon zu weit fortgeschritten waren; die überzähligen Zeilen hätte man problemlos aus dem Druckstock herauslösen können. Vielmehr ist anzunehmen, dass der Dichter die Arien im gedruckten Libretto beibehalten hat, um seine Intentionen denjenigen zu vermitteln, die den Text nach der Aufführung noch einmal in Ruhe studieren wollten.

2. Duette und Terzette gehören zum Wesen der Opera seria, zwar nicht von Anfang an, aber doch in ihrer Blüte unter dem Einfluss des Wiener Hofpoeten Pietro Metastasio, den De Gamerra als Instanz ansah und dem er sein Libretto zur Prüfung vorgelegt hatte. In *Lucio Silla* gibt es – entgegen der metastasianischen Tradition – beides, ein Duett und ein Terzett: Bei Metastasio bildet das Duett zwischen *primo uomo* und *prima donna* in der Regel den Höhepunkt des zweiten Aktes. De Gamerra hat das Duett in *Lucio Silla* schon an das Ende des ersten Aktes verlegt, der damit mehr ist als die sonst übliche schematische Präsentation aller Hauptfiguren. Zugleich schafft De Gamerra damit Raum für ein weiteres Ensemble im zweiten Akt, das hier zum Trio erweitert wird. Letztlich lässt sich auch das Finale des dritten Aktes als ein Ensemble verstehen, denn eingebettet in den Chor kommen dort alle Protagonisten noch einmal zu Wort. Was bei De Gamerra ein Experiment ist, hat Mozart später immer wieder aufgenommen. Wenn es bei Mozart am Ende seines kurzen Lebens in seinem eigenhändigen Werkverzeichnis zu *La clemenza di Tito* heißt, „opera seria [...] ridotta à vera opera“, so würdigt Mozart hiermit den Anteil seines Textdichters Caterino Tommaso Mazzolà, der Pietro Metastasios 60 Jahre alte Vorlage nach Mozarts Einschätzung „zu einer wahren Oper umgearbeitet“ hatte. Und diese Umarbeitung besteht zu großen Teilen darin, die Anzahl der Ensemblestücke deutlich erhöht zu haben.

Dass Mozart den Ensembleszenen schon in *Lucio Silla* zentrale Bedeutung beigemessen hat, wird aus der Nachschrift an seine Schwester zu Leopold Mozarts Brief vom 5. Dezember 1772 (BD 269) deutlich, in der er mit ironischem Unterton das bis zur Premiere, die drei Wochen später anstand, verbliebene Arbeitspensum absteckt:

> Nun hab ich noch 14 stuk zu machen, dann bin Ich fertig, freülich kan man daß Terzet und *Duetto* für 4 stück rechnen.

3. Die Bemerkung, dass die Sänger bestimmte Arientypen bevorzugten, ist treffend und auch an *Lucio Silla* zu beobachten: Der Tyrann wird – zumindest in den von Mozart vertonten Teilen – nur in einer einzigen Charaktereigenschaft, als rachsüchtiger Mann, vor-

gestellt. Die beiden Arien im ersten und zweiten Akt ähneln sich im Grundcharakter, und auch im Terzett steht Silla fassungslos neben Giunia und Cecilio, die sich selbst in Todesgefahr ihrer Liebe und gegenseitigen Treue versichern.

Nur im Vorbeigehen seien zwei weitere Aspekte bei Sulzer gestreift. Er spielt auf die strenge Figurenkonstellation an, wenn er festhält:

> Die Mannigfaltigkeit der daraus entstehenden Ungereimtheiten ist kaum zu übersehen. Eine oder zwey Sängerinnen müssen nothwendig Hauptrolen haben, die Natur der Handlung mag es zulassen, oder nicht. Wenn sich der Dichter nicht anders zu helfen weiß, so verwikelt er sie in Liebeshändel, wenn sie auch dem Inhalt des Stüks noch so sehr zuwieder wären.

In *Lucio Silla* haben wir zwei Liebespaare, eines davon ist am Anfang getrennt und wird trotz aller Gefahren am Schluss zusammenfinden. Das weiß der Hörer, oder er darf nach den Gesetzen der Opera seria darauf vertrauen. Doch nicht nur Giunia und Cecilio sind ein Paar, auch Cinna (in Mailand als Hosenrolle durch eine Sängerin, Felicità Suardi, repräsentiert) und Sillas Schwester Celia werden eines. Hier hat der Dichter großes psychologisches Geschick bewiesen, indem er in verschiedenen Stadien die gegenseitige Annäherung schildert: Celia, die Cinna aufrichtig liebt, aber sich nicht traut, ihm seine Zuneigung zu gestehen. Cinna, der Sillas Strategie, ihn durch die Hand seiner Schwester an sich zu binden, durchschaut und der schließlich – vielleicht mehr aus Vernunft als aus innerer Überzeugung – Celia selbst die Ehe verspricht, wenn sie ihren Bruder dazu bewegen kann, von Giunia zu lassen. Leider ist in der von Marc Minkowski und Marshall Pynkoski für die Mozartwoche 2013 gestrafften Fassung von *Lucio Silla* Celias schüchtern-charmante Arie Nr. 10 „Se il labbro timido“ entfallen.

Und hören wir noch eine letzte Klage Sulzers:

> Zu dem kommt noch das ewige Einerley gewisser Materien. Wer eine oder zwey Opern gesehen hat, der hat auch viele Scenen von hundert andern gesehen. Verliebte Klagen, ein paar unglükliche Liebhaber, davon einer ins Gefängnis und in Lebensgefahr kommt; denn ein zärtliches Abschiednehmen in einem Duett und dergleichen, kommen beynahe in gar allen Opern, vor.

In der Tat finden wir all dies in *Lucio Silla*. Aber dass sich hieran jemand außer Johann Georg Sulzer gestört hätte, ist nicht belegt. Die Opera seria war große Abendunterhaltung, die sich trotz vorhersehbarer Handlungsmuster großer Beliebtheit erfreute. Und wer wollte dies der Opera seria wirklich zum Vorwurf machen? Denken wir nur an die lange Reihe der James-Bond-Filme unserer Zeit: Auch hier finden wir die ewig gleichen Figurenkonstellationen, das ewig gleiche Strickmuster, ohne dass das Publikumsinteresse hierdurch gebrochen würde. Ganz im Gegenteil!

III.

Tiefer greift die Kritik an den musikalischen Aspekten, und damit sind wir beim letzten großen Schwerpunkt meines Beitrags angekommen:

> Die [Musik] ist und kann ihrer Natur nach nichts anders seyn, als ein Ausdruk der Leidenschaften, oder eine Schilderung der Empfindungen, eines in Bewegung gesetzten, oder gelassenen Gemüthes.

Hieraus leitet Sulzer richtig ab, dass der Zweck verfehlt ist, wenn der Arientext keine Gefühle schildert, sondern nur Naturbilder wie Stürme, Blitz und Donner wiedergibt:

> Es ist selten eine Oper[,] wo der Tonsezer nicht Fleiß darauf wendet, sich in das Gebieth des Mahlers einzudrängen. Bald schildert er das Donnern und Blizen, bald das Stürmen der Winde, oder das Rieseln eines Baches, bald das Geklirre der Waffen, bald den Flug eines Vogels, oder andre natürliche Dinge, die mit den Empfindungen des Herzens keine Verbindung haben. Ohne Zweifel hat dieser verkehrte Geschmak des Tonsezers die Dichter zu der Ungereimtheit verleitet[,] in den Arien so sehr ofte Vergleichungen mit Schiffern, mit Löwen und Tygern und dergleichen die Phantasie reizenden Dingen anzubringen.

Dass diese Kritik nicht verfehlt ist, kann man an der Mannheimer Überarbeitung des Librettos durch Mattia Verazi erkennen: Celia hat im zweiten und dritten Akt zwei Nummern mit sehr ähnlichem Inhalt: Die Arie Nr. 15 „Quando sugl'arsi campi" beschreibt in ihrem Hauptteil metaphorisch durch das Bild des Regens, der auf verdorrte Felder fällt, die belebende Wirkung der Liebe, während die Cavatina Nr. 19 „Strider sento la procella" Hoffnung und Liebe direkter, aber noch immer bildhaft thematisiert. Bei der Straffung des zweiten Aktes für Mannheim ist die malerische Arie „Quando sugl'arsi campi" entfallen. Auf den ersten Blick erscheint auch Sulzers Ablehnung technischer Schwierigkeiten verständlich:

> Dazu kam noch allmählig beym Tonsezer, Sänger und Spiehler die kindische Begierde schweere, künstliche Sachen zu machen. Der Sänger wollte dem Pöbel einen außerordentlich langen Athem, eine ungewöhnliche Höhe und Tiefe der Stimme, eine kaum begreifliche Beugsamkeit und Schnelligkeit der Kehle und andre dergleichen Raritäten zeigen: [...] Daher entstehen die Mißgebuhrten von Passagen, Läufen und Cadenzen, die oft in affektvollen Arien alle Empfindung so plözlich auslöschen, als wenn man Wasser auf glüende Kohlen göße. Daher die unleidliche Verbrähmung, wodurch ein sehr nachdrüklicher Ton, in eine reiche Gruppe feiner Tönchen so gut eingefaßt wird, daß man ihn kaum mehr vernehmen kann.

Mozarts Arien in den Jugendopern gehören zum Schwierigsten, was er je geschrieben hat. Besonders stolz war er auf Giunias Arie Nr. 11 „Ah se il crudel periglio". Er brachte sie seiner großen Liebe Aloysia Weber in Mannheim bei: „meine *arie* von der *de amicis,* mit den entsetzlichen *Pasagen,* singt sie vortreflich" (Nachschrift zum Brief von Maria Anna Mozart vom 17. Januar 1778, BD 405). „Entsetzlich" sind diese Passagen, aber nicht in einem Sulzer'schen Sinne, sondern sie sind nur „entsetzlich schwer".

Wolfgang Amadé Mozart, *Lucio Silla*
Autographe Partitur. Beginn der Ouvertüre

Bei Sulzer hört es sich so an, als sei es das Gleiche, ob wir von Musik als Ausdruck der Leidenschaften oder von einer Schilderung der Empfindungen sprechen. Aber genau hier zeigt sich der am Beginn meines Vortrags angesprochene Unterschied zwischen Barock und Klassik. Der Begriff der „Leidenschaften" gehört – vereinfacht gesprochen – dem barocken Denken an, die „Empfindung" der Klassik.

IV.

Unter „Leidenschaften" versteht Sulzer das, was man bis dahin „Affekte" nannte. Und die Affektenlehre gehört zu den Kernideen der Musikästhetik des Barockzeitalters. Die Affekte sind Zustände der Seele. René Descartes unterscheidet davon in seinem Traktat über die Leidenschaften der Seele (*Les passion de l'ame*) von 1649 genau sechs: Liebe, Hass, Trauer, Freude, Begierde und Verwunderung. Alle übrigen Affekte sind Mischzustände, die sich auf eine Kombination dieser Grundaffekte zurückführen lassen. Auch auf die Frage, wie sich die Affekte darstellen lassen, gibt es eine rationalistische Antwort. Hier können wir wieder auf Sulzers *Theorie der Schönen Künste* zurückgreifen, diesmal auf den Artikel „Leidenschaften“ im zweiten Teil des Werkes:

> Die Leidenschaften sind im Grunde nichts anderes, als Empfindungen von merklicher Stärke, begleitet von Lust oder Unlust, aus denen Begierd, oder Abscheu erfolget. [...] Darum muß die Einbildungskraft das meiste zur Leidenschaft beytragen. Denn von ihr kommt es, daß bey jeder gegenwärtigen etwas lebhaften Empfindung eine große Menge andrer damit verbundener Vorstellungen zugleich rege werden. Ihr ist es vornehmlich zuzuschreiben, daß ein Mensch, der gegen einen andern Feindschaft im Herzen heget, durch eine sehr geringe aufs neue von ihm erlittene Beleidigung in heftigen Zorn gerahtet. Bey dieser Gelegenheit bringt seine Einbildungskraft ihm alle vorhergegangene Beleidigungen, allen ihm bisher von seinem Feinde verursachten Verdruß, auf einmal wieder ins Gedächtnis; und insgemein stellt er sich auch, da eine lebhafte Einbildungskraft erfindrisch, leichtgläubig und ausschweifend ist, alles, was er etwa noch künftig von diesem Feind möchte zu leiden haben, als schon gegenwärtig vor. Diese große Menge von Vorstellungen, deren jede etwas wiedriges hat, würket nun auf einmal, und bringet einen heftigen Zorn, mit Rachsucht begleitet in dem Herzen des Beleidigten hervor. Auf eine ähnliche Weise entstehen alle Leidenschaften.

Für die musikalische Darstellung bedeutet dies, dass der Komponist, der eine bestimmte Leidenschaft anfachen will, gut beraten ist, genau die Mittel zu verwenden, die zuvor schon diese Wirkung gezeigt haben. Die stereotype Darstellung, die man der Musik der Barockzeit gern vorwirft, ist kein Mangel, sondern ihr Wesenszug. Die Affekte haben nichts mit Persönlichkeit zu tun, sondern sind allgemeine menschliche Grundstimmungen. Individualität ist in der Musik des Barock nicht angesagt; das Fehlen von Originalität kann zwar konstatiert werden, ist aber – zumindest innerhalb dieses Systems, das für gut 150 Jahre von Monteverdi bis Händel Bestand hatte – kein Fehler. Ein zweiter Aspekt kommt hinzu: Dem Menschen der Barockzeit konnte Kunst gar nicht komplex genug sein; je künstlicher desto besser, je schwieriger eine Koloratur desto wirkungsvoller.

Verstandesmäßig können wir dies vielleicht nachvollziehen, aber beim Besuch der Oper können wir die Distanz zum barocken Drama heute nicht mehr so ohne Weiteres überwinden. Denn mit Kunst verbinden wir seit dem Zeitalter der Empfindsamkeit den Ausdruck des Individuums. Aus der Ästhetik des Ausdrucks der Leidenschaften im Sinne einer rationalen Darstellung der Affekte, die bestimmten Typisierungen und Codes unterliegt, ist etwas grundsätzlich Neues geworden, das uns so vertraut ist, dass wir uns etwas anderes nicht mehr vorstellen können: In der Kunst drückt sich das Individuum aus. Kunst ist kein Objekt mehr, das uns vor Augen gehalten wird, sondern: In der Kunst und durch die Kunst drückt sich ein Subjekt als Individuum aus.

Mit der barocken Ästhetik eng verbunden ist die Form der Arie. Hiervon beschreibt Sulzer nur eine: die Ritornellform, wie sie beispielsweise in Johann Adolf Scheibes Traktat *Der critische Musikus* (Leipzig 1737, 2. erweiterte Ausgabe 1745) ausführlich besprochen wird. Sulzer kritisiert:

> Zu allen diesen Ungereimtheiten kommt noch die einschläfernde Einförmigkeit der Form aller Arien. Erst ein Ritornell, denn fängt der Sänger an ein Stük der Arie vorzutragen; hält ein, damit die Instrumente ihre Geräusch machen können; denn fängt er aufs neu an; sagt uns dasselbe in einem andern Tone noch einmal; dann läßt er seine Künste in Passagen, Läufen und Sprüngen sehen und so weiter. Es würde für eine Beleidigung der hohen Oper gehalten werden, wenn irgendwo, auch da wo die Gelegenheit dazu höchst natürlich wäre, ein rührendes, oder fröhliches Lied angebracht, oder wenn eine Arie ohne Wiederholungen und ohne künstliche Ver-brämungen erscheinen sollte. Unfehlbar würde der Sänger dem sie zu Theil würde, sich dadurch für erniedriget halten.

Mozart weicht hiervon in *Lucio Silla* nur ausnahmsweise ab: Die Arie der Giunia Nr. 16 „Parto, m'affretto" verzichtet zur dramatischen Steigerung auf das Eingangsritornell. Allerdings wird der Einsatz der Singstimme in der Arie hier durch ein ausgedehntes orchesterbegleitetes Rezitativ vorbereitet.

Die Arie im Barockzeitalter ist in der Regel eine Da-capo-Arie: Der Arientext besteht aus zwei Teilen, die jeweils einen vollständigen Sinn ergeben. Nach dem Mittelteil, der im Charakter häufig abweicht, wird der erste Teil noch einmal vollständig wiederholt. Die Arienform ist nun eng mit der Affektenlehre verbunden: Jeder Teil der Arie dient der Darstellung eines bestimmten Affektes, Entwicklungen und Übergänge sind nicht vorgesehen. Der Hauptaffekt kann nur dadurch modifiziert werden, dass ihm im Mittelteil ein Nebenaffekt zugeordnet wird. Hierdurch aber bekommt die Wiederholung des ersten Teils der Arie einen anderen Sinn. Die hierdurch im Gemüt des Zuhörers angeregte Modifikation des Affekts kann durch Auszierungen des Sängers noch unterstützt werden. Nach 1770 werden die Da-capo-Arien auf Dal-segno-Arien reduziert, bei denen der erste Teil bei der Wiederaufnahme deutlich gekürzt und allmählich ganz aufgegeben wird.

Mozarts *Lucio Silla* ist auf weite Strecken noch Repräsentant der alten Welt- und Kunstordnung, während Lessings Drama *Emilia Galotti*, mehr noch Goethes Roman *Die Leiden des jungen Werthers*, die beide fast gleichzeitig mit *Lucio Silla* entstanden sind, dem neuen Zeitalter angehören. *Lucio Silla* steht aber am Scheideweg, und dies ist zunächst Verdienst des Textdichters Giovanni De Gamerra. Giunia ist eine Person des Barockdramas, sie ist in ihrer imponierenden und konsequenten Größe fremdbestimmt: Die Liebe zum verstorbenen Vater und die Liebe zum tot geglaubten Verlobten zwingen sie, Silla zu hassen. Die für das Drama eigentlich unbedeutende Celia ist hingegen fast durchgängig eine Person des empfindsamen Zeitalters: Ihre Liebe ist warm und in ihrer Schüchternheit echt. In *Lucio Silla* selbst prallen die beiden Sichtweisen aufeinander: Wie einfach wäre es, wäre er nur der barocke Herrscher! Dann gäbe es keine Selbstzweifel, und Giunia hätte in der Tat nur die Wahl zwischen Hingabe und Tod. Bemerkenswert ist Sillas Arie Nr. 13 „D'ogni pietà mi spoglio“ im zweiten Akt, die auf den ersten Blick wie eine übersteigerte Wiederholung des sinnlosen Rasens im ersten Akt erscheint. Von Giunias Trotz bis aufs Blut gereizt, entschließt er sich als barocker Herrscher, auf die Widerspenstige keine Rücksicht mehr zu nehmen. Doch kaum hat er die Konsequenz, „Giunia muss sterben“, ausgesprochen, stellen sich Selbstzweifel ein. Die Musik kommt ins Grübeln, zum Stillstand:

(Ma il cor mi palpita...	(Doch schlägt mein Herz...
Perder chi adoro?...	Verlieren, die ich liebe?...
Svenare, o barbaro,	Durchbohren als Barbar
il mio tesoro?...)	das teure Wesen? ...)

Die Antwort, die Silla im Schlussteil der Arie gibt, ist aus barocker Sicht konsequent, aber sie ist sich selbst gegenüber unehrlich. Wir wissen es besser: Die Frage, „Soll ich Giunia töten, weil ich dies als Alleinherrscher kann?“, ist mit dem Anbruch des Zeitalters der Empfindsamkeit zu einer rhetorischen Frage geworden.

Literatur

René Descartes, *Die Leidenschaften der Seele. Les passions de l'ame. Französisch – deutsch*, übersetzt und hrsg. von Klaus Hammacher, Frankfurt a. M. 1984.

Ulrich Leisinger, „Affekte, Rhetorik und musikalischer Ausdruck“, in: *Die Welt der Bach-Kantate*, hrsg. von Christoph Wolff, Bd. 1, Stuttgart u.a. 1996, S. 199–211.

Catherine Newmark, *Passion – Affekt – Gefühl. Philosophische Theorien der Emotionen zwischen Aristoteles und Kant*, Frankfurt a. M. 2008.

Johann Georg Sulzer, *Allgemeine Theorie der schönen Künste in einzeln, nach alphabetischer. Ordnung der Kunstwörter auf einander folgenden, Artikeln abgehandelt*, 4 Teile, Leipzig 1771–1774. Reprint der 2., vermehrten Aufl. Leipzig 1792–1794, Hildesheim u.a. 1967.

Positionen I

MARC MINKOWSKI

Künstlerischer Leiter der Mozartwoche und Dirigent der *Lucio Silla*-Produktion im Gespräch mit Manuel Brug (Interview: Juli 2012)

Nimmt Mozart gegenwärtig viel Raum in Ihrem Dirigentenleben ein?
Ja, sehr viel. Mozart ist seit Längerem einfach da. *Die Entführung aus dem Serail*, *Così fan tutte* und *Mitridate re di Ponto* habe ich in Salzburg dirigiert, *Idomeneo* in Aix, Bremen und Salzburg, *Le nozze di Figaro* in Paris. Ich stehe seit gut zehn Jahren jeden Sommer in Salzburg bei einer Mozart-Matinee am Pult, bin seit vielen Jahren Gast der Mozartwoche. Mozart ist durchaus eine Art Basso continuo in meinem musikalischen Leben, wie auch die Werke von Bach oder Händel.

Die Mozart-Reise geht noch weiter. Nach dem *Lucio Silla* in der Mozartwoche, der im Sommer wieder zu sehen sein wird, dirigiere ich im Juli 2013 in Aix-en-Provence die Wiederaufnahme der spannenden Dmitri-Tchernjakov-Produktion des *Don Giovanni*. Das ist doch eine Menge Mozart …

Wie kamen Sie zur Mozartwoche?
Als mich die Verantwortlichen der Stiftung Mozarteum Salzburg vor nicht allzu langer Zeit zum künstlerischen Leiter der international hoch angesehenen Mozartwoche ernannten, fühlte ich mich überaus geehrt. Es gab in den letzten Jahren nicht eine Spielzeit, in der ich nicht in Salzburg dirigierte – vor allem bei der Mozartwoche, die so etwas wie mein „Neujahrs-Ritual" geworden ist. Ich fühle mich hier gleichermaßen als Gast wie als Familienmitglied; Familienmitglied auch deshalb, weil mich diese Position mit Matthias Schulz verbindet, einem Freund, mit dem ich das Glück hatte, schon früher zusammenarbeiten zu dürfen. Ich lenke gerne, will für mehr als nur ein Konzert da sein.

Wir nehmen die Tradition der Mozartwoche und ihre Stellung in der musikalischen Welt ernst, wollen aber auch innovativ sein, neue Dinge und Formate ausprobieren, um ihr Profil noch zu stärken. Die beste Möglichkeit, um wirklich auf uns aufmerksam zu machen, schien uns eine Opernproduktion. Das wurde in der Mozartwoche immer wieder gemacht, ist aber aufwendig. Zum Glück haben wir verlässliche Partner wie die Salzburger Festspiele oder das Musikfest Bremen.

Warum haben Sie sich für* Lucio Silla *entschieden?
Dafür gibt es mehrere Gründe. Es ist ein Meisterwerk, das nur selten gespielt wird, auch in Salzburg schon länger nicht mehr. Es ist trotzdem ein Titel, der immer sehr erfolgreich

war – in Produktionen von Jean-Pierre Ponnelle, Patrice Chéreau, Peter Mussbach oder Jürgen Flimm. Es ist Zeit, in dieser Tradition weiterzugehen, auch musikalisch, nachdem Leopold Hager und Nicolaus Harnoncourt hier die Basis gelegt haben. Es passte zudem in das Programmschema, und es passt zu mir. Ich habe früher nicht so viel „jungen" Mozart dirigiert, aber seit der Erfahrung mit *Mitridate* 2005 und 2006 hat sich das geändert.

Als Regisseur für* Lucio Silla *wurde Marshall Pynkoski gewählt. Warum?
Ich möchte variabel sein und diesmal im historisch nachempfundenen Gewand die Modernität dieses frühen Werkes vorführen, mit dem Mozart seine Lehrzeit in Italien abschloss. Das Barocke klingt nach, aber es gehen etliche Türen auf.

Das Wichtigste dabei ist: Eine solche Rückführung auf die historische Inszenierungspraxis muss theatralisch bleiben, darf nicht museal werden. Ich habe, so denke ich, in Marshall Pynkoski, mit dem ich vor 15 Jahren in Toronto *Le nozze di Figaro* sowie *Don Giovanni* in einer Art Commedia dell'arte-Atmosphäre herausgebracht habe, den genau richtigen Mann für eine so heikle Balance. Das war damals sehr elegant, mit großer Sorgfalt gegenüber der Gestik und den visuellen Aspekten der Mozart-Zeit. Wir wollen *Lucio Silla* aus der Epoche von Mozart heraus verstehen lernen und für uns heute spielbar machen. Marshall hat sich mit Mozart sehr beschäftigt; er hat zudem inzwischen *Idomeneo* und *La clemenza di Tito* sowie *Die Entführung aus dem Serail* inszeniert. Er ist jemand, der sehr intensiv, physisch wie musikalisch, mit Sängern arbeitet.

Ich bewundere auch unseren Bühnenbildner Antoine Fontaine sehr, seine Arbeit, die in Filmen wie *Vatel* oder an der Oper, wie zuletzt in Rameaus *Hippolyte et Aricie* im Pariser Palais Garnier zum Ausdruck kommt. Er ist ein Meister der Ästhetik des 18. Jahrhunderts.

Wir haben, um der Partie des Lucio Silla mehr Profil und Kontrast zu geben, eine der Alternativ-Arien aus der Fassung von Johann Christian Bach eingefügt. Diese Arie des Silla aus Johann Christian Bachs Oper hätte Mozart vielleicht auch für Mailand komponieren können (ihr Text war im Libretto von Giovanni De Gamerra vorhanden), wenn er nicht Probleme mit der Besetzung der Titelrolle gehabt hätte. Durch seine enge Verbindung mit Anton Raaff, der die Rolle in Mannheim kreierte, kannte Mozart sicher diese Arie seines Freundes Johann Christian Bach.

Die Einrichtung der Oper wurde von mir, wie schon für *Mitridate*, in Anlehnung an die Aufführungen von Nikolaus Harnoncourt und Jean-Pierre Ponnelle gemacht.

Positionen II

MARSHALL PYNKOSKI

Regisseur der *Lucio Silla*-Produktion

Meine Frau Jeannette Lajeunesse Zingg und ich haben 1985 eine Opern- und Ballett-Companie, das *Opera Atelier* in Toronto gegründet. Anfangs lag unser Fokus auf Werken des 17. und 18. Jahrhunderts. Inzwischen haben wir auch Werke des 19. Jahrhunderts erarbeitet und werden uns, wie ich hoffe, irgendwann auch dem 20. Jahrhundert zuwenden. Dabei arbeiten wir immer mit historischen Instrumenten; in Toronto ist das das Tafelmusik Baroque Orchestra, aber Marc Minkowski hat dann auch die Verbindung zu den Musiciens du Louvre hergestellt. In den 27 Jahren, in denen Jeannette und ich uns nun dem Musiktheater des 18. Jahrhunderts widmen, haben wir uns immer um die historische Aufführungspraxis bemüht. Ich möchte aber hervorheben, dass wir mit unseren Produktionen nie versucht haben, ein Museum zu erschaffen oder dem Publikum zu suggerieren, dass unsere Produktionen ein Schritt zurück in die Vergangenheit seien. Vielmehr haben wir unsere Entscheidungen immer an einem respektvollen Blick in die Vergangenheit ausgerichtet und darauf geachtet, was wir aus der Vergangenheit lernen können. Da gibt es so viele Dinge, die wir durch den großen zeitlichen Abstand verloren haben!

Ein Maler, den ich sehr schätze, meinte, er habe das Gefühl, dass wahre Inspiration aus der Untersuchung und der Interpretation der Vergangenheit stammt und dass diese uns zur Zukunft führt. Das bedeutet, dass wir der Vergangenheit unseren Rücken nicht zukehren können, weil sie immer ein Teil unseres Lebens, ein Teil von uns ist. Das ist dann der Ausgangspunkt für die Möglichkeit, etwas Neues und Herausforderndes zu schaffen.

Im Laufe der Jahre, in denen wir ständig mit vielen Künstlern, Instrumentalisten, Sängern, Tänzern und Dirigenten weiter experimentierten, wurde uns immer klarer, dass wir genau dann vorankommen, wenn wir die ästhetischen Parameter einer Epoche, die nicht die unsere ist, verstehen. Wir haben zum Beispiel begonnen, die Gestik in historischen Inszenierungen genauer unter die Lupe zu nehmen. Bei unserer Inszenierung von *Lucio Silla* kann man gut beobachten, dass alle Sänger sehr körperbetont agieren und rhetorische Gesten, ihre Arme, ihre Hände, ihren ganzen Körper einsetzen und damit sozusagen den Körper zur Artikulation gebrauchen. Das hilft den Sängern, die Handlung dieser Oper zu vermitteln.

Meiner Meinung nach ist das Erzählen der Handlung das wichtigste Element einer zeitgemäßen Opernproduktion. Denn die Menschen wollen Geschichten verstehen, Menschen wollen Geschichten erzählt bekommen, verfolgen aufgeregt die Handlung über zwei Stunden, wollen angesprochen werden – das gesprochene Wort ist also sehr wichtig. In diesem Sinne können Elemente der historischen Aufführungspraxis helfen, die Handlung eines Werks, die wirklich komplizierten und menschlichen Geschichten einer Oper zu erzählen – und zwar klarer und einfacher als andere Mittel.

Der Kontext, in dem Kunst präsentiert wird, ist dabei ganz wesentlich, um sie zu verstehen. Ich möchte dies an einem Beispiel erläutern: Ich war vor Kurzem im Salzburg Museum, um dort die Ausstellung kirchlicher Kunst zu besuchen – eine schöne Ausstellung; es ist großartig, Ausstellungsstücke aus ganz unterschiedlichen Epochen zu sehen. Aber als Besucher, der aus Nordamerika kommt und hier die schönen alten Kirchen bewundert, fällt mir sofort auf: Es ist eine völlig andere Erfahrung, ob ich das Inventar einer christlichen Kirche im Museum oder ob ich dieselben Kunstobjekte in ihrer originalen Umgebung sehe. In einer Kirche erlebe ich sie viel tiefgründiger: Wenn ich in eine Salzburger Kirche aus dem 17. Jahrhundert gehe, mache ich dennoch keinen Sprung in der Zeit zurück; ich glaube nicht, dass ich mich in der Vergangenheit befinde, aber ich spüre, dass ich etwas Einzigartiges erlebe, weil ich das vollständig erhaltene architektonische Design vor Augen habe: die Gemälde, die Skulpturen, die Architektur – alles trägt zu diesem Erleben bei.

Bei einer Opernproduktion, die sich an historischen Mustern orientiert, verhält es sich ähnlich. Wir bieten dem Publikum damit einen Kontext: Wir befinden uns nach wie vor im 21. Jahrhundert, wir sind weiterhin Künstler des 21. Jahrhunderts, wir machen etwas ganz Neues – aber wir haben einen Kontext, der uns, wie ich hoffe, beim Verständnis der Kunstwerke hilft.

Wenn wir uns heute als Künstler mit einer Oper zum ersten Mal beschäftigen, sind wir inzwischen darauf geeicht, uns auch mit der Malerei und Bildhauerei des 17. und 18. Jahrhunderts auseinanderzusetzen. Schauspielern wird deshalb auch immer wieder gesagt, sie sollten ins Museum gehen, um bekannte Kunstobjekte zu studieren und zu prüfen; ja, es wird ihnen empfohlen, bestimmte Dinge zu kopieren, um sie gestisch in ihr eigenes Spiel aufzunehmen. Auf diese Weise fließen Kopien aus Bildern und Skulpturen in eine Produktion ein. Aber sehr leicht denkt ein Sänger: ‚Schön, das ist ein Bild. Aber ich muss doch zunächst einmal singen, und dann brauche ich bestimmte Dinge nicht unbedingt gestisch umsetzen, weil sie ohnehin nicht realisierbar sind.‘ Mich hat es deshalb immer mehr gestört, dass Abhandlungen zur Gestik, die uns bis weit in die Romantik hinein überliefert sind, kaum beachtet wurden. Dabei handelt es sich um sehr detaillierte Beschreibungen aus den einzelnen Epochen, was rhetorische Gesten bedeuten, und ganz speziell, was Gesten in emotionalen Ausnahmesituationen bedeuten, Momenten extremer Emotion, von denen Schauspiel und Oper beständig Gebrauch machen. Und plötzlich fiel mir auf, dass ich dieselben Gesten, die ich in diesen Traktaten beschrieben gefunden hatte, auch heute noch immer wieder zu sehen bekomme, nämlich in der Zeitung, wenn Menschen in emotionalen Ausnahmesituationen eingefangen werden. Wir kennen so etwas vor allem von Fotografien aus der Welt des Sports. Ich selbst bin kein Sportler und interessiere mich sogar nicht einmal besonders für Sport. Aber inzwischen ist der Sportteil einer Zeitung immer das erste, was ich zur Hand nehme, wenn die Zeitung morgens ins Haus kommt.

Es gibt Sänger, die mir Fotos aus der ganzen Welt schicken, weil sie wissen, dass mich solche Bilder faszinieren und weil sie beginnen, sich darin selbst zu erkennen. Diese Gesten, die wir bei Menschen aus unserem Lebensumfeld sehen, etwa beim Torwart oder beim Fußballspieler, wenn etwas Besonderes geschehen ist, zum Beispiel der Moment, wenn einer gerade ein Tor geschossen hat und sich deshalb auf den Boden wirft, während ein anderer sein Gesicht verbirgt, weil er sich schämt, dass er das Tor nicht verhindert hat – alle diese Gesten sind so extrem, so bewegend. Wenn man das lange genug wahrgenommen hat, dann beginnt man zu realisieren: Das ist etwas, was wir im wirklichen Leben tun. So etwas ist kein fremdartig affektiertes Verhalten, das wir in einer Oper einsetzen, nur weil es zum barocken oder klassischen Ausdrucksrepertoire gehört. Vielmehr sind das Gesten, die wir auch jetzt und heute ausführen, ohne dass wir es überhaupt merken.

Deshalb setze ich am Beginn meiner Probenarbeit solche Bilder ganz bewusst ein; ich pinne sie auf eine große Wand im Bühnenraum. Die Sängerinnen und Sänger, die mich noch nicht kennen, wundern sich anfangs darüber. Aber rasch verleihen ihnen die Bilder enorme Freiheiten, weil sie plötzlich verstehen, was ich will: Momente der Freude, der Verzweiflung, des Überschwangs. Das ist sehr prägend für sie. Denn so sehr ich die Malerei und Bildhauerei mag, die Gestik spricht eine viel unmittelbarere Sprache.

Für mich war das Projekt *Lucio Silla* eine faszinierende Erfahrung, und zwar eine, die ich so zuvor noch nie gemacht hatte. Ich bin sonst in der luxuriösen Situation, dass ich nur zwei Produktionen im Jahr realisieren muss und dabei mit Sängern zusammenarbeiten kann, die ich als Menschen und Künstler bewundere. Ich arbeite ausschließlich mit Menschen – unseren Sängern, unseren Tänzern –, mit denen ich gerne zusammenarbeite. Ich kann mit Bestimmtheit sagen, dass ich die Regie von *Lucio Silla* für niemand anderen als für Marc übernommen hätte. Ich habe nie versucht, Menschen zu etwas zu überreden; ich möchte immer in der Lage sein, das zu tun, was ich auch gerne mache; ich möchte nicht missionieren; ich würde auch nie meine Zeit damit verschwenden, Sänger zu Dingen zu überreden, die sie nicht tun möchten. Wenn Künstler mit mir zusammenarbeiten, wissen sie, dass sie hart arbeiten müssen, dass die Tage lang werden, vom Morgen bis zum Abend, und dass ich jede verfügbare Stunde, die mir die Gewerkschaft zugesteht, für Proben nutzen werde.

Die Dinge, die ich umsetzen will, sind sehr komplex, und man kann sie deshalb nicht in wenigen Tagen erreichen. Die ersten szenischen Proben haben deshalb auch mehr als zwei Monate vor der Premiere begonnen. Außerdem ist es für mich völlig undenkbar, dass die Leute zwei Stunden proben und dann einfach nach Hause gehen. Das wird es bei mir nie geben! In Toronto habe ich Leute um mich, die ähnlich begeistert sind wie ich, die ein extrem begeisterungsfähiges Vorstellungsvermögen haben. Umso mehr war ich gespannt, welche Künstler Marc Minkowski für diese Inszenierung ausgewählt hatte. Wie gesagt, ich habe noch nie mit einer Besetzung gearbeitet, die ich vorher nicht kannte. Ich war deshalb sehr aufgeregt. Mein ganzes Umfeld kann das bestätigen. Ich wurde immer nervöser, je näher der Beginn der Zusammenarbeit mit den Künstlern rückte; ich begann zu grübeln, ob ich mit meiner Zusage nicht doch einen Fehler gemacht hätte. Es war also für mich wirklich sehr nervenaufreibend.

Es war dann wunderbar, als ich Rolando Villazón auf Marcs Vermittlung hin in Paris treffen konnte, da ich dadurch mit ihm künstlerisch zusammenrückte und merkte, dass er ein Künstler ist, den ich verstehe und der mich versteht. Wir haben dann an seinen beiden Arien mit einem Korrepetitor zwei Tage lang in der Opéra Comique gearbeitet. Marc Minkowski hat es auch möglich gemacht, dass Marianne Crebassa, die Sängerin des Cecilio, einen Tag dazu stieß. So fühlte ich mich schon einmal mit zwei Sängern vertraut.

Wegen der anderen Künstler war ich aber noch immer nervös. Eine besondere Schwierigkeit bestand für mich in der Frage, wie ich die Proben beginne. Wo beginnt man? Wo macht man den ersten Schnitt? Ich wusste, dass ich Rolando Villazón vertrauen konnte, und wir gingen an die Szenen mit Celia. Aber: unsere Celia, Eva Liebau, konnte an den ersten zwei Probenwochen nicht teilnehmen, sodass ich der Stiftung Mozarteum Salzburg sehr dankbar bin, dass sie mir erlaubte, meine eigenen Sänger aus Amerika als Ersatz mitzubringen, bis die ‚richtige' Celia an den Proben teilnehmen konnte. Das war für mich ein Schlüsselerlebnis und stärkte mein Selbstvertrauen. Ich konnte also vorläufig mit Peggy Kriha Dye arbeiten, und sie tat dies sehr gut, sodass es möglich wurde, die sehr komplexe und interessante Szene zwischen Silla und seiner Schwester Celia zu erarbeiten. Von da an ging es flüssig weiter. Als die Sängerinnen und Sänger dann ankamen, war es wie immer, wenn Künstler erstmals zusammentreffen: interessant, sich kennenzulernen und die Künstlerpersönlichkeit voneinander abzutasten. Olga Peretyatko machte beim ersten Treffen einen respekteinflößenden Eindruck und entpuppte sich dann als sehr charmant, nett und als ein wunderbarer Mensch. Aber im ersten Moment ist sie beeindruckend schön, überlebensgroß und vom Erfolg getragen. Das ist übrigens ein grundsätzliches Problem: Wenn Sängerinnen und Sänger aufgrund ihres Auftretens in einer ganz bestimmten Weise großen Erfolg haben, warum sollten sie diese Art des Auftretens bloß wegen mir ändern? Es ist für sie ein großes Risiko. Sängerinnen und Sänger kommen deshalb in einer Probe rasch an den Punkt, wo sie sagen: ‚Das ist die Art, wie ich auftrete und spiele. Das ist die Art, wie ich diese Rolle singe. Das ist die Art, wie ich einen Charakter verkörpere.' Auch wenn das absurd klingen mag: Es war in gewisser Weise wunderbar, dass keiner von den Sängerinnen und Sängern in der *Lucio Silla*-Inszenierung die jeweilige Rolle zuvor schon einmal gesungen hatte. Für mich war das wohl der ideale Weg, um mit neuen Sängerinnen und Sängern zu arbeiten. Niemand hatte schon zuvor feste Vorstellungen, wie die Rolle interpretiert werden sollte. Wir alle haben sie zum ersten Mal entdeckt, alle Sänger, alle Tänzer und, wie ich vermute, auch alle Instrumentalisten. Das gab uns ein Gefühl der Sicherheit. Als alle Sängerinnen und Sänger beisammen waren, wurde mir klar, dass Marc Minkowski gute Gründe hatte, mich mit genau diesen Künstlern zusammenzubringen. Ich denke, Marc und ich achten auf genau die gleichen Dinge im Hinblick auf die Auswahl der Sänger: ihren Sinn für das Dramatische, auf die außerordentliche Wichtigkeit des Textes, auf die Bereitschaft der Künstler, Risiken einzugehen, auch physische Risiken, wenn auch nicht gerade solche, die für ihren Körper oder ihre Stimme gefährlich wären. Olga muss zum Beispiel als Giunia, nachdem sie Silla geschlagen hat, an einer Stelle eher schreien als singen. Ein unglaublich aufregender Moment besteht für mich immer wieder darin, wenn ich den Sängerinnen und Sängern klarmachen muss, dass sie „nicht singen“ oder zumindest „weniger singen“ sollen, dass sie auch einmal unschöne Klänge hervorbringen sollen. Es ist eine schwierige Aufgabe, Künstler dazu zu bringen, loszulassen und sich dabei trotzdem wohlzufühlen.

Je länger wir geprobt haben, umso lockerer wurden die Künstler. Das war wunderbar. Marc Minkowski hat uns sehr viel Freiraum gegeben, um uns zu ermöglichen, Dinge aus uns selbst heraus zu erkunden. Ich habe das sehr geschätzt. Das bedeutete aber, dass in der Arbeit mit dem Dirigenten, wenn er zurückkam, nachdem er uns eine Zeit lang allein gelassen hatte, immer wieder viele neue musikalische Probleme offenbar wurden. Ich habe immer wieder gesagt: ‚Ich bringe die Dinge durcheinander, gebe sie dann an den Dirigenten zurück, der dann verstehen soll, was ich meine, und die aufgekommenen Fragen dann so lösen muss, dass das Orchester damit umgehen kann.‘ Viele Dirigenten hätten dem Regisseur wohl nicht so viel Spielraum eingeräumt, Accompagnato-Rezitative, ja sogar Arien einmal schnell und locker spielen zu lassen. Marc ließ dies zu. So waren wir in der Lage, große Risiken einzugehen. Viele dieser Risiken blieben ein Wagnis, bei anderen konnte Marc sie in der Arbeit mit dem Orchester verbindlich lösen. Insgesamt war es eine großartige Erfahrung. Ich gebe es gerne zu: Am liebsten arbeite ich in meiner vertrauten Umgebung und mit den Leuten, die ich kenne. Trotzdem würde ich jede Gelegenheit nutzen, um mit jedem der Sängerinnen und Sänger dieser *Lucio Silla*-Produktion in jedem erdenklichen Kontext wieder zu arbeiten. Sie sind alle wunderbar!

Was die Einfügung des Rezitativs und der Arie von Johann Christian Bach am Ende der Oper anbelangt, war es nicht ganz einfach, sie musikalisch und dramaturgisch so in die Oper zu integrieren, dass auch die Zuhörer, die das Programmheft nicht gelesen haben, nicht glaubten, diese Musiknummer stamme von Mozart. Endlich sind wir auf die Idee gekommen, den Orchestergraben hochfahren zu lassen. Wir haben dadurch gleich zwei Dinge erreicht: Das Publikum konnte erkennen, dass die Musik von einem anderen Komponisten stammt, und es sollte die Bach-Arie als etwas erleben, dass außerhalb der eigentlichen Oper steht. Ein anderer interessanter Aspekt ist, dass die eingefügte Bach-Arie eine selbstreflexive musikalische Nummer für Silla ist, in der er ein Selbstgespräch führt. Das klingt vielleicht ein wenig modern. Aber im Verlauf der Arie gibt es einen Entwicklungsprozess, der den Protagonisten verwandelt. Dieser Wandel findet in einer Szene statt, in der wir 60 Personen auf der Bühne haben, so viele wie an keiner anderen Stelle der Oper. Und: Die Bach-Arie dauert fast zehn Minuten. Wie kann er da ein Selbstgespräch führen, das zwar die Zuschauer, nicht aber die anderen handelnden Personen auf der Bühne mitbekommen, da die Zeit stillsteht? Unsere erste Überlegung war es, Silla von den anderen Bühnengestalten durch Vorhänge zu separieren. Wie es dann zur Idee kam, den Or- chestergraben anzuheben? Ich denke, dass in dieser Oper eigentlich eines fehlt: ein ‚Deus ex machina', der plötzlich von oben her kommt. Ich dachte mir nun, dass die Anhebung des Orchestergrabens zwar nicht das Gleiche ist wie ein Gott, der vom Himmel herabschwebt, aber einen sehr barocken Effekt ergeben würde. Wir erleben diese Theatermaschinerie plötzlich als integralen Bestandteil einer Oper, und wir haben für diese Maschinerie Musik bereitgestellt. Durch diesen Einfall konnte die ungewöhnliche musikalische Einlage als solche hervorgehoben werden. Silla konnte auf diese Weise aus der Handlung heraustreten und stattdessen in die Musik einsteigen. Eine solch ungewöhnliche Umsetzung muss auch mit den Sicherheitsbehörden abgestimmt werden, die aber am Ende sehr behilflich waren, unsere Idee zu realisieren. Was wir anfangs nicht bedacht hatten: Die Geräuschkulisse des hochfahrenden Orchestergrabens störte zunächst enorm, sodass Marc seinen Assistenten Julien bat, den Anfang des Accompagnato ganz laut umzuorchestrieren, ein wenig im Geiste Mozarts, als er Händels *Messiah* oder dessen *Cäcilien-Ode* neu orchestrierte.

Natürlich kann man das alles musikalisch und dramaturgisch infrage stellen, doch wir haben uns ernsthaft darum bemüht, diese Arie Bachs in einer sensiblen, zeitgemäßen Weise in unsere Auffassung von *Lucio Silla* zu integrieren. Diese Szene bildet ein perfektes Beispiel für das Verständnis von historischer Aufführungspraxis, über das ich bereits gesprochen habe. Die historisch-orientierte Inszenierung hat uns zu einer Entscheidung geführt, die wir sonst so nicht getroffen hätten. Das Resultat ist zwar nicht zeitgenössisch, aber doch ganz im Geist der Entstehungszeit des Werks. Ich hoffe, dass das Publikum das Anheben des Orchestergrabens als eine Reminiszenz an die sich bewegende Szenerie des 17. oder 18. Jahrhunderts begriffen hat, zumal dies ohnehin wunderbar zu unserer Bühnengestaltung passt, die sich stetig verändert.

Mit den Tänzern, die in *Lucio Silla* auftreten, arbeiten wir seit vielen Jahren, und sie haben mit meiner Frau Jeannette über all die Jahre trainiert. Ich habe noch nie eine Oper inszeniert, in der wir keine Tänzer integriert hätten. Ich bin der Meinung, dass der Tanz ein ganz besonders ergreifendes Element ist. Er hilft uns, Musik zu visualisieren. Es gibt keine andere Kunstform als den Tanz des 17. und 18. Jahrhunderts, in der man einen solchen Grad der Emotionalisierung und des Agierens sehen kann. Eigentlich hilft uns der Tanz, die Musik zu verstehen, und vor allem bezieht sich der Tanzrhythmus ausdrücklich auf sie. Ich denke, er hilft jeder Inszenierung unglaublich viel.

Die Menschen im 18. Jahrhundert waren sehr realitätsbezogen. Das Theater war damals ein lebendiger Ort, wo die Beleuchtung während der Vorstellung weiterbrannte, wo das Publikum, wenn es sich nicht gut unterhalten fühlte, die Logen verließ und während der

Vorstellung herumlief, Freunde traf und mit ihnen redete. Vermutlich war das Publikum damals das am besten gebildete, das jemals in der Geschichte der westlichen Welt ein Bühnengeschehen gesehen und beurteilt hat. Das Geschehen auf der Bühne musste überzeugen und gute Unterhaltung bieten. Ich denke, der Tanz unterstützt die Oper, das zu sein, was sie sein sollte: ein Fest aller Künste. Die Oper war also ein literarisches Ereignis, ein bühnentechnisches, ein orchestrales, ein sängerisches, aber auch ein tänzerisches Ereignis. Diese Vielfalt macht Oper für mich so reich und völlig erfüllend.

Auch wenn es schön gewesen wäre, mehr als zehn Tänzer zu integrieren, wäre es doch zu aufwändig gewesen, noch mehr Tänzer aus Nordamerika für die Produktion heranzuziehen. Aber die Kostüme unterstützen die Wirkung der Tanzeinlagen enorm, beispielsweise die farbenprächtigen Kostüme der Frauen, die sich so schön bewegen, dass ich im Scherz immer wieder gesagt habe, dass sich eine Tänzerin durch sie in zwei Personen verwandelt. Sie dreht sich, und ihr Kostüm dreht sich danach weiter; es nimmt die Kraft aus sich selbst heraus, besonders, wenn es wie in unserer Inszenierung so wunderschön gestaltet ist und sich die Stofflagen einzeln bewegen. Selbst die Fotografien der Tänzerinnen erwecken den Anschein, als ob darauf eine tanzende Tänzerin zu sehen ist, die von einem tanzenden Kostüm umgeben ist. Es war ein großes Vergnügen für mich, Tänzerinnen und Tänzer in die *Lucio Silla*-Inszenierung zu integrieren.

Ich denke, zusammenfassend kann man festhalten, dass wir sicher gehen wollten, dass alles, was wir umsetzen, dazu beiträgt, dass das Publikum sich ganz auf die eigentliche Oper, also auf Text und Musik, konzentrieren kann und es keine fremden Elemente gibt, die die Aufmerksamkeit von der Oper weglenken, sondern dass wir immer ein Schlaglicht auf das wirklich Wichtige werfen. Das gilt für den Tanz ebenso wie für die Bühnenausstattung, aber auch für die musikalische Gestaltung, etwa durch Auszierungen oder Kadenzen. Genauso haben die Gestik und die Tanzeinlagen dazu beigetragen, den Fokus auf die wirklich wichtigen Aspekte zu lenken. In diesem Sinne, denke ich, haben wir genau das Richtige getan.

Positionen III

ANTOINE FONTAINE

Bühnenbild und Kostüme der *Lucio Silla*-Produktion

Ich habe in meinem Leben viele verschiedene Dinge gemacht: Ich habe an der Restaurierung von Versailles mitgewirkt, habe Historienfilme ausgestattet und mich nun auch mit der Oper auseinandergesetzt. Alle drei Erfahrungen spielen für mich irgendwie zusammen. Am Anfang war ich Maler; es war eine Erleuchtung für mich, für das Theater in großen Dimensionen malen zu können. Dann bekam ich die Gelegenheit, an der Ausstattung von Historienfilmen zu arbeiten. Ich fing an, diese Art von altertümlichen Kulissen mit verschiedenen Bildebenen und wechselnden Perspektiven zu malen. Dabei erlebte ich die Freiheit, etwas visuell Perfektes erschaffen zu können. Das Theater verleiht nämlich der eigentlich zweidimensional gemalten Bildnisebene eine dritte Dimension. Das klingt absurd, denn wir malen doch zweidimensional, aber die Bilder sind beweglich. Man kann in ihnen leben und als Maler mit ihnen eine Geschichte erzählen. Obendrein kann man die Ebenen miteinander verschmelzen lassen, etwa den Boden und den gemalten Hintergrund. Das ist ein bisschen wie die kindliche Vorstellung bei Mary Poppins, wo man in einer Kulisse leben und in ein fiktives Bild hineinspringen kann. Das macht für mich den Reiz des Malens für das Theater aus.

Ich bin auch an der Theatermaschinerie interessiert. Man kann von unten und von oben kommen, man kann die Ebenen mischen und vorführen, wie ein Raum sich bewegt. Es hat einige Zeit gedauert, bis ich gemerkt habe, dass im 17. oder 18. Jahrhundert gar keine scharfen Grenzen zwischen den einzelnen Szenen und Akten gezogen wurden. Das war erst im 19. und 20. Jahrhundert der Fall, als Schnitte durch den Wechsel von Bildern möglich wurden. Vorher war der ganze szenische Apparat beständig in Bewegung, indem der Wald zum Schloss, dann zum Himmel, dann zur Hölle wurde.

Meine ersten Erfahrungen dieser Art stammen vom Film, wo man mit einer Art von *trompe-l'œil* arbeiten muss. Denn wenn man an einem guten Historienfilm beteiligt ist, muss man dem Zuschauer suggerieren, dass er ein Teil des Geschehens ist: Der Zuschauer muss den Eindruck haben, dass er sich im 18. Jahrhundert befindet. Es klingt vielleicht etwas paradox, aber ich habe mir die alten Techniken des Theaters für den Film angeeignet und sie erst danach auf historisch orientierte Szenerien angewendet.

Der Bühnen- und Kostümbildner ist bei einer Opernproduktion in einer ungewöhnlichen Situation: Er erhält vom Regisseur und vom Dirigenten wichtige Impulse und Anregungen und muss sie dann in eine andere Sprache, die des Bildes, umsetzen. Mit Marc Minkowski habe ich mich erstmals knapp zwei Jahre vor der Premiere hier in Salzburg getroffen, und mir wurde rasch klar, dass er eine sehr genaue Vorstellung von der Bühnengestaltung dieser Oper hatte. Für ihn ist *Lucio Silla* fast eine Art Oratorium. Vor *Lucio Silla* hatte ich ein Projekt in Warschau realisiert, *Le Cid* von Corneille, mit einem ebenfalls sehr starren Bühnenbild. Es galt also ein strenges Bühnenbild zu gestalten; es mussten aber die Möglichkeiten des Wechsels gegeben sein, da die Handlung teils im Freien, teils im Palast, teils aber auch im Grab oder im Gefängnis spielt. Ich habe also ein auf Repräsentation abzielendes Gesamtbild vorgelegt, das zugleich die Idee von architektonischen Elementen enthielt. Denn ich war der Überzeugung, dass eine Architektur, die sich vor den Augen der Zuhörer verändert, zu künstlich wirken würde. Meine Idee war, dass sich das Set maschinell ändern sollte, wobei die Architektur insgesamt auf Holz basiert. Diese Konzeption bringt eine gewisse Abstraktheit mit sich.

Eine weitere Möglichkeit sah ich darin, in die Architektur Gemälde einzubringen, die das ganze Theater ausfüllen. Dieses Konzept ist meines Wissens wirklich modern; denn so etwas hat es im Theater des 18. Jahrhunderts nicht gegeben, da dort eben alles gemalt war. Die Bühnengestaltung ist meine persönliche Deutung des Theaters des 18. Jahrhunderts, das es in dieser Form damals natürlich so nicht gab. Hierzu angeregt hat mich übrigens das bemalte Teatro Farnese in Parma/Italien. Die Bemalung des Holzes wurde im Lauf der Jahrhunderte zerstört, sodass heute allein die ursprüngliche Architektur sichtbar geblieben ist. Das hat mich auf die Lösung gebracht, die hier in *Lucio Silla* zu sehen ist.

Lucio Silla ist übrigens meine erste Arbeit als Kostüm-Designer. Ich habe ganz klassische Kostüme entworfen. Die Frauen sollten möglichst anmutig erscheinen. Marc Minkowski legte Wert darauf, dass auch die Kostüme der Männerrollen, die von Frauen gesungen wurden, schön und feminin sein sollten. Das war dank der Besetzung und der Hilfe, die ich von Seiten aller Beteiligten erhalten habe, eine relativ einfache Aufgabe.

Positionen IV

ROLANDO VILLAZÓN

Silla der *Lucio Silla*-Produktion

Text beruht mit freundlicher Genehmigung auf verschiedenen Wortbeiträgen bei der Mozartwoche 2013.

Zu Mozart habe ich ein ganz besonderes Verhältnis. Mozart ist jemand, mit dem man zusammen ein Bier trinken geht: „Hi Mozart, hallo!" Und wenn man die Briefe von Mozart liest, versteht man ein bisschen besser, warum es diese Musik gibt. Auf einige Briefe habe ich ihm auch geantwortet. Ich habe jetzt das Gefühl, dass ich diesen Mann wirklich kenne. Was mich auch fasziniert: Mozart ist auf der einen Seite so unglaublich seriös, und seine Musik ist so erhaben. Auf der anderen Seite war er aber auch so voll Leben und Lachen.

Ich bin oft in Salzburg, und ich liebe Salzburg im Winter. Es gibt dann nicht so viele Menschen und der Schnee macht alles unglaublich schön. Jede Nacht bin ich nach meinen Proben bis zum Mozart-Denkmal gelaufen; niemand ist dann auf den Straßen, und alles ist voll von Licht, weiß vom Schnee, und die Architektur ist so fantastisch – man sieht die Festung und die Berge, es ist einfach unglaublich. Mozart war eins mit seinem Werk, mit seinem Leben – er ist Leben. Er ist Luft. Wir atmen diese Luft, und Salzburg ist einfach der beste Platz, um Mozarts Luft zu atmen.

Aber als mich Marc Minkowski gefragt hat, ob ich die Rolle von Lucio Silla übernehmen möchte, habe ich eine ganze Weile gezögert. Die Musik ist schön – sie ist ja auch von Mozart. Aber die Partie fand ich anfänglich nicht wirklich interessant: Im ersten Akt eine Wutarie, im zweiten Akt noch eine Wutarie und auch beim Terzett am Ende des zweiten Aktes steht Silla neben den anderen und tobt. Nur die Rezitative haben mich gleich angesprochen; es ist fantastisch, wie Silla zwischen Liebe und Stolz, Sehnsucht und Paranoia schwankt – so etwas hatte ich noch nie gesungen. Da habe ich Marc Minkowski gefragt, ob er eine Möglichkeit sehe, die Tenor-Partie etwas interessanter zu machen. Plötzlich stand er mit der Arie aus Johann Christian Bachs Partitur von *Lucio Silla* da. *Das* war genau derselbe Text, den eigentlich schon Mozart vertonen sollte, aber nicht konnte, weil der Tenor so schlecht war und so spät nach Mailand gekommen ist, dass man ihm nur zwei Arien gegeben hat. Mozart hat diesen Text nur als Secco-Rezitativ vertont. Johann Christian Bach hat daraus eine wunderschöne Sinfonia concertante mit Oboe, Fagott, Horn und einer warmen, geschmeidigen Tenor-Partie gemacht. Wir haben es versucht – und die Arie fügte sich ganz wunderbar ein. Das hat mich mit der ganzen Oper versöhnt; bei einer Probe im Mai in Paris mit Marc Minkowski und Marshall Pynkoski, als wir die Arie studierten, habe ich im Scherz gesagt: ‚Wenn ihr diese Arie streichen wollt, tut es, ich bestehe nicht darauf.' Aber sie war aus der Oper nicht mehr wegzudenken.

Positionen V

MATTHIAS SCHULZ

Geschäftsführer und Künstlerischer Leiter der Stiftung Mozarteum Salzburg

Wir wollten die Mozartwoche 2013 mit einem Paukenschlag, der Premiere von Mozarts *Lucio Silla*, beginnen. An dieser Stelle möchte ich Alexander Pereira und den Salzburger Festspielen danken, die als Partner diese Koproduktion in dieser Form mit ermöglicht haben. Natürlich ist es immer ein Wagnis, eine Jugendoper von Mozart szenisch darzustellen; aber diese Herausforderung haben wir gerne angenommen. Seit der Verpflichtung von Marc Minkowski als künstlerischem Leiter der Mozartwoche haben wir gemeinsam intensiv diskutiert, wie wir dem Auftrag der Stiftung Mozarteum Salzburg, sowohl Wege der Tradition wie der Innovation zu beschreiten, gerecht werden können.

Dass wir uns ausgerechnet ein Jugendwerk ausgesucht haben, hat in Salzburg gute Tradition. Ich denke dabei nicht nur an die Uraufführung von *La finta semplice* im Jahr 1769, die der Salzburger Erzbischof Sigismund Schrattenbach kurzerhand ansetzte, als die Familie Mozart frustriert aus Wien zurückkehrte, wo Intrigen eine Aufführung des Werks verhindert hatten. Aber ich sehe es als ein gutes Omen für unsere Arbeit an, dass genau dieses Werk auf dem Programm stand, als die Mozartwoche im Jahr 1956 aus der Taufe gehoben wurde. Denn seither hat sich die Stiftung Mozarteum Salzburg ganz konsequent für die Jugendopern Mozarts eingesetzt: 1970 und 1997 wurde *Mitridate* aufgeführt, 1974 folgte *Il re pastore*, 1975 *Lucio Silla*, 1976 *Ascanio in Alba* und 1979 *Il sogno di Scipione*. Von da an standen diese Werke immer wieder auf dem Programm; *Lucio Silla* beispielsweise noch einmal 1993 in der Inszenierung von Peter Mussbach. Die Beiträge zur Mozartwoche hatten immer eine herausragende Qualität; gemeinsam mit Labels wie der Deutschen Grammophon Gesellschaft wollen wir diese Schätze wieder heben. Daher haben wir die Einspielung von 1975 unter Leopold Hager zur diesjährigen Mozartwoche als CD neu aufgelegt.[1]

Die Entdeckung der Jugendopern Mozarts für die musikalische Praxis wäre in den 1970er-Jahren ohne die enge Kooperation mit einem anderen Projekt der Stiftung Mozarteum Salzburg, der *Neuen Mozart-Ausgabe,* nicht möglich gewesen. Möglicherweise wäre das Repertoire bei Mozart ganz auf die „sieben großen Opern" eingeschränkt geblieben, hätte es die *Neue Mozart-Ausgabe* nicht gegeben.

1 *Wolfgang Amadeus Mozart (1756–1791): Lucio Silla*, Salzburger Rundfunk- und Mozarteumchor (Ernst Hintereiner), Mozarteumorchester Salzburg unter Leopold Hager, DG 002894791248.

Ich möchte auch auf einen anderen Aspekt der Mozartwoche verweisen, ohne den unsere Produktion von *Lucio Silla* nicht denkbar wäre. Die Stiftung Mozarteum hat die Mozartwoche immer als ein Forum gesehen, in dem unterschiedliche Ansätze der Mozart-Interpretation zur Diskussion gestellt werden. Das wurde nicht immer so ruhig und gesittet zur Kenntnis genommen wie heute. Als 1980 mit Nikolaus Harnoncourt erstmals ein Repräsentant dessen, was wir heute als historische oder historisch-informierte Aufführungspraxis bezeichnen, in Salzburg auftrat, gab es gemischte Empfindungen. Manche Kritiker sahen einseitig nur das Neue und Positive, andere verrissen die Aufführung mit wirklichem oder gespieltem Entsetzen. Aber in einem waren sich alle einig: Wo sonst, wenn nicht hier, sollte Mozart nicht nur auf höchstem Niveau gespielt, sondern auch über Mozart auf höchstem Niveau gestritten werden? Seinerzeit war man irritiert darüber, wie Mozart „gegen den Strich" gebürstet wurde, wie lieb gewonnene Hörerfahrungen brüsk beiseite geschoben wurden, wie aus dem bis dahin romantisch Geglätteten die inneren Widersprüche Mozarts hervortraten. Heute haben wir uns daran längst gewöhnt.

Wir wissen nicht nur durch die anfangs skeptisch beäugten Anfänge von Harnoncourt mit dem Concentus musicus, sondern auch durch die später umjubelten Auftritte der Musiciens du Louvre Grenoble, wie wichtig die historische Annäherung an ein Werk in musikalischer Hinsicht ist. Ich bin dennoch der Meinung: Mozart kann man auf viele Arten schön und überzeugend spielen, das geht auf Mozarts Hammerklavier und seiner Salzburger Konzertvioline ebenso gut wie auf dem modernen Steinway. Wir wollen den fantastischen Sound der Wiener Philharmoniker ebenso hören wie den Originalklang der Musiciens du Louvre Grenoble oder des Cercle de l'Harmonie.

Der Ausgangspunkt für die Überlegungen von Marc Minkowski und mir war folgende Frage: Warum eigentlich bleibt die historische Aufführungspraxis immer auf die Instrumentalmusik beschränkt? Warum spielt sie für die Inszenierung der Oper – außer vielleicht bei konzertanten Aufführungen – bis heute so gut wie gar keine Rolle? Was im Konzertleben so toll funktioniert, das müsste doch auch auf die Opernbühne zu übertragen sein: Historische Aufführungspraxis auf eine unakademische, aber das Werk respektierende Weise. Das ist unsere Vision einer zeitgerechten Oper.

Für uns war es wichtig, eine Annäherung im Sinne dieses bekannten historisch-informierten Weges in musikalischer Hinsicht auch für die szenische Realisierung zu finden. Es ist allerdings sehr schwierig, einen guten Regisseur zu finden, dessen künstlerische Vorstellungen in diese Richtung gehen, der nicht im Statischen verharrt, sondern die Dynamik eines Werks umzusetzen vermag.

Dass wir uns für die Mozartwoche 2013 für eine Opera seria Mozarts, also eine ernste und nicht für eine komische Oper, entschieden haben, hat gute Gründe. Hier müssen wir keine fest eingefahrenen Erwartungen beiseite schieben, einfach schon deswegen, weil es bei dieser Gattung keine Erwartungshaltung gibt, weder von Seiten der Musiker noch des Publikums, ja noch nicht einmal von Seiten der Kritiker – außer vielleicht dem

Vorurteil, dass Opera seria immer langweilig sei. Diesen stereotyp vorgebrachten Einwand können wir mit unserer Produktion leicht entkräften. Denn die Opera seria des 18. Jahrhunderts ist spannend, aufregend – wenn man sich ganz auf sie einlässt.

Zudem erfüllt die Opera seria etwas, was unserem heutigen Interesse an multiperspektivischen Erlebnissen entgegenkommt. Da erklingt nicht nur einfach attraktive Musik in den schönen Arien, die durch Rezitative notdürftig aneinandergehängt werden. Nein, da gibt es Handlung, da gibt es Emotionen. Aber außer der Musik finden wir noch zwei weitere Ebenen, das Bühnenbild und die Kostümierung auf der einen Seite sowie Gestik und Performance auf der anderen. Zur letzteren gehört auch die Rolle des Chores, die Mozarts Librettist Giovanni De Gamerra gegenüber der Tradition deutlich aufgewertet hat. Unser Regisseur Marshall Pynkoski hat sie in Anlehnung an historische Vorbilder mit der Unterstützung von Balletteinlagen zudem visuell umgesetzt. Auch die Dekorationen unseres Bühnenbildners Antoine Fontaine bilden die Ideen wunderbar ab.

Wir brauchen also gar nicht bis zu Richard Wagners Musikdramen vorzudringen, schon die Opera seria des 18. Jahrhunderts ist ein Gesamtkunstwerk. Unter den Jugendopern Mozarts haben wir in *Lucio Silla*, diesem Drama um Macht, um Treue, um Liebe bis in den Tod, das der 16-jährige Mozart für Mailand geschrieben hat, das allergrößte Potenzial gesehen.

Die Künstler, die wir damit beauftragt haben – Marc Minkowski, Marshall Pynkoski und Antoine Fontaine –, waren ein Glücksgriff. Sie haben übrigens noch eine Sache gemeinsam: Ihre Verbindung zu Versailles. Jeder von ihnen hat dort in einer Phase seines Lebens intensiv gearbeitet. Für die Stiftung Mozarteum Salzburg ist jedenfalls eines besonders wichtig: Dass die Werke Mozarts in der besten Weise aufgeführt, weitergelebt werden und in bestem Sinne nicht in Schönheit erstarren.

AMADEO WOLFGANGO MOZART ACCAD. FILARMON: I
VERONA

Anja Morgenstern

MOZARTS DRITTE ITALIENREISE UND DIE AUFFÜHRUNG VON LUCIO SILLA

Als der 16-jährige Wolfgang Amadé Mozart mit seinem Vater am 24. Oktober 1772 in Salzburg die Kutsche Richtung Italien bestieg, hatte er ein konkretes Ziel vor Augen: Mailand, wo er für die Karnevalssaison 1773 des Regio Ducal Teatro, die am 26. Dezember begann, die erste Oper, *Lucio Silla*, zu komponieren hatte. Man kann sagen, es handelte sich um eine „Arbeitsreise", im Unterschied zur ersten Italienreise. Diese hatte im Dezember 1769 begonnen und insgesamt 16 Monate gedauert, wobei Mailand zweimal berührt wurde. Ziel dieses ersten ausgedehnten Aufenthaltes in Italien war es gewesen, einerseits Mozart in Italien bekannt zu machen und andererseits musikalische Eindrücke zu sammeln. Diese Reise hatte Vater und Sohn durch Norditalien, Verona, Mantua, Mailand, über Bologna und Florenz nach Rom bis hinunter nach Neapel und auf der Rückreise auch nach Venedig geführt. Die erste große Italienreise, auf der Vater und Sohn Mozart auch Sehenswürdigkeiten besichtigten und Naturschönheiten bestaunten, war reich an Ergebnissen: Es wurden viele wichtige Bekanntschaften in Kreisen der Aristokratie bis hin zum Papst gemacht, man traf bedeutende Musiker und Komponisten der Zeit wie Padre Giovanni Battista Martini in Bologna, Giovanni Battista Sammartini in Mailand und Niccolò Jommelli in Neapel. Mozart hörte Musik in Kirchen und Klöstern sowie aktuelle Opern in den bedeutendsten Theaterhäusern Italiens. Der junge Mozart trat selbst 28-mal in öffentlichen oder privaten Konzerten mit großem Erfolg auf, machte sich sowohl als Geigen- und Klavierspieler als auch als Komponist einen Namen; als Höhepunkt darf die Aufführung seiner ersten italienischen Oper *Mitridate* im Dezember 1770 in Mailand gelten.

Das Bild, das im Januar 1770 in Verona im Auftrag des venezianischen Beamten Pietro Lugiati angefertigt wurde, spiegelt dies in schöner Weise wider. Man sieht Mozart an einem alten Cembalo, darauf liegt eine Geige und eine Komposition – die Forschung ist sich allerdings nicht einig, ob es sich dabei um ein Werk Mozarts oder eines anderen Komponisten handelt; die auf dem Bild gut lesbare Komposition wird im Köchelverzeichnis unter der Nummer 72a als fragmentarisches „Allegro" für Klavier geführt.

Auch offizielle Ehrungen blieben nicht aus. Im Juli 1770 verlieh Papst Clemens XIV. Mozart den Orden vom Goldenen Sporn, der ihm das Recht gewährte, den Titel „Cavaliere" oder „Ritter" zu tragen. In Bologna wurde Mozart nach einer Aufnahmeprüfung im strengen Satz Mitglied der dortigen ehrwürdigen Accademia filarmonica. Das Ehrendiplom erhielt er am 10. Oktober 1770 (Deutsch-Dokumente, S. 114f.). Und auch die Accademia filar-

Johann Nepomuk della Croce(?), *Wolfgang Amadé Mozart als Ritter vom Goldenen Sporn*, 1777. Ölkopie von Antonio Maria Nardi, 1926

monica von Verona ernannte ihn Anfang 1771 zu ihrem Ehrenmitglied (Deutsch-Dokumente, S. 117f.). Alle diese Titel zieren später im gedruckten Libretto von *Lucio Silla* 1772 seinen Namen:

> Compositore della Musica. Il Sig. Cavaliere Amadeo Wolf[g]ango Mozart Accademico Filarmonico di Bologna, e di Verona, e Maestro della Musica di Camera di S.[ua] A.[ltezza] Reverendissima l'Arcivescovo, e Principe di Salisburgo.

Nach Mailand kamen die Mozarts das erste Mal im Januar 1770. Bereits zwei Monate später erhielt er nach einer glanzvollen Akademie im Hause des Generalgouverneurs von Mailand, Karl Joseph Graf Firmian, seine erste Opern-Scrittura, also seinen ersten Vertrag zu einer italienischen Oper, für das herzogliche Theater in Mailand. In Graf Firmian hatten die Mozarts einen tatkräftigen Gönner am Hof zu Mailand, der Hauptstadt der vom österreichischen Kaiserhaus regierten Lombardei. Es bestand eine enge Verbindung der Familie Firmian nach Salzburg, denn der Bruder des Mailänder Grafen, Franz Lactanz Firmian, war Obersthofmeister am Salzburger Hof und Mozarts direkter Vorgesetzter. Ohne Firmians Einsatz wäre der erste Opernauftrag für den 14-jährigen, damals in Mailand noch unbekannten Mozart wohl nicht zustande gekommen. Doch der junge Mozart rechtfertigte das in ihn gesetzte Vertrauen und erzielte mit seiner ersten Oper *Mitridate* einen großen Erfolg (und damit auch einen finanziellen Gewinn für die Pächter des Mailänder Opernhauses). Diese erfolgreiche Aufführung zog eine weitere Scrittura für die Karnevalssaison 1773 nach sich: die Oper *Lucio Silla*. Man kann davon ausgehen, dass Mozart diesen Auftrag allein seinen kompositorischen Fähigkeiten verdankte und ohne Einmischung seitens der österreichischen Regierung erhielt. Der Impresario des Mailänder Theaters hatte völlige Freiheit bei der Auswahl der Komponisten, Sänger und Librettisten. Dies änderte sich erst mit einem neuen Vertrag Ende 1773 zwischen Erzherzog Ferdinand Karl von Österreich und der Theaterdirektion, in dem sich der Erzherzog eine Zustimmung für die Künstlerauswahl vorbehielt.[1]

Von dem Auftrag hatten die Mozarts auf ihrer Heimreise nach Salzburg im März 1771 erfahren. Aus Verona schreibt Leopold Mozart am 18. März 1771 (BD 236) an seine Frau:

> Gestern habe Briefe aus Mayland erhalten, der mir ein Schreiben von Wienn ankündigt[e], so in Salzb: erhalten werde, und das euch in Verwunderung setzen wird, unserm Sohne aber eine unsterbliche Ehre macht. der nämliche Brief hat mir eine andre sehr angenehme Zeitung mit gebracht.

Leopold spielt hier zunächst auf die ehrenvolle Einladung an, ein Werk für die Hochzeit von Ferdinand Karl von Österreich, einem Sohn von Maria Theresia, mit der Prinzessin Maria Beatrice Ricciarda d'Este im Oktober 1771 in Mailand zu komponieren, nämlich die Festa teatrale *Ascanio in Alba*. Mit der anderen „angenehmen Zeitung" ist die Nachricht von einer weiteren Scrittura, nämlich jener für *Lucio Silla* im Dezember 1772, gemeint.

1 Siehe „Vorwort", in: *Wolfgang Amadeus Mozart, Lucio Silla*, hrsg. von Kathleen Kuzmick Hansell, Kassel u.a. 1986 (NMA II/5/7), S. IX.

Der zugehörige Vertrag hat sich erhalten; er ist auf den 4. März 1771 datiert und von Federico Castiglione, einem Mitglied der Theaterdirektion des Regio Ducal Teatro, unterzeichnet (Deutsch-Dokumente, S. 119). Er enthält in relativ knapper Form die wichtigsten Eckpunkte eines typischen Opernvertrags: Mozart sollte die erste Oper der Karnevalssaison komponieren, die am 26. Dezember begann. In einer Saison wurden stets zwei Opern gegeben. Er erhielt dafür ein Honorar von 130 Gigli (Golddukaten) und freie möblierte Unterkunft. Mozart musste zudem bis Oktober 1772 alle Rezitative komponiert haben. Anfang November hatte er sich in Mailand einzufinden, um die Arien zu komponieren und bei allen notwendigen Proben zu assistieren. Der Vertrag galt unter Vorbehalt von etwaigen Theatervorkommnissen oder dem Herzog geschuldeten Verhinderungen, womit etwa ein Trauerfall in der kaiserlichen Familie gemeint gewesen sein könnte.

Dies entspricht im Wesentlichen den Bedingungen des ersten Vertrages von 1770 für *Mitridate*, der zwar nicht erhalten ist, aber von Leopold Mozart in einem Brief paraphrasiert wird. Aus Bologna schreibt er am 24. März 1770 (BD 170) nach Salzburg:

> Die *Scrittura,* oder der schriftliche *Contract* ist schon gemacht, und gegen einander ausgewechselt. Es kommt demnach nur auf die Erlaubniß S:[eine]r H[och]f[ürstlichen]: G[na]den an. Der *Contract* ist im Graf *Firmian*ischen hause gemacht worden, und bekommen wir *100 Cigliati* und freÿe Wohnung. die *opera* fängt in den Weinachtfeyrtagen an. die *Recitativ* müssen im *october* nach Mayland geschickt werden, und den 1 *Novemb:* müssen wir in Mayland seÿn, daß der Wolfg: die *Arien* schreibt.

Ein kleiner Unterschied besteht in der Bezahlung; 1772 bekam Wolfgang ein etwas höheres Honorar, er war schon bekannt und erfolgreich, das finanzielle Risiko für den Impresario also geringer als beim ersten Engagement des damals erst 14-jährigen Komponisten. Gleichwohl war die Bezahlung des nun 16-jährigen Mozart relativ gering gegenüber einem arrivierten Opernkomponisten; Sänger wurden häufig noch besser bezahlt: ein Kastrat erhielt beispielsweise 500 Gigli und mehr. Interessant ist der Verweis von Leopold auf die Erlaubnis „Seiner Hochfürstlichen Gnaden", gemeint ist hier ihr Salzburger Brotgeber, Fürsterzbischof Sigismund von Schrattenbach. Der Dienstherr musste also einem auswärtigen Opernauftrag zustimmen und eine Reiseerlaubnis erteilen. Eine Bedingung war in den Mailänder Verträgen nicht explizit festgeschrieben: die Verpflichtung zur Leitung der ersten drei Aufführungen. Dies war aber Usus, wie man einem Brief Leopold Mozarts vom 5. Januar 1771 (BD 225) bezüglich der Oper *Mitridate* entnehmen kann:

> Die ganze Zeit der *opera* gehen wir bald da bald dort hin, wo es uns beliebt. dann der *Maestro* ist nur verbunden 3 Abend die *opera* im *orchester* zu *dirigieren.*

Bei Abschluss eines Opernvertrages stand das zu vertonende Libretto in der Regel noch nicht fest und wurde erst später dem Komponisten zugeschickt. Den Operntext zu *Lucio Silla* schrieb der erst seit Kurzem für das Mailänder Theater arbeitende Giovanni De Gamerra.

Wir haben nun einiges über das Zustandekommen und die Rahmenbedingungen für die Komposition von *Lucio Silla* erfahren. Begleiten wir nun Vater und Sohn auf ihrer dritten Reise nach Italien. Sie verließen Salzburg am 24. Oktober 1772. Im Gepäck hatte Mozart den Text zu *Lucio Silla* sowie einige bereits komponierte Rezitative, wie es der Vertrag vorsah. Außerdem trug Mozart nun den offiziellen Titel eines fürsterzbischöflichen Konzertmeisters; denn kurz nach Amtsantritt als neuer Fürsterzbischof von Salzburg hatte Hieronymus Colloredo Wolfgang Amadé Mozart in den Stand eines besoldeten Konzertmeisters erhoben. Zuvor hatte der junge Mozart unentgeltlich in der Salzburger Hofkapelle als Geiger Dienst getan, was durchaus nicht unüblich war. Sein Jahresgehalt betrug nun 150 Gulden. So generös wie sein Vorgänger Schrattenbach war Colloredo allerdings nicht, um den Mozarts auch noch ein Reisegeld mitzugeben; Schrattenbach hatte ihnen für die erste Italienreise immerhin 600 Gulden aus seiner Privatschatulle geschenkt.

Nach dreieinhalb Tagen erreichten die Mozarts das „traurige Sauloch" Bozen, wie es Wolfgang in einer Nachschrift zum Brief des Vaters vom 28. Oktober 1772 (BD 264) bezeichnete. Am Ende fügte er noch ein derbes Gedicht hinzu:

> von einen der über botzen fuchs=teüfel
> wild und harb war.
> soll ich noch komen nach botzen
> so schlag ich mich lieber in d'fozen.

Der Grund war ganz simpel; Leopold Mozart selbst nennt ihn im gleichen Brief: Starkes Regenwetter verzögerte die Weiterreise. Wohl gegen die Langeweile komponierte Wolfgang an einem Streichquartett (wahrscheinlich KV 155).

In Ala, nördlich des Gardasees, verweilten die Mozarts zwei Tage und feierten am 31. Oktober Wolfgangs Namenstag. Einen Tag später erreichten sie Verona, wo sie im Hause des bereits erwähnten Pietro Lugiati wohnten. In Verona nutzten sie auch die Gelegenheit eines Opernbesuchs. Am 4. November trafen sie schließlich nach einer zwölftägigen Reise in Mailand ein.

Die einzigartige, in großen Teilen erhaltene Mozart'sche Familienkorrespondenz stellt heute die wichtigste Informationsquelle für die zahlreichen Reisen Wolfgang Amadé Mozarts dar. So sind wir dank der Briefe von Leopold Mozart an seine Frau gut über die Situation vor Ort und den Fortgang der Komposition von *Lucio Silla* unterrichtet. Leopold schrieb regelmäßig einmal pro Woche, gelegentlich fügte Wolfgang ein Postscriptum an die Schwester Maria Anna an, manchmal in italienischer Sprache.

Bei ihrer Ankunft in Mailand waren erst zwei Sänger von Nebenrollen anwesend. Am 14. November 1772 (BD 266) berichtete Leopold nach Hause, Wolfgang habe

> untertessen […] unterhaltung genug gehabt die Chöre, deren 3 sind, zu schreiben, und die wenigen *Recitativ,* die er in Salzb: gemacht zu ändern, und theils neu zu schrei-

ben, indem der Poet die *Poesie* dem H: *Abbate Metastasio* nach Wienn zur untersuchung geschickt hatte, und dieser ihm vieles verbessert, abgeändert, und eine ganze *Scena* im 2ten *act* beygesetzt; dann hat er alle *Recit:* und die *overtura* geschrieben.

Kurz danach kam immerhin der *primo uomo*, der Erste Sänger, Venanzio Rauzzini nach Mailand. Die *prima donna* Anna De Amicis wurde für Ende des Monats erwartet, traf aber wegen des schlechten Wetters und der damit verbundenen schlechten Reisewege erst am 4. Dezember ein. Ein größeres Problem stellte die krankheitsbedingte Absage des Sängers der Hauptrolle, des Tenors Arcangelo Cortoni, drei Wochen vor der Premiere dar. Wolfgang Amadé Mozart wusste um seine kompositorischen Fähigkeiten und verlor trotz der widrigen Umstände nicht seinen Humor. Am 5. Dezember 1772 schrieb er in einer Nachschrift an seine Schwester (BD 269):

> Nun hab ich noch 14 stuk zu machen, dann bin Ich fertig, freülich kan man daß Terzet und *Duetto* für 4 stück rechnen. Ich kan ohnmöglich viell schreiben, dan ich weiß nichts, und zweitens weiß ich nicht waß ich schreibe, indem ich nun immer die gedancken beÿ meiner *opera* habe, und gefahr lauffe, dir, anstatt worte eine ganze *Aria* herzuschreiben.

Samuel Freeman, *Venanzio Rauzzini*.
Nach einem Stich von William Mineard Bennett.

Auch wenn Mozart irrte und nicht 14, sondern „nur“ noch zwölf Stücke zu komponieren waren (da man sich entschied, nur zwei statt der vorgesehenen vier Arien für Silla zu komponieren), handelte es sich immerhin um mehr als die Hälfte der Oper. Leopold fasste im gleichen Brief vom 5. Dezember (BD 269) die Situation zusammen:

> beÿ diesen Umständen, da die *Prima Donna* gestern erst ankahm, der *Tenor* aber noch nicht bekannt ist, ist leicht zu erachten, daß noch das meiste und Hauptsächlichste der *opera* nicht *Componiert* ist. Nun wird es erst ernstlich darauf losgehen.

Bis zur Ankunft des neuen Tenors komponierte Mozart für die *prima donna* Anna De Amicis drei ihrer vier Arien, von denen Leopold im Brief vom 12. Dezember 1772 (BD 270) berichtete:

> die *Sg:*[ra] *de amicis* empfehlt sich euch beyden, sie ist mit ihren 3 *Arien,* die sie bis dermahlen hat, ganz ausserordentl: zu frieden. der wolfg: hat ihr ihre Haupt=*Arie*

Leopold Mozart an seine Frau Maria Anna, 18. Dezember 1772.
Autographer Brief, Seite 2

> mit solchen Passagen gemacht, die neu und ganz besonder und erstaunlich schwer sind; sie singt solche, daß man erstaunen muß, und wir sind in der allerbesten freundschaft und vertraulichkeit mit ihr.

Am Tag der Premiere schrieb Leopold noch: „die de Amicis ist unsere beste freundin, singt und agiert wie ein Engl, und ist in ihrer Vergnügenheit, weil der Wolfg: sie unvergleichlich bedient hat." (Brief vom 26. Dezember 1772 an die Frau, BD 272). Die Mozarts hatten die Sängerin bereits 1763 in Mainz kennengelernt. 1770 trafen sie Anna De Amicis in Neapel wieder, wo sie am Königlichen Teatro San Carlo auftrat. Nach einer Aufführung der Oper *Armida abbandonata* von Niccolò Jommelli schwärmte Wolfgang damals: „die *De amicis* singt unvergleichlich" (Brief vom 5. Juni 1770, BD 189).

Auch den Kastraten Venanzio Rauzzini hatten die Mozarts schon früher in Wien kennengelernt. Nachdem ihn Leopold dort im September 1767 in der Oper *Partenope* von Johann Adolf Hasse gehört hatte, bezeichnete er ihn als den „beste[n] Castrat[en]" (Brief vom 29. September 1767, BD 117). Der englische Musikschriftsteller Charles Burney schreibt in seinem *Tagebuch einer musikalischen Reise* über Rauzzini, den er in München getroffen hatte, folgendes:[2]

> Der Erste Sänger in der hiesigen serieusen Oper ist Signor Rauzzini, ein junger Virtuose aus Rom gebürtig, von ausserordentlichem Verdienste, und der schon sechs Jahre am hiesigen Hofe in Diensten steht; auf das nächste Carneval aber wird er nach Mayland gehen, und daselbst in einer vom jungen Mozart komponirten Oper zu singen. Er ist nicht nur ein reizender Sänger, von gefallender Figur, und ein guter Akteur; sondern ein viel besserer Contrapunktist und Clavierspieler, als man sonst einem Sänger zu werden erlaubt, weil die Italiäner der Meinung sind, alle Art von anhaltendem Fleisse im Clavierspielen oder Komponiren sey der Stimme nachtheilig.

Am 18. Dezember 1772, acht Tage vor der Premiere, teilte Leopold in seinem wöchentlichen Brief nach Hause den Probenplan mit (BD 271); trotz der großen Anspannung hat er Muse für Humor. Er beginnt den Brief mit Grüßen und Schlussformeln, auf der zweiten Seite schreibt er den durchaus ernsthaften Text auf die Ränder, indem er am Ende jeder Zeile das Blatt jeweils um 90 Grad dreht; den verbliebenen leeren Platz in der Mitte ziert er mit einer Zeichnung (siehe Abbildung).

> Ich schreibe dieses heute freytags den 18ten, denn Morgen wird hart so viel Zeit übrig bleiben etwas zu schreiben. In der frühe um halbe 10 uhr wird die erste probe seÿn mit allen Instrumenten. dieser täge waren 3 *Recitativ* Proben. Gestern Nachts ist erst der *Tenor* angekommen, und heute hat der Wolfg: 2 *Arien* für ihn gemacht, und hat ihm noch 2 zu machen. Sontag den 20ten ist die zweÿte probe,

2 *Carl Burney's der Musik Doctors Tagebuch seiner Musikalischen Reisen. Zweyter Band. Durch Flandern, die Niederlande und am Rhein bis Wien.* Aus dem Englischen übersetzt von C.[hristoph] D.[aniel] Ebeling, Hamburg 1773, S. 93.

Erchtag den 22 die dritte Probe, Mittwoch den 23 die Hauptprobe donnerstag und freÿtag nichts, am Samstag den 26 die erste *opera,* mit Gott, eben an dem Tag, da ihr diesen Brief erhaltet.

Hören wir, was Leopold Mozart in seinem Brief vom 2. Januar 1773 (BD 275), eine Woche nach der Premiere, über den Ausgang der ersten Vorstellung von *Lucio Silla* nach Hause berichtete: „die *Opera* ist glückl: abgelauffen, obwohl den ersten abend verschiedene sehr vertriessliche Umstände sich eräugnet." Zu den verdrießlichen Umständen gehörte jener, dass die Oper erst zwei Stunden später als geplant beginnen konnte, weil der Erzherzog „noch 5 Briefe oder Neujahrswünsche mit eigener Hand an S:[eine] May:[estäten] den Kayser, Kaÿserin, zu schreiben [hatte], und *NB* er schreibt sehr langsamm etc:" Die Anspannung der Sänger, die wie auch das Publikum in großer Hitze warteten, muss deshalb sehr groß gewesen sein.

Die zweite Misslichkeit bestand in der Unerfahrenheit des in letzter Minute engagierten Tenores, Bassano Morgnoni, einem Kirchensänger aus Lodi. Dieser hatte erst ein- oder zweimal überhaupt auf dem Theater in Lodi gestanden, aber noch nie auf einer so großen Bühne wie in Mailand. Seine Aktionen waren bisweilen so ungeschickt, dass das Publikum zu lachen anfing, was wiederum die Sängerin Anna De Amicis verunsicherte und ihren Gesang beeinträchtigte. Hören wir wieder Leopold Mozart mit seinem Bericht:

> dieser [Morgnoni], da die *prima Donna* in ihrer ersten *Aria* von ihm eine *action* des zorns erwarten muß, machte diese zornige *action* so übertrieben, daß es schiene als wolte er ihr Ohrfeigen geben, und ihr die Nase mit der faust wegstossen, bewog das *Publicum* zum lachen. die *Sig:*[a] *de amicis* beobachtete nicht so gleich im Eyfer ihres Singens, warum das *Publicum* lachte, und sie war betroffen, und wuste anfangs nicht wer ausgelacht wurde und sang den ganzen ersten Abend nicht gut, weil noch die Eyfersucht dazu kam, daß dem *Primo Uomo,* so bald er auf das theater tratt die Hände von der Erzherzogin geklatschet wurde. dieß war ein *Castraten*-streich, dann er machte, daß der Erzherzogin gesagt wurde, daß er für forcht nicht werde singen können, um dadurch zu erhalten, daß ihm der Hof gleich *Courage* und *applauso* machen sollte.

Um die *prima donna* zu trösten, erhielt sie tags darauf eine Audienz am Hof. „dann", so Leopold Mozart weiter,

> fieng die *opera* erst an gut zu gehen, und da sonst beÿ der ersten *opera* das theater sehr lehr ist, so waren nun die ersten 6 abend |: heut wird der Siebende :| so voll daß man kaum hineinschliefen kann, und hat noch meistens die *prima Donna* die Oberhand deren *Arien* wiederhollt worden.

Eine Woche später berichtete Leopold Mozart in seinem Brief vom 9. Januar 1773 (BD 277) enthusiastisch über den Erfolg der weiteren Aufführungen:

> die *opera* gehet, Gott Lob, unvergleichlich gut, so, daß das theater täglich erstaunlich voll ist, da doch sonst die Leute in die erste *opera* nicht zahlreich kommen,

wenn sie nicht sonderbaren Beyfall hat. Täglich werden *Arien* wiederhohlt, und hat die *opera* nach der ersten *Sera* täglich aufgenohmen und von tag zu tag mehr Beÿfall erhalten.

Abgesehen von diesen brieflichen Äußerungen Leopold Mozarts gibt es nur sehr wenige Berichte über die Aufführung der Oper *Lucio Silla*, die insgesamt 26 Vorstellungen erlebte. Vier Tage nach der Premiere las man in der *Gazzetta di Milano* eine kurze, doch wohlwollende Notiz:[3]

Sabato sera diedesi principio in questo Regio Ducal Teatro alla rappresentazione del nuovo Dramma intitolato il Lucio Silla, il quale, essendo riuscito splendidissimo in tutte le sue parti, si è meritatamente acquistato l'universale aggradimento.

Am vergangenen Samstagabend begann in diesem Königlich Herzoglichen Theater die Vorstellung der neuen Oper Lucio Silla, sie war in allen Belangen vorzüglich und hat sich den allgemeinen Beifall verdient.

In den *Notizie del Mondo*, die in Florenz erschienen, las man am 5. Januar 1773:[4]

Milan 30. Dicembre. Sabato sera in questo R. D. Teatro andò in scena il Dramma in musica, intitolato Lucio Silla, in cui si distinguono Rauzzini, e la De Amicis, siccome nei balli riscuote il piu grande applauso il Sig. Picq.

Mailand 30. Dezember. Samstagabend gab man in hiesigem Königlichen Herzoglichen Theater das Dramma in musica Lucio Silla, in dem sich Rauzzini und die De Amicis auszeichneten, während bei den Balletten sich Herr Picq den größten Beifall erwarb.

Der große Erfolg der Oper lässt sich auch daran ablesen, dass die Spieldauer verlängert wurde. Normalerweise war die erste Oper der Karnevalssaison die weniger spektakuläre, auf kürzere Dauer geplante Produktion und auch die in der Regel schlechter besuchte Vorstellung. Doch wie schon bei *Mitridate* trat bei Mozarts Werken das Gegenteil ein: Das Haus war immer voll und das Publikum enthusiastisch, sodass die zweite Oper (1773 *Il Sismano in Mogol* von Giovanni Paisiello, ebenfalls auf ein Libretto von De Gamerra) um eine Woche verschoben wurde.

Das Regio Ducal Teatro, in dem sowohl *Lucio Silla* als auch die beiden anderen Mailänder Opern Mozarts aufgeführt worden sind, existiert heute nicht mehr. Es befand sich in einem Flügel des herzoglichen Schlosses neben dem Dom. Das Theater brannte am 26. Februar 1776 komplett aus. Wegen der großen, aufgrund der Kerzenbeleuchtung allgegenwärtigen Feuergefahr entschied man, ein neues, abseits stehendes Theater zu

3 Zit. nach Rudolph Angermüller unter Mitarbeit von Geneviève Geffray, Photographie Vera von Glasner-Ostenwall, *Delitiae Italiae. Mozarts Reisen in Italien*, Bad Honnef 1994, S. 233; deutsche Übersetzung von der Autorin.

4 Dok 1997, S. 24; deutsche Übersetzung von der Autorin.

bauen: das heutige Teatro alla Scala, das nach nur zweijähriger Bauzeit am 3. August 1778 mit der Oper *L'Europa riconosciuta* des kaiserlichen Hofkapellmeisters Antonio Salieri eingeweiht wurde.

Charles Burney beschrieb das Regio Ducal Teatro 1770. Sein Bericht gibt zugleich auch einen guten Einblick in die soziale Funktion eines italienischen Opernhauses:[5]

> Das Theater ist hier sehr breit und prächtig; es sind fünf Reihen Logen auf jeder Seite, jede Reihe zu hundert; und parallel mit ihnen läuft eine breite Gallerie als ein Zugang zu jeder Reihe Logen rund um das ganze Haus herum; jede Loge enthält sechs Personen, die zur Seiten gegen einander übersitzen. Auf der Communicationsgallerie sind besondere Zimmer für jede Loge, worin Kamine und gute Anstalten zu Erquickungen und zum Kartenspiele sind. In der vierten Reihe sind Pharaotische, auf jeder Seite des Hauses einer, welche während der Vorstellung der Oper gebraucht werden. [...] Das Orchester ist sehr zahlreich und der Platz für dasselbe verhältnißmäßig groß gegen das Theater, welches viel weitläufiger ist, als das Turiner Opernhaus. Die Zuschauer in der obersten Reihe Logen, sitzen mit dem Gesichte gegen die Bühne, und diejenigen welche keine Plätze bekommen können, stehen hinter ihnen in der Gallerie. Alle Logen sind hier wie zu Turin auf die Theaterzeit vermiethet. Zwischen den Akten kommen die Zuschauer aus dem Parterre herauf, und gehen auf den Gallerien spazieren.

Das „zahlreiche Orchester" hat Leopold Mozart anlässlich der Aufführung von *Mitridate* etwas genauer beschrieben: Am 15. Dezember 1770 berichtete er in seinem Brief an seine Frau (BD 223), dass das gesamte Orchester

> in 14 *Prim=* und 14 *Secunden* folglich in 28 *Violinen, 2 Clavier,* 6 *Contra Bass,* 2 *Violoncelli,* 2 *Fagotti,* 6 *Violen,* 2 *Hautb:* und 2 *Flautotraversi,* welche, wo keine flauti dabeÿ sind, allzeit mit 4 *Hautb:* mit spielen. 4 *Corni di Caccia,* und 2 *Clarini* etc. folglich in 60 Personen bestehet.

Zum Vergleich: Das Orchester der Salzburger Hofmusik im engeren Sinne umfasste in jener Zeit nur 23 Musiker, nämlich 17 Streicher (13 Geiger, 1 Violoncello, 3 Kontrabässe) und 6 Holzbläser (je zwei Oboen, Fagotte und Hörner). Wenn nötig, wurden allerdings Substituten hinzugezogen.

Neben der Oper *Lucio Silla* brachte Wolfgang Amadé Mozart weitere musikalische Ergebnisse mit nach Salzburg. Er komponierte sechs Streichquartette KV 155 bis 160 (die heute oft den Beinamen „Mailänder Quartette" tragen). Eines entstand, wie schon erwähnt, während der Hinreise, die restlichen komponierte er, vielleicht als Zeitvertreib nach der erfolgreichen Aufführung seiner Oper, in Mailand Ende 1772 und Anfang 1773.

5 *Carl Burney's der Musik Doctors Tagebuch einer Musikalischen Reise durch Frankreich und Italien* [...], Aus dem Englischen übersetzt von C.[hristoph] D.[aniel] Ebeling, Hamburg 1772, S. 56f.

Das wohl bekannteste ‚Nebenprodukt‘ dieser Mailandreise entstand für den Kastraten Venanzio Rauzzini, den Sänger des Cecilio: die Motette „Exsultate, jubilate“ KV 165. In einer Nachschrift zum Brief des Vaters vom 16. Januar 1773 (BD 279) berichtete Wolfgang seiner Schwester in scherzhaften Wortumstellungen:

> Ich vor habe den *primo* eine *homo motteten* machen welche müssen morgen beÿ *Theat*inern den *producirt* wird. seÿet auf wohl ich eüch bitte. lebe wohl. *addio.*

Die heute oft gesungene Solo-Motette wurde also am 17. Januar 1773, am 2. Sonntag nach Epiphanias, in der Theatinerkirche S. Antonio in Mailand zum ersten Mal – sicherlich während der Messe – aufgeführt. Außer der zitierten Nachschrift Mozarts gibt es in der Korrepondenz keine weitere Erwähnung dieser Motette. Im Gegensatz zu der heutigen großen Popularität scheint das Werk damals nicht verbreitet gewesen zu sein, denn es hat sich – anders als bei vielen anderen kirchenmusikalischen Werken Mozarts – nur eine einzige zeitgenössische Abschrift davon erhalten. Erst im 20. Jahrhundert wurde diese Abschrift eines mit den Mozarts befreundeten Salzburger Kopisten, Joseph Estlinger, im Notenarchiv der bayerischen Pfarrkirche St. Jakob in Wasserburg am Inn aufgefunden. Sie steht mit aller Wahrscheinlichkeit in Zusammenhang mit einer Aufführung durch den Salzburger Hofkastraten Francesco Ceccarelli in der von Mozarts Wohnhaus nur wenige Schritte entfernten Dreifaltigkeitskirche.[6]

Leopold Mozart zögerte die Abreise von Mailand immer wieder heraus: Eigentlich wäre die Anwesenheit Mozarts schon ab Anfang Januar nicht mehr von Nöten gewesen. Doch Vater und Sohn Mozart wollten noch die zweite Oper, *Il Sismano in Mogol* von Paisiello, hören, die am 30. Januar 1773 startete. Der Hauptgrund war aber ein ganz anderer: Leopold bemühte sich, für Wolfgang in Florenz eine Anstellung am Hof des Erzherzogs Peter Leopold, Großherzog der Toskana, des späteren österreichischen Kaisers, zu erlangen und wartete auf eine Antwort auf seine diesbezüglichen Schreiben. Deshalb täuschte er in seinen Briefen nach Salzburg über vier Wochen einen schweren rheumatischen Anfall vor. Mit den von den Mozarts für „geheime Passagen“ benutzen Chiffren klärte er seine Frau am 30. Januar 1773 (BD 282) über diese vorgetäuschte Krankheit auf:[7]

> ‹von florenz ist noch keine weitere antwort vom grosherzog gekommen. was ich von meiner krankheit geschriben, ist alles nicht wahr, ich ware einige› täge im bette ‹allein izt befinde ich mich gesund, und gehe heute in die opera. du must aber an allen orten sagen, das ich krank seye. du kanst dises blatel abschneiden, damit es niemand in die hand kommt›.

6 Siehe Robert Münster, „Die beiden Fassungen der Motette ‚Exsultate, jubilate‘ KV 165“, in: *Mozart Studien*, Bd. 2, Tutzing 1993, S. 119–133.

7 „vsn iesrlnz fot nscu klfnl wlftlrl mntwsrt vsa grsoulrzsg glksaaln. wmo fcu vsn alfnlr krmnkulft glocurfbln, fot meelo nfcut wmur, fcu wmrl lfnfgl täge im bette. meelfn fzt blifndl fcu afcu glohnd, hnd glul ulhtl fn dfl splrm. dh ahot mblr mn meeln srtln omgln, dmo fcu krmnk olÿl. dh kmot dfolo bemtle mbocunlfdln, dmaft lo nfland fn dfe umnd ksaat.“ Bei dieser ‚Geheimschrift‘ wurden alle fünf Vokale mit jeweils einem Konsonanten wechselweise vertauscht: a – m, e – l, i – f, o – s, u – h.

Leopold Mozarts Plan, Wolfgang in Florenz eine Anstellung zu verschaffen, schlug ebenso fehl wie ein Jahr zuvor der Versuch, den Sohn am Mailänder Hof von Erzherzog Ferdinand Karl von Österreich unterzubringen.

Als Wolfgang Amadé Mozart mit seinem Vater am 13. März 1773 wieder in Salzburg eintraf, ahnte er wohl nicht, dass er nie mehr den Boden Italiens betreten und auch keine weitere Oper für ein italienisches Theater komponieren sollte.

Literatur

Irene Adrian, „Rolle und Bedeutung der Kastraten in Leben und Werk Wolfgang Amadeus Mozarts", in: *Mozart. Gli orientamenti della critica moderna. Atti del convegno internazionale Cremona, 24–26 novembre 1991*, hrsg. von Giacomo Fornari (= Studi e Testi Musicali. Nuova Serie, 1), Lucca 1994, S. 27–45.

Rudolph Angermüller, *Delitiae Italiae. Mozarts Reisen in Italien*, unter Mitarbeit von Geneviève Geffray, Photographie Vera von Glasner-Ostenwall, Bad Honnef 1994.

Rudolph Angermüller, „Die Sänger der Erstaufführung von Mozarts Dramma per musica ‚Lucio Silla' KV 135, Mailand, 26. Dezember 1772. Morgnoni – de Amicis – Rauzzini – Suardi – Mienci – Onofrio", in: *Mitteilungen der Internationalen Stiftung Mozarteum* 47 (1999), Heft 3–4, Salzburg, November 1999, S. 3–18.

Alberto Basso, *I Mozart in Italia. Cronistoria dei viaggi, documenti, lettere, dizionario dei luoghi e delle persone*, Mailand 2006.

Carl Burney's der Musik Doctors Tagebuch einer Musikalischen Reise durch Frankreich und Italien […], Aus dem Englischen übersetzt von C.[hristoph] D.[aniel] Ebeling, Hamburg 1772.

Carl Burney's der Musik Doctors Tagebuch seiner Musikalischen Reisen. Zweyter Band. Durch Flandern, die Niederlande und am Rhein bis Wien. Aus dem Englischen übersetzt von C.[hristoph] D.[aniel] Ebeling, Hamburg 1773.

Robert Münster, „Die beiden Fassungen der Motette ‚Exsultate, jubilate' KV 165", in: *Mozart Studien*, Bd. 2, Tutzing 1993, S. 119–133.

Pietro Metastasio
Kupferstich in der Ausgabe seiner Werke, Paris 1780/82

Adriana de Feo

MOZARTS LUCIO SILLA UND DER TYPUS DER OPERA SERIA

Zum dramaturgischen Aufbau der Opera seria

Gegen Ende des 17. Jahrhunderts und zu Beginn des 18. Jahrhunderts begannen die Librettisten, sich an einem bestimmten literarischen Modell zu orientieren: dem der klassischen französischen Tragödie. Vor allem Jean-Baptiste Racine und Pierre Corneille wurden zum Modell für die Librettisten. Im Vergleich zu einem „typischen" Dramma per musica des 17. Jahrhunderts wurden die Handlungsstränge und die Anzahl der Personen reduziert, die Dienerrollen und die komischen Szenen verschwanden nach und nach aus der Handlung.[1] Das „vielfarbige" Dramma per musica des 17. Jahrhunderts entwickelte sich ab ca. 1705 durch Librettisten wie Silvio Stampiglia, Apostolo Zeno und – einige Jahre später – Pietro Metastasio zu einer „ernsten" Oper.[2] Somit wird die *liaison des scènes* beachtet: Die Szenen sind verbunden, die Bühne darf nie leer sein. Im Gegensatz zur französischen klassischen Tragödie gliedert sich ein Dramma per musica des 18. Jahrhunderts jedoch in drei und nicht in fünf Akte. Was das dramatische Sujet betrifft, waren in der kurz nach der Jahrhundertwende revidierten Form des Dramma per musica historisch-heroische Bühnengestalten am häufigsten zu finden. So zitieren die Librettisten im Vorwort (*Argomento*) ihre historischen bzw. antiken Quellen. Meist greifen sie auf historische Persönlichkeiten der Antike zurück und deklarieren die klare Trennung zwischen dem Wahren, also der historischen Überlieferung (den *istorici fondamenti*), und dem Wahrscheinlichen (den *accidenti verosimili*).[3] Zudem wurde, wie erwähnt, die Zahl der Bühnengestalten reduziert; sie belief sich nunmehr auf sechs bis sieben Personen. Diese entsprachen der Rollenkonstellation von *primo uomo* (zu dieser Zeit immer ein Kastrat) und *prima donna*, *secondo uomo* (dieser konnte auch eine Rolle *en travestie* verkörpern) und *seconda donna*. Es waren also zwei Liebespaare in der Opera seria üblich; dazu kam eine Herrscherfigur und ein oder mehrere *confidenti* (Vertraute/Berater) von dieser. In Mozarts Seria-Opern werden die Titelhelden immer von einem Tenor verkörpert: Mitridate (*Mitridate re di Ponto*), Tito (*La clemenza di*

1 Es sei hier darauf hingewiesen, dass in den ersten Jahrzehnten des 18. Jahrhunderts die Dienerfiguren eine neue künstlerische Heimat in den Intermezzi fanden. Als Musterbeispiel dieser Gattung gilt Giovanni Battista Pergolesis *La serva padrona* (Neapel 1733).

2 Zum Musiktheater des 18. Jahrhunderts siehe Reinhard Strohm, *Die italienische Oper im 18. Jahrhundert*, Wilhelmshaven 1979.

3 Im *Argomento* zu *Lucio Silla* zitiert De Gamerra Plutarch: „(Plutarco in Silla). Da tali istorici fondamenti è tratta l'azione di questo dramma […]"/„(Plutarch in Silla). Auf diesem historischen Hintergrund basiert die Handlung dieses Dramas".

Tito), Alessandro (*Il re pastore*). Diese Praxis ist aber erst ab Mitte des 18. Jahrhunderts zu beobachten; in den Opern Händels kommt erstmals mit *Tamerlano* (London 1724) ein Tenor in einer Hauptrolle, der des Bajazet, vor. Für gewöhnlich stehen der Vereinigung der Hauptpersonen als dem ersten Liebespaar die Leidenschaft und politische Macht der Herrscherfigur entgegen.

Die Kastraten[4] waren ein zentrales Element der damaligen Opera seria und besaßen eine herausragende Position in der barocken Sängerwelt. Die wichtigsten Merkmale ihrer Vokalität waren: *messa di voce*, *portamento*, Koloraturen, Auszierungen und eine perfektionierte Atemtechnik. Besonders die ungewöhnliche Beherrschung und Länge des Atems war die Voraussetzung für die Fertigkeit im Vokalisieren, für Beweglichkeit und Geschmeidigkeit, die in der Barockoper alle großen Sänger auszeichneten. In den Kastraten manifestierte sich die Vorliebe des 17. und 18. Jahrhunderts für stilisierte, unwirkliche Klangfarben sowohl im lyrisch-ekstatischen als auch im virtuosen Gesang. Aufgrund ihres besonderen Klangs, ihrer stupenden Technik und der großen Beherrschung der Vortragskunst verkörperten die Kastraten das Ideal des barocken Belcanto. In der Barockoper gab es viele Optionen, Rollen mit Interpreten beiderlei Geschlechts und in verschiedenen Stimmlagen zu besetzen.[5] Frauenrollen wurden sowohl von „natürlichen" Interpretinnen als auch von Kastraten gesungen (obwohl die Kastraten zumeist in Männerrollen auftraten und Liebhaber spielten). Frauen sangen *en travestie* manchmal auch Männerrollen, denn manche Partien konnten in hoher oder tiefer Lage gesungen werden. Im barocken Musiktheater bestand also kein starrer Zusammenhang von Männlichkeit und männlichem Stimmumfang einerseits und andererseits von Rolle und Stimmlage. Darüber hinaus zeigt sich in der barocken Ästhetik eine Neigung zur Stilisierung der Poetik des Wunderbaren und zur Faszinationskraft durch ein antirealistisches Theaterkonzept.

Im Vergleich zum Dramma per musica des 17. Jahrhunderts, in dem fünfzig bis achtzig kurze Arien, die sogenannten *arie cavate*, ohne feste dramaturgische Regeln über die Handlung verstreut waren, wurde im 18. Jahrhundert auch die Anzahl der Arien reduziert (im Durchschnitt waren es nun höchstens noch 30); dafür erhielten sie aber eine größere Bedeutung und einen festen Platz im dramatischen Ablauf. Die Tradition der Abgangsarie, in der eine Bühnengestalt ihre Emotionen zum Ausdruck brachte und danach die Bühne verließ, wurzelte in der Opera seria. Die originale italienische Bezeichnung für diese Art der Arie lautete übrigens „aria d'entrata", gemeint ist die „entrata" (im Sinne von „Eintritt") in die Kulissen, eine wichtige Konvention des barocken Musiktheaters, um den Fluss der Handlung nicht zu unterbrechen. Zum musikalischen Markenzeichen dieser neuen Dramaturgie wurde die Da-capo-Arie am Ende einer Szene.

4 Vgl. Rodolfo Celletti, *Geschichte des Belcanto*, Kassel u.a. 1989, S. 13, sowie John Rosselli, „The Castrati as a Professional Group and a Social Phenomenon, 1550–1850", in: *Acta Musicologica* 1988, S. 143–179, S. 146.

5 Vgl. Sergio Durante, „Der Sänger", in: *Die Produktion: Struktur und Arbeitsbereiche*, hrsg. von Giorgio Pestelli und Lorenzo Bianconi, Laaber 1990, S. 359–415, hier S. 386, sowie Rodolfo Celletti, Geschichte des Belcanto, wie Anm. 4, S. 7f.

Als berühmtester Librettist und als Symbol der Ära der Opera seria gilt Pietro Trapassi, genannt Metastasio (ab 1730 Hofdichter am Wiener Kaiserhof). Seine Libretti werden durch ein raffiniertes Geflecht unterschiedlicher dramatischer, literarischer und poetischer Faktoren charakterisiert. Die Handlung entwickelt sich hauptsächlich im Dialog und nicht in der Bühnenaktion, denn sie besteht aus Intrigen und Peripetien. Wie die Dramaturgie waren auch die Anzahl und die Art der Arien in einer metastasianischen Oper streng reglementiert. Es gilt eine bestimmte Rollenhierarchie unter Bühnengestalten: Je wichtiger die Bühnengestalt bzw. der Sänger ist, desto mehr Arien singt sie/er. Den Nebenrollen kommen keine Bravourarien zu, die virtuosen und anspruchsvollen Nummern der Partitur sind in der Regel für die Hauptpersonen bestimmt. Darüber hinaus haben die Arien, die sich am Ende einer Szenensequenz oder eines Aktes befinden, eine herausragende Position. Dass die Opera seria bestimmte Konventionen zu respektieren hatte, erlebte auch der italienische Dramaturg und Librettist Carlo Goldoni. Er schrieb mit *Amalasunta* (1732) ein Libretto zu einem Dramma per musica – von ihm als „tragedia lirica" bezeichnet –, sah sich darauf jedoch mit scharfer Kritik des Conte Francesco Prata konfrontiert. Dessen kritische Einschätzung gibt Goldoni in seinen *Mémoires* aus den Jahren 1784 bis 1787 wieder (Teil I, Kap. 28). Anhand von Pratas Urteil über Goldonis *Amalasunta* lassen sich die wichtigsten Regeln für ein Dramma per musica ableiten:[6]

> Il me paroît, dit-il, que vous n'avez pas mal étudié l'art poétique d'Aristote et d'Horace, et vous avez écrit votre piece d'après les principes de la Tragédie. Vous ne savez donc pas que le Drame en musique est un Ouvrage imparfait, soumis à des regles et à des usages qui n'ont pas le sens commun, il est vrai, mais qu'il faut suivre à la lettre. Si vous étiez en France, vous pourriez vous donner plus de peine pour plaire au public; mais ici, il faut commencer par plaire aux Acteurs et aux Actrices; il faut contenter le Compositeur de musique; il faut consulter le Peintre-Décorateur; il y a des règles pour tout, et ce seroit un crime de lese dramaturgie, si on osoit les enfreindre, si on manquoit de les observer. Ecoutez, poursuivit-il; je vais vous indiquer quelques-unes de ces regles, qui sont immuables, et que vous ne connoissez pas. Les trois principaux sujets du Drame doivent chanter cinq airs chacun; deux dans le premier acte, deux dans le second, et un dans le troisieme. La seconde Actrice, et le second *dessus* ne peuvent en avoir que trois, et les derniers rôles doivent se contenter d'un ou de deux tout au plus. L'Auteur des paroles doit fournir au Musicien les différentes nuances qui forment le *clair-obscur* de la musique, et prendre garde que deux airs pathétiques ne se succedent pas; il faut partager, avec la même précaution, les airs de bravoure, les airs d'action, les airs de *demi-caracteres*, et *les menuets*, et *les rondeaux*. Sur-tout, il faut bien prendre garde de ne pas donner d'airs passionnés, ni d'airs de bravoure, ni des rondeaux aux seconds rôles; il faut que ces pauvres gens se contentent de ce qu'on leur donne, et il leur est défendu de

6 Carlo Goldoni, *Tutte le opere*, hrsg. von Giuseppe Ortolani, Bd. 1, Mailand [5]1973, S. 128f. Deutsche Übersetzung des Zitats von der Verfasserin. Für eine vollständige deutsche Übersetzung der *Mémoires* siehe Carlo Goldoni, *„Meine Helden sind Menschen" – Memoiren*, aus dem Französischen von Eva Schumann, Frankfurt a. M. 1987.

> se faire honneur. M. Prata vouloit encore continuer: j'en ai assez, Monsieur, lui dis-je, ne vous donnez pas la peine d'en dire davantage: je le remerciai de nouveau, et je pris congé de lui.
>
> Es scheint mir, dass Ihr die Ars poetica des Aristoteles und des Horaz nicht schlecht studiert und das Stück nach den Grundsätzen der Tragödie abgefasst habt. Ihr wisst also nicht, dass ein Dramma per musica ein imperfektes Werk ist, das bestimmten Regeln und Bräuchen ausgesetzt ist, die man – tatsächlich auch gegen den gesunden Menschenverstand – rigoros befolgen muss? Wenn Ihr in Frankreich gewesen wärt, hättet Ihr das Publikum zufriedenstellen können, doch hier muss man den Schauspielern und Schauspielerinnen [gemeint sind eigentlich Sänger und Sängerinnen] entgegenkommen, den Komponisten zufriedenstellen und den Bühnenbildner befragen. Jedes Ding hat seine Regeln, und es wäre ein Verbrechen an der Dramaturgie, sie nicht zu beachten und zu respektieren. Hört zu (fuhr er fort), ich erkläre Euch nun einige dieser Regeln, die unumstößlich sind, und die Ihr nicht kennt: Jede der drei Hauptpersonen muss fünf Arien singen: zwei im ersten Akt, zwei im zweiten Akt und eine im dritten Akt. Die *seconda donna* und der *secondo uomo* [das zweite Liebespaar] dürfen nur drei Arien haben; die Nebenrollen müssen sich mit einer oder höchstens mit zwei Arien bescheiden. Der Librettist muss dem Komponisten die verschiedenen Nuancen, die das *chiaroscuro* [der Kontrast „hell – dunkel"] der Musik bilden, bieten und darauf achten, dass zwei pathetische Arien nicht aufeinander folgen; darüber hinaus muss man mit der gleichen Vorsicht Bravourarien, Aktionsarien, Arien im *mezzo-carattere*, Menuette und Rondòs verteilen. Vor allem ist es wichtig, die *arie d'affetto* und die pathetischen Arien sowie die Bravourarie und das Rondò nicht den Nebenrollen zu geben. Diese armen Leute müssen sich mit dem Wenigen, das ihnen gegeben wird, begnügen; es ist ihnen nicht erlaubt, zu Ehren zu kommen. Herr Prata wollte noch weiterreden. Es genügt, mein Herr, sagte ich [Goldoni] zu ihm, gebt Euch keine weitere Mühe, mir noch etwas zu sagen. Ich dankte ihm noch einmal und verabschiedete mich von ihm.

Goldoni hatte mit *Amalasunta* den Fehler begangen, ein Libretto streng nach den Regeln der klassischen Tragödie verfasst zu haben: in fünf Akten und mit Beachtung der Aristotelischen Einheiten. Die Bewertung der Geschichte dieses Libretto ist vor dem Hintergrund des zur Routine gewordenen Opernbetriebs der damaligen Zeit zu sehen, der eine hitzige Debatte zwischen Intellektuellen entflammte. Berühmt ist der Traktat Pier Jacopo Martellos *Della tragedia antica e moderna*, Paris 1714, eine Philippika gegen die Oper, die die Regel der Dramatik missachtet. Zu nennen ist auch die scharfe Satire Benedetto Marcellos *Il teatro alla moda*, Venedig 1720, worin der Komponist die Auswüchse des Theaters, seine Gewohnheiten und seinen Schematismus, tadelt. Verspottet wird auch die Despotie der Primadonnen und Kastraten, die übermächtig geworden waren und deren Launen der Komponist selbst immer mehr zu erfüllen hatte, sodass es für die Musik immer weniger Spielraum gab. Ein Libretto war jedoch ein *ouvrage imparfait*, dessen Autor sich vielmehr an den Gepflogenheiten und Praktiken des Theaters und der dort wirkenden Sänger orientieren sollte als an den Prinzipien der klassischen Tragödie, wie dies Goldoni in *Amalasunta* tat. So entschloss sich Letzterer nach der Kritik Graf Pratas, den Text zu verbrennen,[7] wie er in einem weiteren Kapitel der *Mémoires* („Sacrifice de mon *Amalasonte*") schreibt.

Zu musikalischen Formen in der Opera seria

Als wesentliches Merkmal der Opera seria ist der Wechsel zwischen Rezitativ und Arie zu nennen. Das Rezitativ ist ein dynamisches Moment, worin die Handlung fortschreitet. Es besteht in metrischer Hinsicht aus siebensilbigen und elfsilbigen Versen ohne festes Reimschema; in musikalischer Hinsicht kann es ein Secco- oder ein Accompagnato-Rezitativ sein. Zentrale Aufgabe des nur durch die Continuo-Instrumente begleiteten Recitativo secco ist es, die Handlung voranzutreiben. Bei einem Accompagnato-Rezitativ, auch als „Instrumentato" bezeichnet, ist hingegen eine instrumentale Begleitung vorgesehen. Es bringt für gewöhnlich pathetische Momente der Handlung zum Ausdruck und hat eine ähnliche dramaturgische Wirkung wie Monologe im Schauspiel. Wichtig zu beobachten ist, dass Accompagnato-Rezitative vor allem in der zweiten Hälfte des 18. Jahrhunderts verbreitet waren; eine Häufung von Accompagnati bewertete Metastasio stets als ungünstig.

Die Arie ist mehr als ein statisches Moment zu betrachten, worin die Affekte, also Gefühle und Empfindungen, dargestellt werden. Bereits seit der Mitte des 16. Jahrhunderts kennt die Musiktheorie die Bezeichnung „affectus exprimere" (Affekte ausdrücken), wonach die menschlichen Leidenschaften mit den Mitteln der Musik dargestellt werden. Die „Bewegungen der Seele" werden auch von dem französischen Philosophen René Descartes in seinem Traktat *Les passions de l'âme* (*Die Leidenschaften der Seele*) von 1649 betrachtet. Descartes beschreibt darin sechs ursprüngliche Leidenschaften: die Verwunderung, die Liebe, den Hass, die Traurigkeit, die Freude, die Begierde.

In der Glanzzeit des barocken Belcanto[8] bewegten sich Komponisten und Interpreten zwischen Expressivität und Virtuosität, um ein Ziel zu erreichen: die Affekte darzustellen. Die italienische Opera seria legte Wert auf eine besondere Ästhetik, die das Visuelle besonders betonte und ein unrealistisches Theaterkonzept prägte: die *Poetica della meraviglia* (die Poetik des Wunderbaren), denn sie war ein Kind des Barock. Zum musikalischen Markenzeichen dieser Dramaturgie wurde die Da-capo-Arie als Abgangsarie zur Darstellung einer emotionalen Situation.

7 Goldonis Bericht enthält durchaus auch „lustige" Erzählungen, etwa die Schilderung wie der berühmte bei Graf Prata anwesende Kastrat Caffarelli das Wort „Amalasunta" zu singen versuchte und damit Goldoni verspottete: „j'entreprends la lecture: j'annonce le titre *d'Amalasonte*. Caffariello [sic] chant le mot *Amalasonte*; il est long, et il lui paroît ridicule: tout le monde rit, je ne ris pas […]"./„Ich beginne zu lesen; ich verkünde den Titel: *Amalasunta*. Caffariello [sic] singt das Wort Amalasunta. Es ist lang und es kommt ihm lächerlich vor: alle lachen, ich lache nicht." Carlo Goldoni, Tutte le opere, wie Anm. 6, S. 127.

Es handelt sich um eine dreiteilige Arie (A – B – A) deren Textgrundlage aus zwei Strophen besteht, besser gesagt, eine fünfteilige Arie (auch als „Aria metastasiana" bezeichnet), denn der A-Teil (die erste Strophe) wird pro Sektion zwei Mal wiederholt; mit der instrumentalen Einleitung und den Ritornelli zwischen den Sektionen wird daraus:

Vorsp.	(1.Strophe) **A**	Rit.	(1.Strophe) **A'**	Rit	(2.Strophe) **B**	Rit	(1.Strophe) **A**	Rit.	(1.Strophe) **A'**	Rit
	T		D T				T		D T	

Der B-Teil, der die zweite Strophe des Textes bringt, war in Metrum, Tonart und dramatischem Inhalt oft als Kontrast zum A-Teil gedacht; aber er konnte in seinem Charakter auch nicht kontrastierend sein, also mit dem thematischen Material des A-Teils in Verbindung stehen.

Die Reprise, die der Sänger mit verschiedenen *fioriture* oder *maniere* (Verzierungen) ausschmücken konnte,[9] wird für gewöhnlich nicht ausgeschrieben, sondern durch die Anweisung „da capo" oder „da capo dal segno" geregelt. Die Da-capo-Arie diente nicht der Darstellung unkontrolliert hervorbrechender Emotionen, für die eine zyklische Form unangemessen gewesen wäre. Sie war nicht nur ein Abbild jener Bewegungen der Seele, sondern gab auch eine Vorstellung davon, wie diese Leidenschaften, denen ein Mensch ausgesetzt war, durch eigenes Verhalten diszipliniert und den Umgangsformen der Zeit angepasst werden konnten. Sie war also eine musikalische Umsetzung der *contenance* und diente als Hinweis, wie die Leidenschaften in eine gesellschaftlich akzeptable Form gebracht werden konnten. Sie zeigte damit eine Balance zwischen Leidenschaft und Affektkontrolle.[10]

Wie wir aus Goldonis *Mémoires* schon erfahren haben, gibt es viele verschiedene Arien-Typen, je nach dramatischem Inhalt und melodischem Charakter. Ein Beispiel ist die *aria di paragone*, die Gleichnisarie, worin ein bestimmter Seelenzustand mit einem Element der Natur verglichen wird. Folglich bringt die Musik in diesem Arientypus nicht nur Affekte, sondern auch Naturerscheinungen zum Ausdruck. Am Anfang des 18. Jahrhunderts entwickelte sich zudem ein besonderer Typus der Gleichnisarie: die *aria di*

8 Unter dem Begriff „Belcanto" versteht man die Gesangstechnik und die vokale Ausdruckskraft des italienischen Sologesangs vom frühen 17. Jahrhundert (beispielsweise Giulio Caccinis *Le nuove musiche* von 1601) bis zu den reifen Werken Gioachino Rossinis und den ersten Opern Gaetano Donizettis und Vincenzo Bellinis. Im 17. und 18. Jahrhundert war der Terminus „Belcanto" allerdings noch nicht bekannt. Er hat sich erst zwischen 1820 und 1830 in Italien und in anderen Ländern mit einer nostalgischen Bedeutung verbreitet: 1858 klagt Gioachino Rossini bei einer Abendgesellschaft „Ahi noi! Perduto il belcanto della patria!"/ „Ach, wir haben das *belcanto* unserer Heimat verloren!" Vgl. Rodolfo Celletti, *Geschichte des Belcanto*, wie Anm. 4, S. 20, sowie Thomas Seedorf, Art. „Belcanto", in: *Die Musik in Geschichte und Gegenwart* [MGG2], Sachteil Bd. 1, Kassel u.a. 1994, Sp. 1347.

9 Ein berühmter zeitgenössischer Gesangstraktat war Giovanni Battista Mancinis *Pensieri e riflessioni pratiche sul canto figurato*, Wien 1774.

10 Silke Leopold, *Händel. Die Opern*, Kassel u.a. 2009, S. 110f.

tempesta, die Sturmarie, in der eine der handelnden Personen ihren gequälten Seelenzustand mit dem Bild eines Sturms vergleicht.[11] Darüber hinaus finden wir den Typus der *aria di vendetta*, der Rachearie, der *aria agitata* etc.

Eine Abwechselung der Affekte (*chiaroscuro* – der Kontrast „hell – dunkel") war sehr erwünscht. Eine Bühnengestalt wird nicht nur durch einen Affekt charakterisiert, sondern durchlebt auch verschiedene Seelenzuständen, die musikalisch durch die verschiedenen Arientypen dargestellt werden. Durch die Musik wird die innere Befindlichkeit der handelnden Personen und eine Bandbreite der Leidenschaften zum Ausdruck gebracht. In der Abfolge der Arien und bei der Konstellation der ihnen zugrunde liegenden Affekte soll Monotonie vermieden werden; zwei Arien von gleichem Charakter dürfen nicht aufeinander folgen: *Varietas*, das Prinzip der Renaissance, lebt so im barocken Musiktheater weiter. Was die Ensembles betrifft, kommen sie in der Opera seria nicht oft vor; lediglich am Ende des ersten oder des zweiten Aktes steht ein Duett, am Ende der Oper ein Schlusschor. Vor allem die Tradition des Liebesduetts am Ende des zweiten Aktes gehört aber nicht schon immer zum Typus der Seria, sondern kommt erst im Spätwerk Metastasios vor.

Einige Bemerkungen zum *Lucio Silla* von De Gamerra und Mozart

Nachdem wesentliche Charakteristika der Opera seria in dramaturgischer wie musikalischer Hinsicht beleuchtet wurden, sollen im Folgenden einige Aspekte in *Lucio Silla* von De Gamerra und Mozart in Bezug auf den Seria-Typus aufgezeigt werden. Der dramatische Gegenstand und die Rollenkonstellation entsprechen den Konventionen der Seria. Die sechs Bühnengestalten zeigen die Rollenhierarchie von *prima donna* und *primo uomo* (Giunia und Cecilio), *seconda donna* und *secondo uomo* (Celia und Cinna). Es gibt also wie in der Opera seria üblich zwei Liebespaare; dazu kommt der *primo tenore* (die Herrscherfigur Silla als Titelrolle) und der *secondo tenore* (Sillas Vertrauter Aufidio). Wie es für die Opera seria typisch ist, ist auch bei *Lucio Silla* das Rollengefüge ein Abbild der höfischen Gesellschaftsordnung: An der Spitze der Handlung steht ein Herrscher (Silla), dessen Edelmut am Schluss der Oper jede Katastrophe zu einem guten Ende führt. Ihm zur Seite stehen die zwei genannten Liebespaare und Aufidio als sein Vertrauter, der als Drahtzieher den Gang der Handlung mitbestimmt. Wie üblich besteht die Handlung vornehmlich aus Intrigen. Abwechselnd bewegen sich die Gefühle um Macht, Liebe, Eifersucht, Gnade. Alles führt am Ende zur Auflösung der Peripetien und zum *lieto fine*, einer weiteren wichtigen Konvention des barocken Musiktheaters.

Nach der Rollenhierarchie richtet sich die Anzahl der Arien, die den handelnden Personen zugewiesen wird. In Mozarts Vertonung singt aber Silla nur zwei Arien. Das ist mit

11 Die Sturmarie setzte sich in den 1720er-Jahren durch; einzelne Elemente dieses Typus kann man allerdings schon in Opern des 17. Jahrhunderts finden. Vgl. Rodolfo Celletti, Geschichte des Belcanto, wie Anm. 4, S. 122.

praktischen Gründen zu erklären, denn der Sänger, der die Titelrolle eigentlich verkörpern sollte, Arcangelo Cortoni, erkrankte drei Wochen vor der Uraufführung. Cortoni lässt sich zwischen 1756 und 1777 auf der Bühne nachweisen.[12] Er war an Theatern im italienischen und deutschsprachigen Raum tätig, z.B. in Bologna, Florenz, München, Stuttgart und Ludwigsburg. Zwischen 1770 und 1774 trat er häufig in Neapel, Venedig, Mailand und Florenz in Opern von Pietro Alessandro Guglielmi, Niccolò Jommelli, Gian Francesco De Majo, Giovanni Paisiello, Antonio Maria Sacchini und Josef Mysliveček auf. Über die Erkrankung Cortonis berichtet Leopold Mozart seiner Frau am 5. Dezember 1772 (BD 269):

> Ein anderes Unglück für den armen *Cordoni* [sic] *Tenore* ist, daß er so krank geworden, daß er nicht kommen kann. man hat also den *Secretaire* vom Theater mit der *extra*Post nach *Turin* und eine *Staffetta* nach *Bologna* geschickt, um für einen andern guten *Tenor* zu sorgen, der nicht nur ein guter Sänger, sondern absonderlich ein guter *acteur* und eine ansehnliche Person seÿn muß, um den *Lucio Silla* mit Ruhm vorzustellen.

In der Folge wurde er durch den Kirchensänger Bassano Morgnoni ersetzt, dem jede Bühnenerfahrung fehlte und der erst acht Tage vor der Premiere in Mailand eingetroffen war, wie wir aus Leopolds Brief an seine Frau vom 2. Janaur 1773 (BD 275) erfahren:

> [...] ist zu wissen, daß der *Tenor,* den wir aus Noth nehmen müssen ein Kirchen-Sänger aus *Lodi* ist der niemals auf einem so ansehnlichen theater *agiert* hat, der nur etwa zweÿ mahl in *Lodi* einen *primo Tenore* vorgestellt, endlich erst 8 täg vor der *opera* ist verschrieben worden.

Mozart vertonte deshalb die Arien *Il timor con passo incerto* (II/2) und *Se al generoso ardire* (III/6) des Libretto nicht mehr.

Die Wahl einer historischen Figur als Symbol für Milde und Edelmut ist typisch für die Librettistik des Barock, denken wir an Alexander den Großen (z.B. in *Alessandro nelle Indie*) oder an Titus (z.B. in *La clemenza di Tito*) in den Libretti Metastasios. Wie bereits Stefan Kunze feststellte, hätte *Lucio Silla* auch als *La clemenza di Silla* betitelt werden können.[13] Obwohl es sich – wie schon im *Argomento* deutlich wird – bei Silla um eine negativ besetzte historische Figur handelt, wird im Verlauf der Handlung die Wendung zur Gnade betont.

> [...] colla crudeltà, coll'avarizia, colla volubilità e colle dissolutezze adombrò la gloria del proprio valore. [...] Fra l'incostanza, l'avarizia e la crudeltà, che lo dominavano, era soggetto talora a quei rimorsi che non si allontanano da un core in cui

12 Vgl. Claudio Sartori, *I libretti italiani a stampa dalle origini al 1800*, Bd. 7, *Indici*, Cuneo 1994, S. 206.

13 Stefan Kunze, *Mozarts Opern*, Stuttgart 1984, S. 80. In beiden Drammi verzeiht der Herrscher allen und vergisst die gegen ihn geschmiedeten Ränke: *Lucio Silla (III/scena ultima)*: „Quel rimorso mi basta, e tutto oblio"; *La clemenza di Tito* (Original von Metastasio, 1734) „Sia noto a Roma / ch'io son l'istesso e ch'io / tutto so, tutti assolvo e tutto obblio" (III/13). Vgl. dazu auch den Beitrag von Oswald Panagl im vorliegenden Band.

per anche non si sono affatto estinti i lumi della ragione e gl'impulsi della virtù. Odioso a tutta Roma lo resero le stragi, l'usurpatasi dittatura, la proscrizione e la morte di tanti cittadini.

Mit der Grausamkeit, mit dem Geiz, mit dem Wankelmut und mit den Ausschweifungen verdunkelte er den Ruhm seiner Tapferkeit. [...] Bei der Unbeständigkeit, dem Geiz und der Grausamkeit, die ihn beherrschten, empfand er manchmal in seinem Herzen Gewissensbisse, in dem nicht alles Licht der Vernunft und des Tugendtriebs erloschen war. Die Blutbäder, die usurpierte Diktatur, die Proskription und der Tod vieler Bürger machten ihn in ganz Rom verhasst.

Doch am Ende zählt die Wende zur Gnade: „degna fu d'ogni encomio la volontaria sua abdicazione per cui cedette le insegne di dittatore, richiamando in Roma tutti i proscritti e anteponendo all'impero e alle grandezze la tranquillità d'una oscura vita privata." („Sehr lobenswert war hingegen seine freiwillige Abdankung, mit der er die Insignien der Dikatorenwürde niederlegte, die verbannten Bürger zurückrief und die Ruhe eines anonymen Privatlebens Imperium und Ruhm vorzog.") So ähnlich ist dies auch bei Mozarts erster Mailänder Oper *Mitridate re di Ponto* (nach dem Sujet von Racines Tragödie *Mithridate*), worin der böse Tyrann allen verzeiht, die Liebespaare vereint und die Oper zum *lieto fine* führt.

Was den dramaturgischen Aufbau betrifft, steht das Libretto also in der Seria-Tradition. Doch – stilistisch gesehen – weist De Gamerras Textbuch einige Besonderheiten im Vergleich zu zeitgenössischen Drammi per musica auf. De Gamerra[14] war ein Bewunderer des französischen, englischen und spanischen Theaters, und vor allem war er ein Liebhaber von *pièces larmoyantes*[15], von Rührstücken. Obwohl sein poetisches Schaffen in der metastasianischen Tradition steht, formuliert De Gamerra im Nachwort (*Osservazioni sull'opera in musica*) des Libretto zu *Armida* (1771) das Ziel, das Spektakuläre in der Opera in musica durch Chöre, Ballette und die Theatermaschinerie wieder einführen zu wollen. Anliegen De Gamerras ist es, größere Szenenkomplexe zu erstellen, in die auch Chöre eingebunden werden. Darüber hinaus entwickelte er als Vertreter der *drammi lagrimosi* eine Neigung zum Schauderhaften und Wunderbaren sowie zum Übernatürlichen, wie die vielen Ombra-Szenen des *Lucio Silla* zeigen. Somit ist der Affektwechsel, der eigentlich in der Opera seria so wichtig ist, aufgrund zahlreicher gleichartiger Szenen voll düsterer Stimmungen (etwa durch Ombra-Szenen in jedem Akt) nicht immer präsent. Dazu kommt noch eine *scena di carceri*, eine Kerkerszene, die aber durchaus im Hinblick auf das Bühnenbild zum Repertoire der Opera seria gehört. Eine solche findet sich z.B. auch in Metastasios *Demofoonte*, *Antigono*, *Ezio* und *Siroe*.

14 Zu Leben und Werk von Giovanni De Gamerra vgl. vor allem Gabriella Romani, Art. „Giovanni De Gamerra", in: *Dizionario biografico degli Italiani*, Bd. 36, Rom 1988, S. 70–75, und Rosy Candiani, „Giovanni De Gamerra e il libretto del *Lucio Silla*", in: *Libretti e librettisti italiani per Mozart*, Rom 1994, S. 13–45, sowie den Beitrag von Iacopo Cividini im vorliegenden Band.

15 Einer der wichtigsten Autoren dieser Gattung war Pierre-Claude Nivelle de la Chaussée.

Die Vorliebe des Librettisten für düstere und schreckenerregende Szenen ließ der junge Mozart auch in seine Partitur zu *Lucio Silla* einfließen. Dafür verwendete er bestimmte instrumentale Mittel wie gedämpfte Streicher oder Pizzicato-Bässe.

Im Vergleich zu *Mitridate* fallen bei *Lucio Silla* einige Neuheiten auf, etwa die neun Accompagnato-Rezitative, diverse Ensembles (ein Duett, ein Terzett und drei Chöre) sowie ein Szenenkomplex (I/5–10), womit Mozart die Folge aus Rezitativ und Arie überwindet. Es geht dem jungen Komponisten dabei nicht nur um die in einer Seria erwarteten Wechsel zwischen Rezitativ und Arie, sondern um das Ausloten formaler Grenzen. Hervorzuheben ist ohnehin die große Zahl der Accompagnato-Rezitative, wobei das monumentale Accompagnato Cecilios „Morte, morte fatal" (I/7) einen Höhepunkt bildet. Beachtlich ist zudem der gesamte Szenenkomplex, der den Rahmen einer Seria sprengt. Durch Wechsel im dramatischen Ablauf und durch die Verschmelzung einzelner musikalischer Formen (Accompagnato – Arie – Chor mit Arioso – Duett) schafft der 16-jährige Mozart einen vielfarbigen und doch in sich geschlossenen ersten Akt.[16]

Bei der Komposition des *Lucio Silla* hatte der Salzburger Komponist die Ehre, für echte „Stars" schreiben zu dürfen, wie etwa für die Sopranistin Anna De Amicis Buonsollazzi (Giunia und damit *prima donna*) und den Kastraten Venanzio Rauzzini (Cecilio und folglich *primo uomo*). In seiner virtuosen Auftrittsarie Nr. 2 „Il tenero momento" sind viele Topoi des barocken Belcanto enthalten, wie die *messa di voce* und der *canto di sbalzo*.

Was die formale Anlage der Arien betrifft, sei darauf hingewiesen, dass die Form der Dacapo-Arie sich bereits beim späten Hasse aufzulösen begann. Mit der nächsten Komponisten-Generation (Gian Francesco De Majo, Niccolò Jommelli, Tommaso Traetta u.a.) setzte sich diese Tendenz fort und hatte in den späten sechziger Jahren des 18. Jahrhunderts, als sich der junge Mozart der Opernkomposition zu widmen begann, ein weit fortgeschrittenes Stadium erreicht.[17] In Mozarts frühen Seria-Opern dominieren die modernen Varianten der Da-capo-Arie, die Da-capo-abbreviato-Arie und die komplexe Dalsegno-Arie.

In der Dal-segno-Arie entfällt die Wiederholung des ersten Arienteils der Da-capo-Arie. Das Schema der Arie lautet wie folgt:

Vorsp.	(1.Strophe) **A**		Rit	(1.Strophe) **A'**		Rit	(2.Strophe) **B**	Rit	(1.Strophe) **A'**		Rit
	1.Str. **a**	1.Str. **b**		1. Str. **a'**	1. Str. **b'**				1. Str. **a'**	1. Str. **b'**	
	T	D			T					T	

16 Vgl. Stefan Kunze, Mozarts Opern, wie Anm. 13, S. 84f.
17 Sieghart Döhring, „Die Arienformen in Mozarts Opern", in: *Mozart-Jahrbuch* 1968/70, S. 66–76, S. 68.

Der erste Teil der Arie, in dem die erste Strophe vertont wird, ist immer zweigeteilt in die Formelemente *a a'* oder *a b*. Die Grundform lautet:

A [a a'/ b] A' [a'/a'' b'] – B – A'

Der Text der ersten Strophe wird üblicherweise sechs Mal wiederholt; der B-Teil ist jetzt völlig untergeordnet und entspricht nur einem kleinen Teil der Komposition. Sieghart Döhring konkretisiert das zugrundeliegende Schema am Beispiel aus Opern des jungen Mozart. Ihm zufolge lassen sich neben der Grundform (A *a b* A' *a' b'* B A' *a' b'*) mindestens drei Varianten der Dal-segno-Arie bei Mozart unterscheiden:[18]

1. kann lediglich der Schluss des zweiten Abschnitts in der Reprise wiederkehren (**A a b A' a' b' B A' b'**);
2. kann die Reprise zwar mit dem ersten Abschnitt einsetzen, jedoch schon bald in den Schluss des zweiten Abschnitts springen (**A a b A' a' b' B A' a b'**);
3. kann die Reprise zunächst ganz frei einsetzen, um dann irgendwohin in den zweiten Abschnitt zu springen und diesen notengetreu zu Ende zu führen (**A a b A' a' b' B A' c b'**).

In ihrer Konstruktion unterscheiden sich allerdings viele Arien aus *Lucio Silla* von den traditionellen thematischen und tonartlichen Schemata des grundlegenden Musters der Dal-segno-Arie. Von besonderem Charakter und auffallender Konstruktion ist die Arie der Giunia, beispielsweise im zweiten Akt „Parto, m'affretto". Sie ist direkt mit dem vorangegangenen düsteren Accompagnato „In un istante oh come" ohne instrumentale Einleitung verbunden. Mozart vertonte diese Arie als eine *aria agitata*, worin die Verzweiflung der Giunia, die sich den Tod wünscht, ein musikalisches Pendant einerseits in der Zerrissenheit und Instabilität der melodischen Linie, andererseits in der Form findet, die mit den Teilen A A' B nicht dem üblichen Formschema entspricht:
Die Arie Nr. 16 „Parto, m'affretto" besteht aus zwei Strophen (1. Strophe: 6 *quinari doppi*; 2. Strophe: 4 Siebensilbler), die wie folgt vertont werden: **A** (1. Strophe) [unterteilt]: ***a*** (Verse 1–4) ***b*** (Verse 5–6/3–4); **A'** (1. Strophe) [unterteilt]: ***a'*** (Verse 1–4) ***b'*** (Verse 5–6); **B** (2. Strophe).

Die Besonderheiten des Libretto[19] führen zu einer Partitur, die zwar den wichtigsten Konventionen der Opera seria entspricht, sich aber in einigen Aspekten nicht nur von Mozarts früheren Seria-Opern, sondern auch von bislang in Mailand vorherrschenden Vorstellungen dieses barocken Opern-Typus unterscheidet.

18 Vgl. ebenda, S. 68f.

19 Die Besonderheiten des Libretto betreffen nicht nur den dramaturgischen Aufbau, etwa die vielen Ombra-Szenen oder die Chöre, sondern sie können auch in der formalen Anlage der Arien beobachtet werden, wie z.B. in der Arie „D'ogni pietà mi spoglio", die aus drei Strophen mit jeweils unterschiedlichem Metrum (1. Strophe: 5 Siebensilbler; 2. Strophe: 4 Fünfsilbler; 3. Strophe: 7 Fünfsilbler) besteht.

Literatur

Rudolph Angermüller, „Die Sänger der Erstaufführung von Mozarts Dramma per musica ‚Lucio Silla' KV 135, Mailand, 26. Dezember 1772. Morgnoni – de Amicis – Rauzzini – Suardi – Mienci – Onofrio", in: *Mitteilungen der Internationalen Stiftung Mozarteum* 47 (1999), H. 3–4, Salzburg, November 1999, S. 3–18.
Rosy Candiani, „Giovanni De Gamerra e il libretto del Lucio Silla", in: *Libretti e librettisti italiani per Mozart*, Rom 1994, S. 13–45.
Rodolfo Celletti, *Geschichte des Belcanto*, Kassel u.a. 1989.
Sieghart Döhring, „Die Arienformen in Mozarts Opern", in: *Mozart-Jahrbuch* 1968/70, S. 66–76.
Sergio Durante, „Der Sänger", in: *Die Produktion: Struktur und Arbeitsbereiche*, hrsg. von Giorgio Pestelli und Lorenzo Bianconi, Laaber 1990, S. 359–415.
Carlo Goldoni, *Tutte le opere*, hrsg. von Giuseppe Ortolani, Bd. 1, Mailand [5]1973.
Carlo Goldoni, *„Meine Helden sind Menschen" – Memoiren*, aus dem Französischen von Eva Schumann, Frankfurt a. M. 1987.
Sheila Hodges, „Venanzio Rauzzini: The First Master for Teaching in the Universe", in: *Music Review* 52, February 1991, S. 12–30.
Stefan Kunze, *Mozarts Opern*, Stuttgart 1984.
Silke Leopold, *Händel. Die Opern*, Kassel u.a. 2009.
Helga Lühning, „Mozarts Abschied von der Da-Capo-Arie", in: *Mozart-Jahrbuch* 2006, S. 223–242.
Marita P. McClymonds, Art. „Aria", in: *The New Grove Dictionary of Opera*, hrsg. von Stanley Sadie, Bd. 1, London 1992, S. 169–177.
Marina Mayrhofer, „Dipendenza ed emancipazione da generi e clichés stilistici del teatro musicale settecentesco nella drammaturgia del giovane Mozart: *Bastien und Bastienne*, *Lucio Silla*, *Thamos König in Ägypten*", in: *Mozart-Jahrbuch* 2006, S. 143–161.
Gabriella Romani, Art. „Giovanni De Gamerra", in: *Dizionario biografico degli Italiani*, Bd. 36, Rom 1988, S. 70–75.
John Rosselli, „The Castrati as a Professional Group and a Social Phenomenon, 1550–1850", in: *Acta Musicologica* 1988, S. 143–179.
Jutta Ruile-Dronke, „Ein junges Werk in altem Gewand. Mozarts Lucio Silla", in: *Österreichische Musikzeitschrift* 60 (2005), S. 14–21.
Claudio Sartori, *I libretti italiani a stampa dalle origini al 1800*, 7 Bde., Cuneo 1990–94.
Thomas Seedorf, Art. „Belcanto", in: *Die Musik in Geschichte und Gegenwart* [MGG2], Sachteil 1, Kassel u.a. 1994, Sp. 1347–1349.
Reinhard Strohm, *Die italienische Oper im 18. Jahrhundert*, Wilhelmshaven 1979.
Roberta Turchi, „Giovanni De Gamerra", in: *Il teatro italiano*, IV, *La commedia del Settecento*, Bd. 2, Turin 1987, S. 206–211.

Oswald Panagl

LUCIUS CORNELIUS SULLA

Eine Person zwischen realer Gestalt und musikdramatischer Kunstfigur

I. Der Anreiz des Historischen

Die ästhetische Auseinandersetzung der Bühne mit geschichtlichen Ereignissen und ihren Protagonisten hatte schon früh – neben dem Mythos und biblischen Episoden – die Bühnendichter angesprochen und herausgefordert: Man denke nur an die Tragödie *Die Perser* des Aischylos, welche den Konflikt der Athener mit den Angreifern aus dem fernen Iran künstlerisch umsetzt und literarisch bewältigt. Vor allem stellte die poetische Deutung realer Vorgänge und Sachverhalte eine ständige hermeneutische Herausforderung für die Autoren und das Publikum des Theaters dar, konnte der Röntgenblick des Dramatikers doch Tiefendimensionen der objektiven Geschehnisse – kausal oder teleologisch – freilegen, Paradigmatisches aufdecken und aus dem gleichmäßigen Fluss der Geschichte beispielhafte Geschichten herauslesen.

Wenden wir uns nur einigen wenigen signifikanten Beispielen zu: William Shakespeare hat neben Sujets aus der englischen Historie exemplarische Stoffe aus dem Alten Rom aufgegriffen und „verdichtet" (*Coriolan*, *Julius Caesar*). Für Friedrich Schiller waren die Leitgestalten aus verschiedenen Epochen – Feldherren, Herrscher oder Vertreter geistiger Ideale – zumeist Verkörperungen des tragischen Menschen, eines gemischten, quasi durchwachsenen Charakters, weder schattenlos noch eigentlich bösartig angelegt, wie ihn etwa Wallenstein, Don Carlos oder Maria Stuart verkörpern können. Von den beiden 1813 geborenen heurigen literarischen „Jahresregenten" hat sich Friedrich Hebbel immer wieder dem (alt)testamentlichen Milieu zugewendet (*Judith*, *Herodes und Mariamne*), während Georg Büchner die jüngere, schier aktuelle Geschichte thematisierte (*Dantons Tod*, *Woyzeck*).

Das Musiktheater fügt dem verbalen und gestischen Ausdrucks-Reservoir mit Gesang, Tanz und instrumentalen Klängen weitere Register hinzu, die den dramatischen Duktus erweitern sowie intensivieren. Im Opernschaffen eines anderen diesjährigen Jubilars zeigt sich gleichfalls die Spannung zwischen der objektiven Vorgabe historischer Stoffe und ihrer subjektiven Interpretation: Ich erwähne aus dem Bühnenschaffen Giuseppe Verdis nur *Nabucco*, *Don Carlo*, *I vespri siciliani* sowie *Un ballo in maschera*. Die künstlerische Verarbeitung von antiken Mythen und Problemfeldern der Alten Geschichte hatte sich freilich im 19. Jahrhundert überlebt. Umso stärker war sie allerdings das Leitparadigma vorangegangener Epochen, so auch der Schaffenszeit von Wolfgang Amadé Mozart.

II. Stoffe und Botschaften

Als der elfjährige Mozart 1767 mit dem „lateinischen Intermedium“ *Apollo et Hyacinthus* sein erstes Bühnenwerk mit mythischem Stoff schrieb und drei Jahre später für Mailand seine erste eigentliche italienische Oper mit antikem Milieu (*Mitridate re di Ponto*) komponierte, war die Opera seria zwar noch das ästhetische Leitparadigma, hatte aber ihren künstlerischen Zenit wohl schon überschritten, das heißt, ihre Normen erfüllt und ihre Möglichkeiten ausgereizt. Die Beiträge Mozarts zu dieser Gattung, besonders der *Idomeneo* (1780/81) und vor allem *La clemenza di Tito* (1791), zählen demnach bereits zur Spätphase, gleichsam zum „Abgesang“ einer dominierenden Spezies.

Von den 22 Bühnenwerken des Komponisten (die Fragmente eingerechnet) haben nicht weniger als acht einen antiken Stoff und Schauplatz. Rechnet man den Sonderfall von *Così fan tutte* mit der möglichen Folie einer Verwandlungssage des Ovid hinzu, würde sich die Zahl noch erhöhen. Dabei bleiben Libretti ausgeschlossen, die wie etwa *Betulia liberata* KV 118 erstens einem anderen Genre, dem Oratorium bzw. der Azione sacra, angehören und zweitens zwar im Altertum, aber im biblischen Kontext angesiedelt sind. Lassen wir diese Stücke Mozarts zunächst einmal nach drei Kriterien Revue passieren:

Nach dem Ordnungsprinzip der Chronologie steht – wie schon gesagt – *Apollo et Hyacinthus* am Anfang, das der Knabe auf einen Text des Benediktiner-Paters Rufinus Widl als musikalisches „Zwischenspiel“ zum lateinischen Schuldrama *Clementia Croesi* komponiert hat. Dieses hatte am 13. Mai 1767 in der Großen Aula der Salzburger Universität seine protokollarisch belobigte Uraufführung.

Das nächste Werk, *Mitridate*, erlebte am 26. Dezember 1770 im Regio Ducal Teatro zu Mailand seine überaus erfolgreiche Premiere. Am gleichen Ort wurde am 17. Oktober 1771 das Festspiel *Ascanio in Alba* zur Hochzeit von Erzherzog Ferdinand von Österreich mit der Prinzessin Maria Beatrice Ricciarda von Modena uraufgeführt.

Das für Salzburg 1771/72 komponierte Werk *Il sogno di Scipione* ist wegen des Wechsels im Salzburger Archiepiskopat, vom verstorbenen Sigismund von Schrattenbach zu Hieronymus Colloredo, wahrscheinlich unaufgeführt geblieben. Dagegen wissen wir über die Premiere und den Erfolg von Mozarts letztem italienischen Opernauftrag, *Lucio Silla*, am 26. Dezember 1772 aus Briefzeugnissen gut Bescheid. Wieder war das Mailänder Regio Ducal Teatro der Aufführungsort.

Für die weiteren Stücke sollen Stichworte genügen: *Il re pastore* wurde am 23. April 1775 zu Ehren von Erzherzog Maximilian Franz in Salzburg erstaufgeführt. *Idomeneo,* eine Auftragsoper für München, ging am 29. Januar 1781 im Hoftheater in Szene. Auch in diesem Fall sind wir über die Vorbereitungen und die positive Resonanz aus Briefen ausführlich unterrichtet.

La clemenza di Tito endlich, das Auftragswerk der böhmischen Stände für die Krönung von Leopold II. zum König von Böhmen, ist am 5. September 1791 in Prag auf die Bühne gekommen. Der mäßige Premierenerfolg wurde durch die folgenden Aufführungen und Vorstellungsserien in den nächsten beiden Jahrzehnten mehr als aufgewogen.

Einen zweiten Parameter für die Gliederung bietet das Genre des jeweiligen Werkes. Wie nicht anders zu erwarten, herrscht dabei die Opera seria vor: Ist doch dieser Gattung der Antikebezug geradezu in die Wiege gelegt worden. *Mitridate* und *Lucio Silla*, beide als „Dramma per musica" etikettiert, gehören diesem Genos an, letztlich auch *Idomeneo*, wenngleich die Musikforschung gerade bei diesem Stück auf Einflüsse der französischen Oper hingewiesen hat, die sich ja schon in seiner literarischen Quelle, der Tragédie lyrique *Idoménée* von Antoine Danchet und ihrer Vertonung durch André Campra (1712) kundtut. Vier weitere Bühnenwerke mit Stoffen aus Mythos oder Alter Geschichte gehören Mischtypen an: *Apollo et Hyacinthus* als „Intermedium", als musikalische Einlage zu einem Sprechdrama; *Ascanio in Alba* als zweiteiliges Feststück, nach den brieflichen Worten von Vater Leopold als „Serenata, welche eigentlich mehr eine *azione teatrale* von 2 Theilen ist" (Brief Leopold Mozart an Maria Anna Mozart, 13. September 1771, BD 245, Bd. 1, S. 436); *Il sogno di Scipione* als eigentliche „Azione teatrale" nach dem einaktigen Libretto von Pietro Metastasio; *Il re pastore* endlich als eine „Serenata in zwei Akten" auf einen Text desselben Dichters. *Così fan tutte* aber, sofern man ihre Vorlage und Anregung gleichfalls in der Antike sucht (s.u.), gehört dem Genre der „Opera buffa" bzw. nach dem originalen Titelblatt des Librettos dem synonymen „Dramma giocoso" an.

Aufschlussreicher noch ist freilich der inhaltliche Befund, die Zuweisung der Sujets an Bezirke und Milieus der antiken Welt. Die Geschichte von Apollon und Hyazinth zählt zu den Göttermythen. Sie gehört in den Bereich der Verwandlungssagen, präsentiert sich allerdings in einer quasi harmlosen Variante, die mit Rücksicht auf eine Schulaufführung das Moment der Knabenliebe ausspart. Dem breiten Strom der „Nostoi", der Mythen von der Heimkehr griechischer Helden nach der Zerstörung Trojas, gehört der Plot des *Idomeneo* an. Die Rückkehr gestaltet sich für die Sieger zumeist langwierig und gefahrvoll (Odysseus) oder endet überhaupt in einer Katastrophe, die eine weitere Kette unheilvoller Ereignisse auslöst (Ermordung des Agamemnon, Rache des Orestes an Klytaimnestra und Aigisthos). Meist müssen die Trojakämpfer für Freveltaten oder die Verletzung göttlicher Rechte büßen; so auch Idomeneus, der den Zorn des Meeresgottes Poseidon/Neptunus auf sich gezogen hat. Seine Rettung aus dem Seesturm muss er mit dem Gelübde eines menschlichen Ersatzopfers bezahlen. Dass die erste Person, die ihm begegnet, sein eigenes Kind ist, bringt ein alttestamentliches Motiv, die Erzählung von Jephta, mit ins Spiel.

Im Niemandsland von Mythologie und Prähistorie, zugleich an der Schnittstelle von griechischer und italischer Überlieferung spielt das Libretto von *Ascanio in Alba*. Aeneas, der als anatolischer Heros auf der Seite der Trojaner kämpfte, ist als Sohn des Anchises und der Aphrodite/Venus dem Inferno der brennenden Stadt mit dem greisen Vater und seinem Knaben Askanios entkommen. Nach der Zwischenlandung in Karthago und der schmerzlichen Liebesepisode mit Königin Dido erreicht er auf den Rat und mit Hilfe der Götter die Küste Italiens. Die Handlung des Festspiels lässt Ascanio in der Gegend von Alba nach glücklicher Überwindung von Hindernissen und Missverständnissen die geliebte Nymphe Silvia zur Frau gewinnen. Damit ist die Vorgeschichte der Gründung Roms um ein Stück nähergerückt. Dass die Liebesgöttin Venus/Venere, wohl eine ideale Verkörperung der Kaiserin Maria Theresia, dieses Ehebündnis stiftet, passt so recht zur Handlung einer Serenata zu Ehren eines kaiserlichen Brautpaares.

Auch das Geschehen von *Il re pastore* changiert zwischen Realität und Fiktion, ist in einem Grenzbereich von hellenistischer Geschichte und ahistorischem Pastoralmilieu angesiedelt. Das letztere beschreibt die Bühnenanweisung zum ersten Akt so: „Weite, anmutige Landschaft, die ein Bach durchfließt. Herden und Hirten. Eine breite, aber rohe Brücke über den Bach. Schäferhütten davor. Sicht auf die Stadt Sidon in der Ferne." Der Schauplatz in Syrien, die Machtkämpfe im Land der Phönizier geben den Rahmen der Handlung ab. Alexander, der König von Makedonien, der sich mit seinen Eroberungszügen Anatolien und den Nahen Osten unterwirft, ist als Herrscherfigur zugleich Deus ex machina für den Verlauf der Begebenheiten, indem er die politische Ordnung wiederherstellt und die richtigen Paare zusammenführt: Amintas, der wahre Thronerbe, der sein Leben als Schäfer fristet, darf die edle Elisa heimführen. Agenor, ein Edler aus der Stadt Sidon und zugleich Freund Alexanders, wird mit der geflüchteten Prinzessin Tamiris vereint. Die abschließende Botschaft des Stückes versöhnt Machtpolitik und individuelles Glück: „Ja, der Liebe widerstehen kann kein Herz." – Das wollene Schäfergewand des Amintas aber ist „Ausdruck für des Reichen schönes Los, ist der Hirte König". Die idyllische Landschaft Arkadien lässt da ebenso grüßen, wie das christliche Bild vom guten Hirten herüberwinkt.

In einem wiederum anderen Schwebezustand zwischen Fakten und Vision, hier besonders zwischen Traum und Wirklichkeit, bewegen sich die Ereignisse von *Il sogno di Scipione*. Der Librettist Metastasio konnte sich für diese Azione teatrale an einen berühmten antiken Text, an das *Somnium Scipionis* des lateinischen Schriftstellers M. Tullius Cicero, halten, das dieser an das Ende seines – lange verschollenen – Werkes über den Staat gesetzt hat. Dem berühmten römischen Feldherrn Scipio, dem nach der Eroberung Karthagos der Ehrenname Africanus verliehen wurde, erscheinen im Traum sein Vater Aemilius und der Adoptiv-Großvater Publius. Beide helfen dem Nachkommen, zwischen den beiden Göttinnen Fortuna und Constanza die richtige Wahl zu treffen. Mag ihn auch das Glück zuerst umgaukeln und später bedrohen, so fällt Scipio schließlich doch eine klare Entscheidung: „Nicht weiter, schöne Beständigkeit. Führe mich, wohin du willst." Am Ende aber wendet sich Licenza, die personifizierte Huldigung, nicht bloß an den Titelhelden, sondern preist aus vollem Herzen den Fürsterzbischof als eigentlichen Widmungsträger – mochte dieser noch Sigismund oder bereits Hieronymus heißen.

Die römische Geschichte im strengen Sinn des Wortes liefert Handlung und Ambiente der folgenden drei Stücke: das erste Werk, *Mitridate*, freilich aus dem Blickwinkel der Gegenseite. Der König des Reiches Pontos an der Südküste des Schwarzen Meeres zählte zu den schwierigsten und hartnäckigsten Gegnern der spätrömischen Republik, die er ab etwa 90 v. Chr. bis zu seinem Freitod 63 v. Chr. mit Heereszügen und raffinierter Politik in Atem hielt. Der Nachwelt ist ein ambivalentes Bild dieses Herrschers überliefert: Ein grausamer Tyrann, der kein Blutbad scheute, steht neben einer hochgeistigen Persönlichkeit, der es ein Anliegen war, die Sprachen aller unterworfenen und verbündeten Völker zu beherrschen. So war Mithridates bereits im 17. Jahrhundert Gegenstand einer fünfaktigen Tragödie von Jean-Baptiste Racine, aus deren italienischer Übersetzung der Librettist Vittorio Amedeo Cigna-Santi das Opernbuch für Mozart herstellte. Darin gibt es neben der kriegerischen Außenwelt auch familiäre Turbulenzen und verwickelte Liebesaffären: Denn die beiden Söhne des Königs, Sifare und Farnace, verehren dieselbe Aspasia, die mit dem Titelhelden verlobt und schon zur Königin erklärt ist. Am Rande des Todes wird Mitridate mild und weise, ist bereit zu verzeihen und zu verzichten: „Ich habe schon gelebt, Aspasia. Sorge für deine Sicherheit, mein Sohn [...] überglücklich sterbe ich." Mit einer erneuten Kampfansage an Rom endet das Stück: „Niemals werden wir dem Kapitol uns beugen und leisten Widerstand dem zügellosen Stolz."

Dass Sulla, der Protagonist der nächsten Oper, der wichtigste Widerpart des pontischen Königs war, die Handlung von *Lucio Silla* also in der gleichen Epoche, aber nunmehr in Rom spielt, ist eine aparte dramaturgische Entsprechung. Details dieses Werkes werde ich mich im Schlusskapitel des Essays widmen.

Die späte Frucht der Opera seria, *La clemenza di Tito*, lässt sich nach der historischen Zeit sehr exakt datieren. Denn die reale Regierungszeit des Kaisers Titus betrug zwischen 79 und 81 n. Chr. nur zwei Jahre. Seine sprichwörtliche Güte und Menschlichkeit, die ihn einen Tag ohne Wohltat als verloren ansehen ließ, wirkt aus heutiger Betrachtung eher problematisch, wenn nicht defizitär. Verliert ein Individuum, das jeden eigenen Anspruch hintanstellt und aus Prinzip altruistisch handelt, nicht auch sein Charisma und Merkmale der Menschlichkeit? Erstarrt ein solches ideal gedachtes Wesen nicht unweigerlich zum Popanz?

Wir haben zuvor davon gesprochen, dass auch dem Libretto von Mozarts lange unterschätzter Opera buffa *Così fan tutte* ein antiker Mythos zugrunde liegt. Und in der Tat: die Umstände der Treueprobe erinnern an die Geschichte von Kephalos und Prokris aus dem siebten Buch von Ovids *Metamorphosen*. Freilich führen Liebe und Eifersucht im mythischen Gewand zu einem tragischen Ende. Wir haben in diesem Text darauf hingewiesen, dass die griechisch-lateinische Sagenwelt den gebildeten Ständen im 18. Jahrhundert wie selbstverständlich vertraut war. Dass Lorenzo da Ponte auch in diesem Fall in verkappter Form aus dem mythologischen Reservoir geschöpft hat, ist daher keinesfalls unwahrscheinlich.

III. „La clemenza di Silla“

Es ist mehr als ein wohlfeiles Wortspiel, wenn Stefan Kunze in seinem Referenzwerk zu Mozarts Bühnenstücken[1] den Titel der späten *Titus*-Oper mit dem Namen des früheren römischen Politikers und Feldherrn verquickt. Denn gerade das Schlusstableau, in dem der mächtige Mann seinen Gegnern verzeiht, auf das eigene Liebesglück verzichtet und zwei Ehen stiftet, kommt der Aussage der Prager Krönungsoper recht nahe. Auch der Charakter des ‚Fürstenspiegels‘ und der bewusste Verweis des antiken Vorbilds auf die Zeit der Aufführung verbindet die beiden Opern.

Freilich bedarf es im Jugendwerk eines längeren Lern- und inneren Reifungsprozesses, ehe der Machtmensch Lucius Cornelius Sulla, mit der italienischen Namensform Silla, zu jener Güte, Milde und Weisheit findet, mit der uns Titus Flavius schon zu Anfang der Handlung begegnet.

Der historische Sulla (138–78 v. Chr.), ein Spross aus altem Patrizierstamm, war dem Plebejer Gaius Marius zunächst als Kampfgefährte verbunden, ehe politische Rivalität und unterschiedliche Ideologie die beiden zu erbitterten Gegnern machte. So waren sie im Krieg mit Mithridates heftige Konkurrenten, die einander unversöhnlicher hassten als den gemeinsamen äußeren Feind. Hatte Sulla während der Abwesenheit des Marius dessen Anhänger aus Rom vertrieben, so nützte dieser Sullas Kriegszug auf griechischem Boden zur Errichtung eines Schreckensregimes in der Hauptstadt. Nach dem Tod des Marius und einem raschen Friedensschluss mit Mithridates kehrte Sulla nach Italien zurück, vernichtete die Marianer, ächtete seine innenpolitischen Gegner, ließ deren Sklaven frei und machte sie zu seiner dankbaren Klientel, verteilte endlich den Boden Italiens an die 120.000 Veteranen seines Heeres. Als Diktator krempelte er die Verfassung radikal um: Der Senat als Hort der Nobilität stieg zum allmächtigen Organ des Staates auf, die Volkstribunen verloren ihre Bedeutung, wurden fast zu Marionetten abgewertet. Doch im Jahre 79 v. Chr., auf dem Höhepunkt seiner Macht, zog sich Sulla unvermittelt aus der Politik zurück, übersiedelte auf ein Landgut in Campanien, widmete sich seinen Memoiren und verstarb schon im folgenden Jahr. Für diesen Abschied von der Öffentlichkeit bieten sich mehrere Motive an: Erfüllung des Lebensplanes, Überdruss, Resignation, Besinnung auf andere Werte – vielleicht eine Mischung aus diesen Beweggründen.

Im Plot von Mozarts Oper, für die ihm Giovanni De Gamerra, ein immerhin von Metastasio geförderter Dramatiker, das Libretto schrieb, wird der Sinneswandel von Silla/Sulla bereits in die Zeit bald nach dem Tod des Marius vorverlegt. Dessen Tochter Junia, mit dem geächteten Senator Caecilius verlobt, wird vom Diktator zur Frau begehrt. Ihr Widerstand steigert noch Sullas Verlangen. Er schwankt dabei zwischen behutsamer Wer-

1 Stefan Kunze, *Mozarts Opern*, Stuttgart ²1996, S. 80.

Lucius Cornelius Sulla (138–78 v. Chr.)
Vermutlich Porträtbüste um 50/40 v. Chr.

bung und der Anwendung von Gewalt. Bald spricht er von einem Blutbad, dann will er sich die Angebetete offiziell vom Senat zusprechen lassen. Auch eine formelle Beendigung des alten Parteienkonflikts durch Heirat benützt er als Argument. Lucius Cinna, mit Zügen der historischen Person, genießt das Vertrauen Sullas, während er in Wahrheit zum Schlag gegen ihn rüstet. Der bereits genannte Caecilius, ein gleichfalls bezeugter Name mit fiktiven Merkmalen, setzt sein Leben aufs Spiel, um die Geliebte zu gewinnen und den Tyrannen zu vernichten. Celia versucht als Sullas Schwester dessen Sache zu vertreten, zwischen den Parteien zu vermitteln und den heimlich verehrten Cinna zum Mann zu bekommen. Aufidius vertritt als unbedingter Anhänger Sullas das Prinzip von *law and order* und mahnt immer wieder zu hartem Durchgreifen.

Der Ausgang der Handlung weist beinahe auf das versöhnliche Ende der *Entführung aus dem Serail* voraus. Wie dort Belmonte und Konstanze ein hartes Urteil des Bassa Selim erwarten, so gewärtigen auch Caecilius und Junia den gemeinsamen Tod. Doch in der achten Szene des dritten Aktes entscheidet auch Sulla gegen das angekündigte Strafgericht („Zeugin meiner Grausamkeit, meiner Verbrechen sollst du sein"). Der Beginn seiner Rede lässt noch Schlimmes befürchten: „Ich führe einen Bürger vor, der geächtet ist und der es heimlich wagte, das Gesetz zu brechen." Doch die noch weiter ausgeführten Verbrechen münden in einen unverhofften Urteilsspruch: „Der verruchte Sulla, der hochmütige Tyrann, will, dass Caecilius lebe und dein Gatte sei.“ Auf den persönlichen Gnadenakt folgt die Erklärung an das Volk: „Nicht Herrscher bin ich mehr, ich bin euresgleichen. Die Freiheit sei dem Vaterlande hier gegeben. Der Bürger Tränen sollen nun getrocknet sein.“ Die letzten Worte des Diktators aber gelten seinem Sinneswandel: „Aus eigener Erfahrung weiß ich es, dass Unschuld und des Herzens Tugend der Seele willkommener sind als trügerischer Glanz.“

Auf den thematischen, fast zyklischen Verbund der frühen Römer-Opern Mozarts haben wir schon zuvor hingewiesen. Er spiegelt sich im Libretto von *Lucio Silla* sogar in präzisen Verweisen. Wenn Aufidius zu bedenken gibt (I/4): „Sulla aber, der stolze Schrecken Asiens, der Sieger über Pontus, Beherrscher des Senats, der einen Mithridates unterworfen und zu seinen Füßen sah, erniedrigt sich vor einem Mädchen?“, so wird wohl auf die Oper von 1770 angespielt. Und wenn derselbe Vertraute Sulla vor der Gefahr politischer Vergeltung warnt (II/1), so zitiert er als Beispiel „Selbst unter den Aemiliern und Scipionen war es so“: *Il sogno di Scipione* lässt grüßen.

Aus heutiger Sicht erscheinen uns ein Librettist wie ein Komponist, die über subtile Details aus der griechischen und römischen Antike Bescheid wissen, geradezu als Klassische Philologen und gewiegte Althistoriker. Gewiss ist solche Vertrautheit mit der Welt des Altertums nicht gering zu schätzen. Denn sie erst erlaubt die Gratwanderung zwischen Dichtung und Wahrheit, zwischen objektiven Fakten und poetischer Freiheit. Doch gehörte dieser souveräne Umgang mit einer exemplarischen Epoche damals zum geistigen Allgemeingut der gebildeten Stände. Um zum Spezialwissen einer besonderen Berufsgruppe verengt zu werden, bedurfte es noch einer langen Zeit und des konkurrierenden Druckes anderweitiger Realitäten.

Michael Fischer

Lucio Silla – Über Fortschritt, Aufklärung und republikanische Freiheit

Aufbruch in die Moderne

Die Antiken-Rezeption der Renaissance mit ihrer Wiederkehr der heidnischen Mysterien[1] ist der eigentliche Beginn der abendländischen Moderne und an ihrem Ende steht die Oper als einzigartiges Bündnis von Stimme, Körper und Klang. Die Suche nach einer neuen, humanen Identität und Sinnlichkeit des Menschen beginnt. Die Renaissance erfasste die verschiedensten Seiten der Wirklichkeit in einer *integratio*, in einer Gesamtschau, und dieses Streben nach Übereinstimmung aller Aspekte des menschlichen Lebens war untrennbar mit dem vielfältig in die Zukunft weisenden Bewusstsein der *renovatio* verbunden, mit der Veränderbarkeit. In diesem Spannungsverhältnis von *integratio* und *renovatio* liegen die Wurzeln des neuzeitlichen Geschichtsbewusstseins. Der Mensch begreift sich jetzt als Machthaber seines eigenen Daseins, als „Subjekt", und der durch neue wissenschaftliche Kenntnisse gewandelte Erfahrungsraum eröffnet neue Erwartungshorizonte.[2]

Sich eine neue Konzeption, eine ideale Verfassung für die Menschheit auszudenken, ist nicht bloß Spiel der Fantasie, sondern zeigt die Absicht eines Wunsches, die nach Lösung verlangt. Es entsteht eine sich steigernde Rhetorik des Willens: Dieser nimmt eine als Fortschritt gedeutete Vergangenheit und eine als abänderungsfähig betrachtete Gegenwart zu Zeugen und macht aus der Zukunft seine ihm eigene Dimension. Einflüsse der schottischen Moralphilosophie mit ihrem naturalistischen Optimismus werden deutlich: Im Vertrauen auf den harmonisch ausgerichteten Mechanismus des „menschlichen Triebwerks" wird der Moral eine apriorische Grundlage durch Instinkt und Gefühl verliehen.

Opern-Erzählungen als Bedürfnis

Exempel für den Aufbruch der Gefühlswelt ist die Entstehung der Oper, deren Geschichte als bekannt vorausgesetzt wird. Sensualismus, Emotion, Individualismus werden auf der Bühne für das Publikum sichtbar und damit nicht in einer begrifflichen, sondern „sinnlichen" Art und Weise nachvollziehbar. Die Geburtsstunde der Oper um 1600 war der

1 Edgar Wind, *Heidnische Mysterien in der Renaissance*, Frankfurt a. M. 1981.
2 Vgl. Reinhart Koselleck, *Kritik und Krise*, Frankfurt a. M. 1976.

ATTORI.

LUCIO SILLA Dittatore.
Il Sig. Baſſano Morgnoni.

GIUNIA Figlia di Cajo Mario, e promeſſa Spoſa di
La Signora Anna de Amicis Buonſollazzi.

CECILIO Senatore proſcritto.
Il Sig. Venanzio Rauzzini.

LUCIO CINNA Patrizio Romano amico di Cecilio, e nemico occulto di Lucio Silla.
La Signora Felicita Suardi.

CELIA Sorella di Lucio Silla.
La Signora Daniella Mienci.

AUFIDIO Tribuno Amico di Lucio Silla.
Il Sig. Giuſeppe Onofrio.

Guardie.
Senatori.
Nobili.
Soldati.
Popolo.
Donzelle.

Giovanni De Gamerra/Wolfgang Amadé Mozart, *Lucio Silla*
Libretto-Druck, Mailand 1773. Personenverzeichnis

programmatische Versuch, das altgriechische Drama neu zu beleben. Diese neue Bühnengattung sollte alle Elemente des antiken Theaters zusammenfügen, soweit man dies aus Zeugnissen der Zeit wusste: eine Symbiose von Musik, Gesang und Tanz. Auch die Plots bestanden aus antiken Mythen und Erzählungen, allenthalben in Neukontexte versetzt. Die Librettisten und Komponisten fanden eine Fülle geeigneter Themen und Orte, etwa die Geschichte von der Verwandlung Daphnes, den Mythos von Orpheus und Eurydike, die Erzählung von der Heimkehr des Odysseus, Hirtensagen, in denen sich ein idyllisches Geschehen – bisweilen dionysisch verdüstert – mit dem vielberufenen Milieu Arkadiens verknüpfen ließ. Erzählungen voll großer Sehnsucht aus einer vorchristlichen Zeit, die eine spezifische Freiheit atmete und zwischenmenschliche Regelsysteme zeigte, ohne den Katalog von Sündenfällen zu mobilisieren.

Aufklärung

Philosophiegeschichtlich ist es nicht leicht, zwischen der Aufklärung als prinzipiell vernunftorientiertem Denken und dem Epochenbegriff der Aufklärung zu unterscheiden. Letzterer bestimmte das 18. Jahrhundert und hatte verschiedene Diskursebenen: Der Aufklärung geht es prinzipiell um eine bessere Welt. Es gilt, den existierenden oder nichtexistierenden Göttern zu beweisen, dass die Sterblichen fähig sind, sich eine Welt auszudenken, die besser ist als die jetzige. Erst ab dem Moment, wo der Mensch zum Selbstschöpfer oder Selbsterlöser wird, kann er sich eine Welt ohne Sünde, Gewalt und Leid denken. Die Aufklärung entlastet die Götter und bürdet die Schuld für alle Übel dem Menschen auf. Nur er selbst kann sich von Gewalt und Qual befreien. Diejenige Instanz wird damit zum Subjekt der Befreiung, die das Übel verursacht hat: der Herrscher, die Gesellschaft, ihre Repräsentanten. Doch wie lässt sich diese Befreiung bewerkstelligen?

Der große Traum, der der vermeintlichen Kenntnis der Naturgesetze entspringt, verführt dazu, nacheinander den Ursprung des Lebens zu reproduzieren und die Vollendung der Zeiten vorauszusagen: künstlich ein beginnendes Leben zu schaffen oder die Pläne eines zukünftigen Glücks zu zeichnen, Anthropogenese und Utopie! Das eigentlich „faustische" Ziel ist die materielle Verwandlung der Welt und die Errichtung einer Herrschaft der Vernunft in Gesellschaft und Natur.

Seit der Renaissance lockten die reichen Höfe Oberitaliens zum Aufbruch in den Süden und seit Beginn des 18. Jahrhunderts dann die Opernzentren Venedig, Rom, Neapel und Mailand. Für herausragende Talente war Italien das Land der unbegrenzten Möglichkeiten und der Erfolg der nordischen Maestri wie Johann Adolf Hasse, Christoph Willibald Gluck und Johann Christian Bach bewies es. Da wundert es nicht, dass auch den jungen Mozart bisweilen die Sehnsucht ergriff. Künstler, Gelehrte und reiselustige Jünglinge pilgerten in den Süden – sei es, um ihrer Bildung den letzten Schliff zu geben, Klima und freiere Sitten zu genießen oder eben, weil die *Grand Tour* in Mode war. Die Sehnsucht nach dem „Land der blühenden Zitronen“, die Goethe in *Wilhelm Meisters Lehrjahre* (1795/96) seiner Romanfigur zuschrieb, hat er selbst empfunden.

Dialektik der Aufklärung

Seit Jean-Jacques Rousseau kennt das Jahrhundert die Erscheinung einer sentimentalen Einsamkeit, einer Einsamkeit, in welcher der Mensch zugleich an der Trennung und Distanz leidet, die die Rationalisierung der Welt bewirkt und eine Freiheit ohne Verwendung genießt, die sich in sich selbst auslebt. Die Kraft des Begehrens und des Bedauerns verschwendet sich innerhalb der Sphäre des Ichs, führt zu einer merkwürdigen Art von Melancholie.

Eigentlich ist es das Wesen jeder Aufklärung, dass sie ihre Einsichten nicht nach Belieben vergessen, sondern nur verdrängen oder durch bessere Einsichten korrigieren kann. Der Aufklärung gelingt es nur durch radikalisierte Aufklärung, ihre Fehler wettzumachen. Den Spiegel der Zeit kann man nicht zertrümmern, um sich dahinter in einem archaischen oder nostalgischen Paradies zu verstecken. Was einst mythisches Grauen vor dem Unbekannten und der Unberechenbarkeit der Götter war, zeigt Wirkung, formt eine Dialektik der Aufklärung mit Widersprüchen und Paradoxien. Mythen werden als Interpretament einer furchterregenden Wirklichkeit bis heute bedeutsam, wenn sie der Bewältigung der Fremdheit der Welt oder der eigenen Lebensgeschichte dienen. Denn die nackte Wahrheit ist nicht immer das, womit man leben kann oder will. Und in dieser Einsicht liegt bereits der Aufbruch zu Sturm und Drang und ersten Formen der frühen Romantik.

Der Optimismus der Aufklärungsphilosophie erlaubt jedoch dem Menschen, wenn er nur von seinen natürlichen Fähigkeiten einen richtigen Gebrauch macht, alle Irrtümer, Täuschungen, Vorurteile anzufechten und wären sie durch eine uralte Tradition von Gehorsam und Autorität bestätigt. Aber diese Befreiung sollte nicht in die Einsamkeit führen, sondern im Gegenteil: Die Menschen sollen einander im gleichmäßigen Licht einer allen gemeinsamen Vernunft erkennen und sich begegnen. Indem der Mensch sich selbst in seiner Freiheit bejaht, isoliert er sich nicht in seiner Einzigartigkeit, sondern genießt seine Freiheit durch Dialog und Kommunikation. Daher kommt es zum Aufschwung jener Künste, in denen sich das Individuum im Hinblick auf die anderen und unter der Bedingung der Gegenseitigkeit definiert, erklärt und zur Geltung bringt: Brief, Gespräch, Dichtkunst, Porträt, Bühnenkünste und immer wieder die Musik. Ein wesentliches Medium der Aufklärung in diesem Kontext wird die Opera seria werden.

Opera seria

Musikalisch gesehen ist die Opera seria ein fantastisches Bildungsmedium der Aufklärung. *Lucio Silla* ist nach *Mitridate* Mozarts zweite Opera seria. Freilich, seine Musik übertrifft glanzvoll das Niveau der Zeitgenossen durch eine Fülle von Erfindungen, die differenzierte Harmonik und die kunstvolle Instrumentation. *Silla* enthält verschiedenste Ausdrucksformen und Charaktere. Vor allem die zahlreichen Ombra-Szenen (Grabes- und Gefängnisszenen) fasst Mozart in eine individuelle und verblüffend expressive Musik, vergleichbar etwa mit den *Carceri d'Invenzione* von Giovanni Battista Piranesi, deren unerhörte Plastizität aus dem Schwarz-Weiß-Kontrast seiner Radierungen entsteht. Man hat den Eindruck, *Silla* sei ein gelungenes musikalisches Präludium des Sturm und Drang.

Zu den bewegendsten Zügen von Mozarts Musik gehört die Kunst, den Augenblick so zu vergegenwärtigen, dass die Zeit stillzustehen scheint, ja so erfüllt ist, dass man von ihrem Fortschreiten nichts mehr wissen mag. Dieser Zustand des reinen Glücks stellt sich aber immer wieder dann überwältigend dar, wenn der Tod im Hintergrund steht.[3] In dem Moment, da die Liebenden der Überzeugung sind, dass ihnen der Tod bevorsteht, wie bei Giunia und Cecilio im *Lucio Silla*.

Die viermalige Vertonung von Giovanni De Gamerras Textgrundlage innerhalb kurzer Zeit durch Mozart (Mailand, Dezember 1772), Pasquale Anfossi (Venedig, Mai 1774), Johann Christian Bach (Mannheim, November 1775) und Michele Mortellari (Turin, Januar 1779) war damals durchaus gang und gäbe. Die Oper wurde häufig nur eine Saison lang gespielt und dann von neuen Kompositionen abgelöst. Dies entspricht heute den verschiedenen Inszenierungen ein und desselben Stückes. Diese Meister schrieben ihre Werke nicht für Bibliotheken oder Suchmaschinen, sondern für ihren Augenblick. Das Dacapo war eine seltene Ausnahme: Kunst für den täglichen Verbrauch also mit einem schnellen Verfallsdatum.

Die Opera seria war weniger Partitur als vielmehr Theaterereignis, Event und Bildungsdiskurs. Für ein vertieftes Mozart-Verständnis ist es notwendig, die sozio-kulturelle Rolle der Opera seria zu bedenken. Wie kaum eine andere künstlerische Form ist sie Ausdruck und Reflexion der sozialen Realität dieser Epoche: Bild ihrer Wünsche und Utopien, Schablone ihrer Rituale, Scanning ihrer Gefühle! Die Opera seria bewirkte eine starke Theatralisierung der politischen wie auch der (gehobenen) Alltags-Kultur in großen Teilen Europas. In ihrem inhaltlichen Anspruch ist sie rationalistisch, aufklärerisch und „staatspolitisch". Ihr strikter Formalismus findet seinen emotionalen Tummelplatz in der Mythen- und Antikenrezeption der Zeit. Der Inhalt schöpfte aus vorchristlichem Gedanken- und Bildungsgut. Dies erleichterte nicht nur erotische Anspielungen, die Sublimierung des erotischen Gefühls, sondern auch den Transport kritischer Projektionen in die Gegenwart.

Mit seiner Musik erweckt Mozart das Mysterium der Verknüpfung von Eros und Thanatos zu neuem Leben. Man denke nur an den Reichtum der Orchestrierung, an die außerge-

3 Wie in der Feuer- und Wasserprobe in Mozarts *Zauberflöte* oder im Zwiegesang Belmontes und Konstanzes in der *Entführung aus dem Serail*.

wöhnliche Begleitung der Rezitative oder das wunderbare Quartett Nr. 21 im dritten Akt („Todesquartett") von *Idomeneo*, in dem die Schmerzen aller miteinander verwoben werden. Das sich emanzipierende Bürgertum erfindet die Liebe als Inszenierung und Drama neu.[4]

Gewiss war es nicht mehr möglich, das spontane Aufblühen der kulturellen Anfänge der Antike wiederzufinden, wohl aber die Idee des „Politischen" als Regelsystem der Zivilisation. Neben den Mythen und antiken Erzählungen gehörte die römische Geschichte zum festen Bildungsgut des aristokratischen wie auch bürgerlichen Publikums. So entstand eine spezielle Diskurswelt, die es den Lesern der Libretti und den Zuschauern erlaubte, Abweichungen, neue Interpretationen, Änderungen im Handlungsverlauf zu analysieren und zu kommentieren. Der wirkungsästhetische Trick ist nicht zu übersehen: Die Sujets ermöglichten es dem politischen wie finanziellen Machthaber als Repräsentanten einer aktualisierten Antike, ihn als absolut „*in*" darzustellen.

Mehrfach habe ich dargelegt, dass die Ästhetik eine Ethik mit anderen Mitteln ist. Das inhaltliche Programm der Opera seria war eigentlich mit der moralischen Absicht identisch. Theoretisch formuliert finden wir dies in Pietro Metastasios kurz vor seinem Tod erschienener Abhandlung[5] über die Poetik des Aristoteles. Er begründet hier seine Auffassung von der Kunst als einer Nachahmung und nicht als bloße Darstellung der Natur („verosimile"). Ziel des Dramma per musica ist die Katharsis,[6] wortwörtlich ein Abführmittel der Seele, der Emotionen und Triebe des Zuschauers. Dies muss nicht – so Metastasio – durch Schrecken und Furcht hervorgerufen werden. Auch eine Identifikation mit dem Liebesschmerz, verursacht durch einen emotionalen Konflikt, durch Zerrissenheit oder Verzicht, könne eine Katharsis bewirken. Zeichen des die Seele reinigenden „Mit-Leidens" (συμπαθεῖν, Sympathie) sind die Tränen, die im 18. Jahrhundert von Frauen wie von Männern literweise vergossen wurden. Die Oper wurde zu einem großartigen therapeutischen „Heilmittel" stilisiert.[7]

Das moralische Ziel war, mit den Opfern leiden zu lernen.[8] So entdeckt und instrumentalisiert die Opera seria den Emotional-Q als eigenständigen Faktor. Vor allem ist sie Ausdruck eines bestimmten Menschenbildes, dem die Idee einer Humanisierung durch die Künste zugrunde liegt. Der „edle theatralische Anstand" ist nicht künstlerischer Selbstzweck, sondern hat eine erzieherische Funktion. Theater ist Pädagogik, sichtbares Vorbild für eigenes

4 Vgl. Eva Illouz, *Der Konsum der Romantik*, Frankfurt a. M. u.a. 2003.

5 Pietro Metastasio, *Estratto dell'Arte poetica d'Aristotile* [1782], hrsg. von Elisabeth Selmi, Palermo 2000.

6 Hellmut Flashar, Art. „Katharsis", in: *Historisches Wörterbuch der Philosophie*, hrsg. von Joachim Ritter und Karlfried Gründer, Bd. 4, Basel und Stuttgart 1976, Sp. 784–786.

7 Vgl. Jean Clair, „Musik und Melancholie", in: ders. (Hrsg.), *Melancholie. Genie und Wahnsinn in der Kunst.* [...] *Ausstellungskatalog*, Ostfildern-Ruit 2005, S. 244.

8 Das ethische Konzept der *compassio*, der „süßen Tränen", der Läuterung der Seele durch die mitleidende Anteilnahme am Leid anderer ist eine Idee, die bereits in Mittelalter und früher Neuzeit im religiösen Kontext zu finden ist und zu Beginn des 18. Jahrhunderts in den säkularen Bereich übertragen wird.

Denken.[9] Unbeschadet herber Rügen, etwa von Voltaire[10], blieb das Dramma per musica zusammen mit der Opera buffa das wichtigste kulturelle Massenereignis des 18. Jahrhunderts. Die Oper war populär und der Vergleich, den Christian Esch mit Kino, Fernsehen, Casting Shows und Fußballveranstaltungen heutiger Tage trifft, ist keineswegs absurd.[11]

Die Variablen der Katharsis

Über die Variablen der Katharsis in den unterschiedlichen Kunstgattungen schreibt Friedrich Melchior Grimm 1761 in seiner *Theorie der Künste*:[12]

> Ziel aller schönen Künste ist es, die Natur nachzuahmen; doch jeder sucht es mit anderen Mitteln zu erreichen. Die Täuschung der Kunst liegt einmal im Bemühen, sich der Natur so weit wo möglich zu nähern [...] zum anderen ruft sie gewisse Eindrücke hervor, erweckt in ihnen gewisse Gefühle durch ganz abwegige und flüchtige Mittel, deren Wirkung auf unsere Seele völlig unbekannt ist. Doch obwohl die Theorie der Künste im tiefsten Dunkel liegt, ließe sich leicht eine Rangordnung unter ihnen aufstellen, an deren einem Ende die Bildhauerei, an deren anderem die Musik stehen würde. Der Bildhauer täuscht weniger als der Maler, der Maler weniger als der Dichter; der Musiker geht in seiner Täuschung am weitesten, und man muß feststellen, je mehr sich die Täuschung einer Kunst von der Natur entfernt und unbestimmt und mehrdeutig wird, umso stärker und mächtiger sind ihre Wirkungen in unserer Seele. Der Bildhauer kann uns ergreifen und in Staunen versetzen, der Maler uns erschüttern, der Dichter uns entflammen und unsere Seele aufwühlen, der Musiker dieses Gefühl bis zum Taumel und zum Wahnsinn steigern. Diese Rangordnung ergibt sich [...] aus den Mitteln, die jeder Künstler anwendet. Je unbestimmter sie sind, umso stärker regen sie die Phantasie an [...], die Macht der Musik ist am stärksten, wenn auch am wenigsten bekannt.

---

9 Die breite pädagogische Aufklärung über Pestalozzi, Basedow und Ziegenhagen wird als bekannt vorausgesetzt. Bei Ziegenhagen ist noch anzumerken, dass Mozart für sein Hauptwerk die Solokantate *Die ihr des unermesslichen Weltalls Schöpfer ehrt* KV 619 vertonte (vgl. Franz Heinrich Ziegenhagen, *Lehre vom richtigen Verhältnis zu den Schöpfungswerken*. Unveränderter Neudruck der Ausgabe Hamburg 1792, Glashütten i. Taunus 1975).

10 Die Opera seria war im 18. Jahrhundert Gegenstand heftiger zeitgenössischer Kritik: „Die Oper würde mir vielleicht mehr zusagen, wenn man es nicht geschafft hätte, ein Monstrum daraus zu machen, gegen das sich alles in mir empört. Mag hingehen, wer will, um sich diese schlechten Tragödien mit Musikbegleitung anzuhören, deren Szenen lediglich dazu da sind, Gelegenheit für zwei oder drei unpassende Arien zu geben, durch die eine Sängerin ihre Kehle zur Geltung bringt. Mag, wer will oder kann, in Verzückung geraten, wenn irgendein Kastrat die Rolle des Cäsar oder Cato heruntertrállert und mit unmöglichen Allüren auf den Brettern herumspaziert. Ich für meinen Teil verzichte seit langem auf solche armseligen Genüsse, die heutzutage den Ruhm Italiens ausmachen und den Fürsten so viel Geld kosten." (Voltaire, *Candide oder der Optimismus*, Frankfurt a. M. 1972, S. 151).

11 Vgl. Christian Esch, *Lucio Silla. Vier Opera-seria-Vertonungen aus der Zeit zwischen 1770 und 1780*, Bd. 1, Baden-Baden 1994, S. ix.

12 Friedrich Melchior Grimm, „Über die Rangordnung der Künste", in: ders., *Paris zündet die Lichter an. Correspondance littéraire, philosophique et critique*, hrsg. von Kurt Schnelle, München 1977, S. 182ff.

Die Musik treibt also in das Auge eines orchestral-emotionalen Taifuns. Sie wird zum „Opiumrausch“, wie dies später Charles Baudelaire, Friedrich Nietzsche folgend, nennen wird. Eine persuasive Rhetorik, eine Choreographie der Emotionen, die das Verständnisinstrument der Sprache nicht mehr braucht. Und die Masken der Sängerinnen und Schauspieler verstärken das Moment des Augenblicklichen, als ob alles nicht nur die unerschöpfliche Freiheit genießt, sondern auch den Schutz der Lüge. Und die Künstlerinnen, von allen Logen aus bewundert, erscheinen als Phantom und machen im flüchtigen Ausdruck ihres Gesangs eine Evidenz spürbar, die überzeugender wirkt als die Wahrheit.

Strukturell gesehen bekommt die Kunst durch die Opera seria eine merkwürdige Macht verliehen. Religion und Kunst werden einander immer ähnlicher: Beide sind Erzeugnisse der Einbildungskraft, und die Imagination selbst gilt als göttlich. Die Religion als Kunst emanzipierte sich vom Dogma und wurde zur Offenbarung des Herzens, und die Kunst als Religion gab der Ästhetik des Herzens überirdische Weihe. Für die meisten großen Denker des 18. Jahrhunderts war die Bühnenerfahrung von entscheidender Bedeutung. Als Autoren oder Zuschauer haben sie hier wesentliche Einsichten gewonnen, vielleicht sogar ihre eigene Wahrheit entdeckt. Wie Wilhelm Meister bzw. wie Goethe selbst erfahren sie im schöpferischen Umgang mit dem Theater einen zugleich realen und symbolischen Aspekt der Macht menschlicher Freiheit. Gleichzeitig vollzieht sich in dieser Zeit ein Wandel im Verhältnis von Libretto und Musik. Die Opera seria wird immer weniger als ein in Musik gesetztes Drama, sondern vielmehr als eine mit Text versehene Oper wahrgenommen.

Die Opera seria überdauerte die Französische Revolution kaum und hatte im 19. Jahrhundert keinen Platz mehr. Heute ist die Faszination und Realität dieses Theaters für viele schwer zu verstehen. Seine Natürlichkeit bestand in der künstlichen Nachahmung, und das Gesellschaftsbild war bloß affirmativ. Dieses Theater wollte weder individuell noch einmalig sein und stellte doch einen hohen Anspruch an Ästhetik und Ethik.[13] Die Bedeutung des Komponisten und die Einmaligkeit der musikalischen Komposition werden immer mehr zum entscheidenden identitätsstiftenden Moment des Werkes. Melchior Grimm, der bei dieser Transformation eine wesentliche Rolle spielt, erläutert im Li-

13 Das Theater könne eine Gemeinschaft darstellen, doch jeder einzelne der aufgeputzten Zuschauer, die sich hier zeigen, suche nur die Gelegenheit, einen Unterschied geltend zu machen, meint Rousseau. Das Theater ist Vorwand für eine rein individuelle Empfindung. Daher verfehlt das Theater sein eigentliches Ziel: Es sollte der Ort sein, wo sich die Einzelnen solidarisch fühlen, wo die Wahrheit der gemeinsamen Gegenwart offenbar wird. Statt eine „Behausung des Seins“ zu bilden, ist es nur der Palast des lügenhaften Scheins. Ein seltsamer Fluch liegt über den neuen Theaterbauten, der die Trennung überall zum Vorschein bringt: Der Theatersaal umfasst nicht nur ein vereinigtes Publikum, er bildet vielmehr eine Schranke für all diejenigen, die er ausschließt. Die einzelnen Zuschauer kommen sich auf keine Weise näher: Eine unendliche Distanz trennt das ausgelassene Parterre von den Logen mit ihrer zerstreuten Aufmerksamkeit. Die stärksten Argumente von Rousseaus *Lettre sur les spectacles* betreffen die Isolierung des einzelnen Bewusstseins, das „jeder für sich“ eines privat gewordenen, entfremdeten Vergnügens, in dem die zentripetalen Kräfte der Eigenliebe die von der Sympathie bestimmten Kräfte der Ausbreitung nicht zum Zug kommen lassen: „Man glaubt sich im Theater zu versammeln, doch gerade dort isoliert sich ein jeder; gerade dort vergisst man seine Freunde, seine Nachbarn, seine Nächsten.“ (vgl. Jean Starobinski, *Die Erfindung der Freiheit 1700–1789*, Genf 1964, S. 85f.).

bretto-Artikel der großen Enzyklopädie kritisch: Wenn Sophokles ein Drama auf die Bühne brachte, arbeitete er für das Vaterland, für die Feste der Republik (das heißt, für die Kultur), für den Staat, also für die Zivilisation. Heute hingegen ist es anders Wenn ein angesehener Dichter wie Metastasio es in Wien mit dem Staat zu tun bekommt, dann ist es in Form der „Polizei“, die ihm tausend kleine Schikanen bereitet.[14] Das Theater dient heutzutage dem Vergnügen untätiger Leute, „la bonne companie“, der guten Gesellschaft. Die Aufgabe der Musik ist aber eine ganz andere, sagt Grimm: Sie muss dem Emotionalen, Erhabenen, Humanen Intensität geben. Nur so gelingt es, dass das Publikum in seiner eigenen Empfindsamkeit vibriert und Musikerleben zur Selbsterkenntnis wird. Die heutige Wirklichkeit ist vollkommen kommerzialisiert. Die Operunternehmer sind die neuen Tyrannen, die nur das machen, was das oberflächliche Publikum bzw. die Star-Sänger wollen. Mozart fasst dies lakonisch genauso zusammen: Die Theater-Direktoren sind oft „zu oeconomisch und zu wenig Patriotisch“[15]!

Gewiss: Die Seria ist eine Mischung aus Propaganda und Affirmation, und demnach hinterfragt sie maßgebende gesellschaftliche Positionen. Die subversive Qualität der Oper besteht in einer Choreographie der Gefühle, einer Emotionsökonomie, die im Begriff der Katharsis ihre adäquate Beschreibung auf neue Art findet: Sympathie, Leiderfahrung und erotische Sensibilität.

Sillas Didaktik

Mozart schrieb *Lucio Silla* für die Mailänder Karnevalssaison 1773[16], und diese Oper ist in Korrespondenz mit *Mitridate* zu sehen. Sulla war der wichtigste Widerpart des pontischen Königs Mithridates. Die Handlung spielt bewusst in der gleichen Epoche von Lucius Sulla, freilich jetzt in Rom. Deutlich wird: Wissen und Bildungsanspruch vermengten sich mit der Beweiskraft des Faktischen. Die *mores maiorum*, die tradierten, republikanischen Werte der Vorfahren, sollen auch in der Gegenwart ihre Geltung bewahren, in adäquater, zeitgemäßer Nachahmung und so eine aktualisierte Schule der Moral begründen. Emotional bilden Eros und Thanatos, *Amor et Passio*, ein wichtiges Konstruktionselement der Oper. Politisch gesehen soll die *res publica* gefördert werden. Das

14 Man denke nur an Da Pontes und Mozarts Schwierigkeiten mit *Le nozze di Figaro*. Was heißt im Jahre 1783 eigentlich Aufklärung? Franz Carl Hägelin, der Zensor Joseph II., dekretiert: „Von dem Wort Aufklärung ist auf dem Theater ebenso wenig Erwähnung zu machen als von der Freiheit und Gleichheit, denn die neue Philosophie ist imstande, wider dasjenige, was obige Wörter bedeuten, sogar zu deklamieren, weil ihr nur daran liegt, die Ohren des Publikums mit denselben zu familiarisieren.“ Da Ponte macht, wie er im Vorwort sagt, aus der „exzellenten Komödie einen Extrakt“: Er verwandelt die ätzende politische Satire in eine witzige Gesellschaftskomödie, aus der man nur entfernt das herannahende Grollen der Französischen Revolution hört (vgl. Michael Fischer, *Die Aufklärung und ihr Gegenteil*, Berlin 1982, S. 222ff.).

15 Brief Wolfgang Amadé Mozart an Anton Klein, 21. Mai 1785, BD 867 (Bd. 3, S. 393).

16 „Carne-vale“ bedeutete immer auch eine Entgrenzung im Vergnügen bei gleichzeitiger Präsenz der Todesängste. Es geht nicht nur um den Abschied vom Fleisch, sondern auch um die ursprüngliche Bedeutung des Wortes „Sarkophag“, was im Altgriechischen soviel wie der „Tod als Fleischfresser“ bedeutet.

Publikum sollte zum zentralen Medium und Kommunikator[17] der Ideen werden. Wo immer Theater und Konzertsaal im Sinne Schillers zu Foren öffentlich-bürgerlichen Lebens wurden, spielte und schätzte man Mozart. Er war ein arbeitsbesessener Ausnahmekomponist, der wach im Kontext seiner Zeit lebte.

Als vorzügliches didaktisches Instrument erwiesen sich die sogenannten Fürstenspiegel. In ihren historischen Erzählungen werden alle menschlichen Grundprobleme thematisiert: Recht, Herrschaft, Macht, Liebe, Hass, Jugend, Alter, Vergehen, Fehler, Begierden, Maßlosigkeit. Jeder Fürstenspiegel liefert positive oder warnende Exempel. Dass dies in der Welt der Heiden spielt, macht die Fantasie freier. Das große Vorbild für diese literarische Gattung liefert François de Salignac de la Mothe-Fénelon mit seinen *Aventures de Télemaque, fils d'Ulysee*.[18] Dieses Buch galt als erster moderner und aufklärerischer Fürstenspiegel, der eine radikale und konstruktive Kritik an der Regierung des Sonnenkönigs Ludwig XIV. beinhaltete. Er erschien 1699 und in seiner endgültigen Fassung 1717.

De Gamerra und seine Zeit

Der Text zu *Silla* stammt vom Metastasio-Schüler Giovanni De Gamerra, Geistlicher, Jurist, Bediensteter der österreichischen Armee, seit 1771 Hauspoet des Teatro Regio Ducal in Mailand. Er galt als Hauptvertreter der *pièces larmoyantes*, was durch die Häufung von Ombra-Szenen (Handlungsstationen also, die im bedrückenden Zeichen des Todes stehen) auch im *Silla* deutlich wird.[19]

Eine gewisse nekrophile Ästhetik prägte das 18. Jahrhundert, eine Dialektik von Rationalität, Erhabenem und Schrecken: Beispiele liefern die *Carceri* von Giovanni Battista Piranesi, Clemente Susinis *Venere di Medici* mit ihrer voyeuristischen Erotik[20] oder Francisco de Goyas drastische Empirie im *Capricho 43*: „Der Schlaf der Vernunft erzeugt Ungeheuer" oder „der Traum der Vernunft erzeugt Ungeheuer".[21]

---

17 Vgl. einschlägige Stellen im Briefwechsel, etwa wenn Mozart betont, dass er eine breite Öffentlichkeit erreichen will: „[...] in meiner Oper ist Musick für aller Gattung leute [...]", schrieb er während der Proben für den *Idomeneo* (Wolfgang Amadé Mozart an Leopold Mozart, 16. Dezember 1780, BD 563 [Bd. 3, S. 60]).

18 Mozart kannte François Fénelons (Erzbischof von Cambrai) *Die Abenteuer des Telemach, Sohn des Odysseus, oder: Fortsetzung des vierten Buches von Homers Odyssee*. Schon sein Vater Leopold schrieb voller Bewunderung für Fénelon an Lorenz Hagenauer, er habe „in Cambray das Grabmahl des grossen Fénelons, und seine marmorne Brustbild-Säule betrachtet, der sich durch seinen Telemach [...] unsterblich gemacht hat" (Leopold Mozart an Lorenz Hagenauer, 16. Mai 1766, BD 108 [Bd. 1, S. 220]). Aus Bologna schreibt Mozart: „izt lese ich just den telemach, ich bin schon in zweÿten theil." (Nachschrift Wolfgang Amadé Mozart an Maria Anna Mozart, 8. September 1770, BD 207 [Bd. 1, S. 388]). Nochmals: *Télemach* ist ein „Fürstenspiegel", ein groß angelegtes politisch-moralisches Lehrstück, gedacht für die Erziehung des Herzogs von Burgund, des königlichen Erben. Mit *Mitridate, Lucio Silla* und *Idomeneo* beabsichtigte Mozart ein ähnliches didaktisches Anliegen.

19 Seine abgründige Vorliebe zeigt sich auch darin, dass er die Leiche seiner Frau ausgraben und verbrennen ließ, um ihre Asche immer mit sich zu führen (vgl. Esch, Lucio Silla [wie Anm. 11], Bd. 1, S. 4f.).

Dieses Jahrhundert, in dem die Idee der Freiheit solche Triumphe feiern wird, musste zuerst den Schrecken und die Besessenheit kennenlernen: In den Schlössern des Marquis de Sade oder im unerschöpflichen Erfindungsreichtum Piranesis finden wir eine schöpferische Freiheit, die die Negation der Freiheit gestalten will. Auch bei *Silla* wird deutlich: Wer mit seiner Vergangenheit in einer verdächtigen Beziehung steht, schafft sich eine Fantasie-Umgebung, aus der Angst und Strafe hervorbrechen können.

Nun schreibt Mozart diese Oper als Karnevalsoper als eine stetige Mahnung an den eigenen Tod. Das Thema Eros und Thanatos wird in der dionysischen Ausgelassenheit des Karnevals Anstoß für die Ombra-Visionen[22]. Die Häufung von Wörtern wie „tenebroso", „morte" und natürlich „amore" erwecken den Eindruck einer frühen Form der schwarzen Romantik. De Gamerra begeisterte sich in Einklang mit der Bühnenpraxis der Tragédie lyrique für Kulissenzauber, Maschineneffekte, das unvermutete Hereinbrechen des Wunderbaren, Unerklärlichen, also für jede Art von Wirkungsästhetik.[23] Es ging ihm um möglichst viel „Show" und Eventisierung; *E* und *U* waren nicht getrennt. Der akustische und visuelle Raum des Alltags war ja im Vergleich zu heute minimalistisch, leise und leer.

De Gamerra sandte seinen Text sicherheitshalber an Pietro Metastasio zur Durchsicht. Wohl um der gewohnten literarischen Schicklichkeit Genüge zu tun, kam es zu vier Gleichnis-Arien. Diese schrieb Mozart, wie üblich, im Rahmen der Proben den Sängern auf den Leib. Im Hinblick auf das beschränkte Vermögen des Sängers der Titelrolle vertonte Mozart von den vier nur zwei Arien. Dass gleich zu Beginn von De Gamerras Schrift *Novo Teatro, Osservazioni sullo spettacolo* (Pisa 1789)[24] zweimal der Name Rousseau fällt, zeigt deutlich den französischen Einfluss in der Librettistik. Sein Konzept von der politisch-moralischen Kraft des Theaters teilen De Gamerra und Mozart.[25] Und Melchior Grimm war für Mozart ein wesentlicher Vermittler der Rousseau'schen Konzeptionen: Niemand blieb „von den Ideen Rousseaus unberührt", notiert Grimm. Rousseau, der selbst erotische Obsessionen zur Genüge kannte, argumentierte: „Wenn unsere Vernunft

20 Vgl. Georges Didi-Huberman, *Venus öffnen. Nacktheit, Traum, Grausamkeit*, Zürich u.a. 2006.

21 Die Ambivalenz des Begriffes beruht auf dem spanischen Wort „sueño", das sowohl Schlaf als auch Traum bedeutet.

22 In einer letzten, schrecklichen Ombra-Vision deren tragisches c-Moll auf die Auftrittsmusik des Cecilio im ersten Akt (vor Nr. 6) zurückverweist, will Giunia dem Schatten des Geliebten nacheilen, den Tod mit ihm teilen (Orpheus-Motiv). Mit einem unerwarteten Akt herrscherlicher Milde führt Silla eine Wende herbei (*lieto fine*, wie das Finale einer Seria es vorschreibt), wie dies schon mancher Oper vor Mozart ein glückliches Ende bescherte. Gott Poseidon, Bassa Selim, Graf Almaviva, Titus Vespasianus werden dem Beispiel noch folgen. Nur der Komtur, der Don Giovanni zur Höllenfahrt abholt, kennt keine Gnade: Er ist aus Stein. Doch die Amnestie bleibt bei Mozart nie ohne Beimischung von Skepsis und Einspruch: Elettra und Osmin sprengen die Zirkel der Einmütigkeit mit furiosem Protest, Guglielmo würde seinen Freunden am liebsten Gift in den Hochzeits-Champagner schütten.

23 Im „Argomento" zu seiner Oper *L'Armida* hat De Gamerra sein Konzept des Musiktheaters folgendermaßen beschrieben: „Drammi nostri, i quali nel presente secolo nuovamente s'adornano di macchine, di Cori, di Balli, e di grandiose Decorazioni. Tutto questo brillante spettacolo accresce il diletto." (Vgl. Esch, Lucio Silla [wie Anm. 11], Bd. 1, S. 13).

24 Giovanni De Gamerra, „Osservazioni sullo spettacolo in generale [...]", in: *Novo Teatro*, Pisa 1789, Tomo I, S. 9.

Fleisch und Blut hat, ja haben muss“, wie kann man da die „Leidenschaften verbieten“[26]? Grimm war Herausgeber der berühmten *Correspondence littéraire, philosophique et critique*, die im deutschen Sprachraum zu der wesentlichen Informationsquelle über das intellektuelle und politische Leben in Frankreich wurde.

Gleichzeitig war Rousseau ein äußerst erfolgreicher Denker und auch Musiker: Er triumphierte mit seinem Singspiel *Pygmalion*. Er stritt mit den damals prominentesten Musikern dieser Zeit, etwa Jean-Philippe Rameau, und behielt gegen sie recht. Im Buffonistenstreit avancierte er mit seinem *Lettre sur la musique française* (1753)[27] zum bestgehassten Mann der konservativen Opernvertreter. Rousseau ist mit fast vierhundert Artikeln für Diderots große *Encyclopédie* ein wesentlicher Mitarbeiter bei der Instrumentalisierung des Wissens der Aufklärung, und er verfasste das damals meistbenutzte Wörterbuch der Musik[28]. Er „erfand“ das Melodram[29], wurde von Christoph Willibald Gluck konsultiert und hatte damit einen wichtigen Einfluss auf die kommende Opernästhetik.

Gleichzeitig ist er ein erster (Kultur-)Kritiker, der die Abgründe der Aufklärung analysiert und das beschreibt, was später Max Horkheimer und Theodor Adorno als „Dialektik der Aufklärung“ bezeichnen werden. Rousseaus *Julie oder die neue Héloïse* (1761) ist ein merkwürdiges Stück Früh- oder Vorromantik und hatte auf Goethes *Werther* großen Einfluss. Rousseau warnt vor einem Leben, in dem man von Wünschen zerrüttet ist, gar nicht weiß, was man wirklich will. Allem Anständigen, Gekünstelten, Gefälligen setzt er die Suche nach Authentizität entgegen. Rousseau legt den Finger in die Wunden der Aufklärung. Eine verkannte Stimme aus dem Jenseits der Aufklärung, die direkt ans Herz rührte. Unbekannt waren diese Verdienste Rousseaus weder Mozart noch De Gamerra.

Mozart und *Silla*

Gewiss können wir den jungen Mozart nicht mit dem Meister der Da-Ponte-Opern vergleichen. Raffinesse, Abgründigkeit und Witz, die Mozart in diesen Stücken entwickelt hat, gibt es im *Lucio Silla* noch nicht. Da erleben wir Mozart als Zeitgenossen, der vom Zeitgeist geprägt ist und die Dinge, die angesagt sind, aufgreift und verarbeitet. Eine Geschichte wird musikalisch-dramatisch erzählt: von Machtmissbrauch, Willkür, Widerstand, Verrat und Todesängsten. Bei Mozarts Werken können wir durchaus die Musik um ihrer eigenen Schönheit willen lieben: Doch eigentlich ist sie so viel mehr. Die theatralische Struktur gehört wesentlich zur musikalischen Ausdrucksweise.[30]

25 Vielleicht ist es kein Zufall, dass er der Erste war, der den Text der *Zauberflöte* ins Italienische übersetzte.
26 Jean Jacques Rousseau, *Bekenntnisse I, 1712–1732*, übertragen von Levin Schücking, München 1971, S. 5.
27 Ders., *Lettre sur la musique française*, Paris 1753.
28 Ders., *Dictionnaire de Musique*, Nachdruck der Ausgabe 1768, Hildesheim 1969.
29 Vgl. Peter Gülke, *Rousseau und die Musik. Oder von der Zuständigkeit des Dilettanten*, Wilhelmshaven 1984, S. 145ff.

Silla ist Mozarts erste große psychologische Studie über die Ambivalenz und Abgründe der menschlichen Seele. Wenn auch Totenbeschwörungen und Kerkerszenen zum Szenenkanon einer heroischen Oper gehörten, so ist doch die Häufung solcher Ereignisse in *Silla* bemerkenswert. Mozart wollte mit seiner Musik das Drama in das Innere der Personen verlegen und bewies dabei eine Einfühlungsgabe, die für sein Alter verblüffend ist. Cecilios Auftrittsarie Nr. 2 „Il tenero momento" und Giunias Hauptstück im zweiten Akt, „Ah se il crudel periglio" (Nr. 11), brennen ein Feuerwerk aller nur denkbaren sängerischen Schwierigkeiten ab und sind gleichzeitig einfühlsamer Ausdruck der jeweiligen emotionalen Befindlichkeit.[31]

Giunia, allein gelassen, überlässt sich den schrecklichen Visionen von einem ermordeten Cecilio, der mit kaltem Finger auf seine blutende Wunde weist und sie zu sich in die Welt des Todes ruft. Anders als Cecilio, diesem Muster an Emotionskontrolle, verliert Giunia in dieser Situation jegliche Fassung. Mozart macht dies durch die zweiteilige Form der Arie, durch die Instrumentation mit hohlen Holzbläserklängen und durch die Tonart c-Moll als Symbol für Tod und Unterwelt deutlich. Und statt die Arie, wie es der Text vorsah, mit einem Dacapo zu beenden und Giunia auf diese Weise Gelegenheit zur Besinnung zu geben, beschleunigt Mozart das Tempo – Giunia stürzt förmlich dem Tode entgegen: Die Imagination durch die Musik artikuliert, scheint Wirklichkeit zu werden. Liebe, Leidenschaft, Verstrickung. Was ist, wenn man nicht durch die Liebe erlöst werden kann? Bleibt nur mehr der Tod[32] als Schlüssel! Mozart gelingt es, uns mit den Fraglichkeiten der Existenz zu konfrontieren. Den Zugang zum Unsagbaren eröffnet nicht nur die Religion, sondern auch die Kunst. Dieser Gedanke verdichtet sich in der Folge. Als wäre es ein Betriebsgeheimnis, das Mozart mit seiner Musik offenbart: Strukturell gesehen sind Kunst und Religion einander zum Verwechseln ähnlich; beide sind Erzeugnisse der Einbildungskraft, und die Imagination selbst gilt als göttlich.

30 Man nehme nur das Duett Nr. 7 zwischen Giunia und Cecilio im ersten Akt – oder Cecilios Arie Nr. 21 „Pupille amate". Da glänzt etwas auf am Horizont, das wie eine Verheißung wirkt und Mozart heraushebt aus der Menge der vielen Opernkomponisten seiner Zeit.

31 Aus den Briefen Mozarts und seines Vaters wissen wir, dass die beiden Sänger eng mit dem jungen Komponisten zusammenarbeiteten und ihm vermutlich auch gezeigt haben, wie er ihre besonderen Fähigkeiten am besten zur Geltung bringen konnte. Für die Titelrolle stand ihm durch widrige Umstände nur ein wenig bühnenerfahrener Kirchensänger zur Verfügung; das mag erklären, warum der grausame Tyrann Silla mit seinen zwei eher monochromen und wenig virtuosen Arien in dieser Oper fast wie eine Nebenrolle wirkt. Die beiden Hauptrollen aber, Giunia und Cecilio, waren mit Anna De Amicis und Venanzio Rauzzini (für den Mozart wenig später sein Motette „Exsultate, jubilate" KV 165 komponierte) glänzend besetzt. Und so ist es kein Zufall, dass Mozart gerade diese beiden Rollen in einer Weise vertonte, die allerhöchste Virtuosität mit nicht minder eindrucksvollem pathetischem Ausdruck verband.

32 „– da der Tod |: genau zu nemmen :| der wahre Endzweck unsers lebens ist, so habe ich mich seit ein Paar Jahren mit diesem wahren, besten freunde des Menschen so bekannt gemacht, daß sein Bild nicht allein nichts schreckendes mehr für mich hat, sondern recht viel beruhigendes und tröstendes! und ich danke meinem gott, daß er mir das glück gegönnt hat mir die gelegenheit |: sie verstehen mich:| zu verschaffen, ihn als den *schlüssel* zu unserer wahren Glückseeligkeit kennen zu lernen." (Wolfgang Amadé Mozart an Leopold Mozart, 4. April 1787, BD 1044 [Bd. 4, S. 41]).

Werther-Stimmung (Melancholie)

Die *Werther*-Stimmung wird signifikant für die Zeit, in der die Freiheit zunächst als träumerische Weigerung erscheint. Da das angestrebte Glück nicht möglich ist, wird das zweifelnde Bewusstsein auf sich selbst zurückgeworfen. Eine Welt bloßen Gefühls, eine ferne Vergangenheit, ein ferner Traum. Befindet sich das wahre Leben woanders? Wo suchen? Wohin sich wenden? Die Macht intellektueller Einbildungskraft wird zur großen Entdeckung.

In den Diskursen der Kunst des 18. Jahrhunderts begegnen sich zwei große Themen: Erstens die analytische Introspektion der tiefer verborgenen Affektströme sowie zweitens die philosophische Begründung der moralischen Freiheit. Beide Erkundungen förderten mehr oder anderes zutage, als man gewünscht haben mochte: in den abgründigen Seelenlabyrinthen die amoralische Natur des Gefühls, in der gleißenden Helligkeit der Kritik die Grenzen der hohen Vernunft. Am Ende der Lichtsuche standen Kant und de Sade. Die elegante Klarheit der klassizistischen Fassaden ließ gespenstisch die Gewölbe eines Piranesi durchscheinen. In dieser Ambivalenz von hochgestimmtem Aufschwung und Zurückschrecken angesichts ungeahnter Abgründe entstanden die Theorien des Erhabenen, der großen Gefühle und der politischen Heilslehren. Die Wendung vom Klassischen und Rationalen zum Erschreckenden eröffnete die virulente Einsicht in den zweideutigen Charakter der Aufklärung, in ihre Dialektik.

Der Mensch leidet und genießt zugleich eine Freiheit ohne Verwendungszweck. Die Kraft des Begehrens und der Melancholie verschwendet sich innerhalb des Ichs. Diese verzweifelte Energie kann sich gegen das Individuum wenden: Man denke nur an Werthers Selbstmord oder die Selbstmord-Anwandlungen bei Goethe. Doch gerade Kunstwerke zeigen vielfach, dass diese destruktive Sehnsucht reproduziert werden kann, dass der Selbstmord oder übermäßiger Kummer Gegenstand einer Erzählung und damit gebannt werden kann. Der schöpferische Wille des Menschen vermag die Kräfte zu verwandeln, ihre zerstörerische Macht zu kompensieren. Die Weigerung dient dann dazu, die bewusste Selbstzerstörung abzulenken, deren Möglichkeit in der Erfahrung der Melancholie stets gegenwärtig ist. Der Träumer Werther und der Räuber Karl Moor wollen die subjektive „Utopie" der Sympathie und Liebe als natürlichen Lebenssinn des Menschen realisieren, ähnlich dem *Silla*-Plot. Dieser endet freilich in einem *lieto fine*, während sich in den anderen Stücken die zerstörerischen Kräfte im Scheitern voll entfalten. Werther richtet sie gegen sich selbst, Moor wird zum Anarchisten, dessen Aggressionen sich nach außen gegen das Unrecht wenden. Neu ist, dass sie ihre Utopie in der Empörung gegen Staat und Gesellschaft oder in depressiver Selbstzerstörung einklagen. In den Raum des Todes und der Vergangenheit zurückversetzt, triumphiert die Kultur des Bedauerns und des Heimwehs. Gegen den Horizont der Zukunft hin entworfen, öffnet sich die Utopie zur imaginären Einrichtung einer versöhnten Welt.

Polit-Thriller

Der historische Sulla regierte mit Terror und einer Ökonomie der Gewalt.[33] Zu Eifersucht, Ehrgeiz und Grausamkeit von Marius und Sulla kam die hemmungslose Wut der Römer. Sie waren nicht mehr Glieder einer gemeinsamen Republik, sondern Teilnehmer eines Krieges nach außen und nach innen: Rom zerbricht in Freund- und Feind-Strukturen. Sulla erfand die Proskriptionen und setzte einen Kopfpreis auf jene aus, die nicht auf seiner Seite standen. Er instrumentierte den Gesinnungsterror, gleichsam eine Vorwegnahme der Strategie und Radikalisierung der Französischen Revolution. Von nun an war es unmöglich, sich bloß für die Republik zu engagieren, denn all jene, die zwischen den machtbesessenen Männern neutral blieben oder für die Freiheit Partei ergriffen, waren sicher, von dem, der Sieger blieb, proskribiert zu werden. Es war daher elementare Klugheit, sich einem der beiden anzuschließen: Freiheit als Ökonomie des Terrors.

Um wirklich dieser aufgeklärte Herrscher zu sein, als der Silla am Ende der Oper erscheint, müsste er über einen gewissen intellektuellen Horizont verfügen, aber derlei gibt sein Charakterbild kaum zu erkennen. Er ist weder besonders intelligent noch sympathisch oder menschenfreundlich: Warum sollte er seine Feinde begnadigen und auf die Macht verzichten? Doch Sillas Läuterung ist nicht der wesentliche Aspekt des Stücks. „Es ist eher eine Art Politthriller“, sagt Jürgen Flimm, „die Geschichte eines Komplotts gegen ein menschenverachtendes Regime.“[34] Da gehen die Wogen der Leidenschaften hoch. Und beide Seiten, die des Diktators wie die der Rebellen, bedienen sich dabei nicht der feinsten Mittel. Cinna zum Beispiel setzt zur Verschwörung alles ein, was ihm zu Gebote steht: Er rät Giunia, die Ehe mit dem Tyrannen einzugehen, um ihn dann im Brautbett ermorden zu können. Er versucht sich selbst am Attentat, scheitert dabei und zieht den Kopf aus der Schlinge. Was sind das für Methoden? Heuchelei, Menschenhandel, Folter, Intrige, Gewalt.

Lieto fine

Sillas Läuterung am Schluss der Oper entspricht einer Konvention der Zeit. Und doch wird deutlich: Wer mit seiner eigenen Vergangenheit in einer verdächtigen Beziehung steht, schafft sich eine Fantasie-Umgebung, aus der stets die Strafe hervorbrechen kann. Die Wendung zum Guten, der Sieg über das Böse war eine Maßgabe für Librettisten und Komponisten. In den komischen Opern Mozarts gibt es das ebenso wie in den Seria-Werken. Man nehme nur das „Fortunato“ am Ende der *Così fan tutte*, das suggeriert, es sei alles wieder bestens. Oder *Le nozze di Figaro*: Da singt das Ensemble „Corriam tutti a festeg-

33 Charles-Louis de Montesquieu, *Betrachtungen über die Ursachen von Größe und Niedergang der Römer, mit den Randbemerkungen Friedrichs des Großen*, ungekürzte Ausgabe, übersetzt und hrsg. von Lothar Schuckert, Frankfurt a. M. 1980.

34 „Jürgen Flimm im Gespräch über seine Lucio Silla-Inszenierung: ‚Ein Politthriller des absolutistischen Zeitalters‘“, in: *Programmbuch der Salzburger Festspiele 2006*, S. 27–31.

giar“, getreu dem Motto „Jetzt feiern wir uns diesen ganzen Unsinn weg, den wir gemacht haben.“ Oder das finale Sextett im *Don Giovanni* mit der Moral von der Geschicht': „Also stirbt, wer Böses tut.“

In allen Fällen ist uns klar, dass es gar nicht stimmt, dass uns nur etwas suggeriert wird: Wir wissen, dass die zwei Liebespaare in *Così* ein grauenvolles Leben vor sich haben, dass die Beziehung zwischen Graf und Gräfin in *Figaro* irreparabel zerstört ist und dass ein Typus wie Don Giovanni niemals ausgerottet werden kann. Alle diese Finalwendungen, auch die Metamorphose des Silla, dienten nur dazu, den eigentlich offenen Schluss des Stücks zu verschleiern und die Zumutungen für die Zuschauer zu begrenzen. Denn die Zensurbehörden mussten ja dafür sorgen, dass Theater nicht aufwiegelt. Mozarts Choreographie der Emotionen stiftete aber eine sinnliche Gemeinschaft, in der die Fragen der Ethik, Ästhetik und des Gesellschaftswandels verhandelt werden. Damit fängt das lange 19. Jahrhundert an, wie dies der kürzlich verstorbene Historiker Eric Hobsbawm beschrieben hat.[35] Es beginnt mit Mozarts Zenit und endet mit dem Ersten Weltkrieg.

Ob Mozarts *Zauberflöte* oder Beethovens Symphonien und so viele andere Kunstwerke, sie alle öffnen eine Bresche, in der sich die sozialpolitische Welt als Prozess konkretisiert, als Vision einer neuen und anderen Zeit (Karl Marx, Richard Wagner). Ein prometheischer Voluntarismus entsteht, der sich in neuen Mythen manifestiert: Werther und Moor sind nur Präludien, hingegen sind Faust und Don Giovanni bis heute die wesentlichen europäischen Mythen. Die Protagonisten verkörpern nicht mehr die glorreiche Festigkeit ewiger Werte, sondern ein Menschenbild, das sich als stetiger Prozess definiert. Insofern ist es eine unzulässige Reduzierung, Mozart bloß als Klassiker[36] zu sehen. Denn dies verstellt den Blick auf die Radikalität seines Werkes und die Sprengkraft seiner Botschaft: Aufklärung als Stufengang der Humanität, als Fortschritt im Bewusstsein der Freiheit.

35 Eric Hobsbawm, *Das imperiale Zeitalter. 1875–1914*, Frankfurt a. M. u.a. 1989; ders., *Nationen und Nationalismus. Mythos und Realität seit 1780*, Frankfurt a. M. u.a. 1991; ders., *Das Zeitalter der Extreme. Weltgeschichte des 20. Jahrhunderts*, München und Wien 1995.

36 Ekkehart Krippendorff, *Die Kunst, nicht regiert zu werden. Ethische Politik von Sokrates bis Mozart*, Frankfurt a. M. 1999, S. 436.

Literatur

Jan Assmann, *Die Zauberflöte. Oper und Mysterium*, München und Wien 2005.
Charles Baudelaire, *Die künstlichen Paradiese*. Nach der Übersetzung von Max Bruns bearbeitet von Walter Hess (= Rowohlts Klassiker der Literatur und der Wissenschaft, Französische Literatur, 17), Reinbek bei Hamburg 1964.
Dieter Borchmeyer, *Mozart oder Die Entdeckung der Liebe*, Frankfurt a. M. u.a. 2005.
Jean Clair, „Musik und Melancholie", in: ders. (Hrsg.), *Melancholie. Genie und Wahnsinn in der Kunst, 2005–2006, Paris – Berlin, Ausstellungskatalog*, Ostfildern-Ruit 2005.
Giovanni De Gamerra, *Novo Teatro del Sig. Gio. de Gamerra tenente nelle armate di S. M. I.*, Tomo I, Pisa 1789.
Denis Diderot und Jean Le Ronde d'Alembert (Hrsg.), *Encyclopédie ou dictionnaire raisonné des sciences, des arts et des métiers, par une société des gens de lettres*, Faksimile-Neudruck der Ausgabe Paris 1751–1780, Stuttgart-Bad Cannstadt 1966–1967.
Georges Didi-Huberman, *Venus öffnen. Nacktheit, Traum, Grausamkeit*, Zürich u.a. 2006.
Christian Esch, *Lucio Silla. Vier Opera-Seria-Vertonungen aus der Zeit zwischen 1770 und 1780*, 2 Bde. (= Collection D'Études Musicologiques – Sammlung musikwissenschaftlicher Abhandlungen, 88 und 89), Baden-Baden 1994.
François de Salignac de la Mothe-Fénelon, *Die Abenteuer des Telemach*. Aus dem Französischen übersetzt von Friedrich Rückert. Mit einem Nachwort hrsg. von Volker Kapp, Stuttgart 1984.
Iring Fetcher, *Rousseaus politische Philosophie. Zur Geschichte des demokratischen Freiheitsbegriffs*, Frankfurt a. M. [3]1978.
Michael Fischer, *Die Aufklärung und ihr Gegenteil. Die Rolle der Geheimbünde in Wissenschaft und Politik* (= Schriften zur Rechtstheorie, 97), Berlin 1982.
Hellmut Flashar, Art. „Katharsis", in: *Historisches Wörterbuch der Philosophie*, hrsg. von Joachim Ritter und Karlfried Gründer, Bd. 4, Basel und Stuttgart 1976, Sp. 784–786.
Jürgen Flimm im Gespräch über seine *Lucio Silla*-Inszenierung: „Ein Politthriller des absolutistischen Zeitalters", in: *Programmbuch der Salzburger Festspiele 2006*, S. 27–31.
Jürgen Flimm, *Die gestürzte Pyramide*, Salzburg 2010.
Johann Wolfgang Goethe, *Die Leiden des jungen Werther*, Frankfurt a. M. 2011.
Johann Wolfgang Goethe, *Wilhelm Meisters Lehrjahre*, München [10]2004.
Carlo Goldoni, *„Meine Helden sind Menschen". Memoiren*. Aus dem Französischen von Eva Schumann, Frankfurt a. M. 1987.
Karl Dietrich Gräwe, „Herrschermilde. Lucio Silla und die Merkwürdigkeiten der Amnestie", in: *Programmbuch der Salzburger Festspiele 2006*, S. 17–23.
Friedrich Melchior Grimm, *Paris zündet die Lichter an. Literarische Korrespondenz*, München 1977.
Peter Gülke, *Rousseau und die Musik. Oder von der Zuständigkeit des Dilettanten* (= Taschenbücher zur Musikwissenschaft, 98), Wilhelmshaven 1984.
Eric J. Hobsbawm, *Das imperiale Zeitalter. 1875–1914*, Frankfurt a. M. u.a. 1989.
Eric J. Hobsbawm, *Nationen und Nationalismus. Mythos und Realität seit 1780*, Frankfurt a. M. u.a. 1991.
Eric J. Hobsbawm, *Das Zeitalter der Extreme. Weltgeschichte des 20. Jahrhunderts*, München und Wien 1995.
Alexander Honold, Anton Bierl und Valentina Luppi (Hrsg.), *Ästhetik des Opfers, Zeichen/Handlungen in Ritual und Spiel*, München 2012.
Max Horkheimer und Theodor W. Adorno, *Dialektik der Aufklärung. Philosophische Fragmente* [1947], München 2011.
Eva Illouz, *Der Konsum der Romantik. Liebe und die kulturellen Widersprüche des Kapitalismus*. Aus dem Amerikanischen von Andreas Wirthensohn (= Frankfurter Beiträge zur Soziologie und Sozialphilosophie, 4), Frankfurt a. M. u.a. 2003.
Georg Knepler, *Wolfgang Amadé Mozart, Annäherungen*, Berlin 2005.

Reinhart Koselleck, *Kritik und Krise. Eine Studie zur Pathogenese der bürgerlichen Welt* (= Suhrkamp-Taschenbuch Wissenschaft, 36), Frankfurt a. M. ²1976.
Ekkehart Krippendorff, *Die Kunst, nicht regiert zu werden. Ethische Politik von Sokrates bis Mozart*, Frankfurt a. M. 1999.
Franciscus Lang, *Dissertatio de actione scenica. Abhandlung über die Schauspielkunst, mit erläuternden Abbildungen und einigen Bemerkungen über die dramatische Kunst*. Übersetzt und hrsg. von Alexander Rudin. Reprint der Ausgabe München 1727, Bern u.a. 1975.
Eugen Lennhoff, Oskar Posner und Dieter A. Binder, *Internationales Freimaurerlexikon*, überarbeitete und erweiterte Neuauflage der Ausgabe von 1932, München 2000.
Silke Leopold, *Schaustück und Psychodrama: Mozarts Lucio Silla*, <http://www.olgamotta.de/lucio_silla/oper/schaustuck_und_psychodrama_.html>, 23. November 2012.
Lucio Silla. Programmbuch der Salzburger Festspiele. (Eine Produktion in Zusammenarbeit mit der Mozartwoche 1993), Salzburg 1993.
Lucio Silla. Programmbuch der Salzburger Festspiele, Salzburg 2006.
Ernesto Masi, „Giovanni De Gamerra e i drammi lacrimosi“, in: ders., *Sulla storia del teatro italiano nel secolo XVIII*, Firenze 1891.
Pietro Metastasio, *Estratto dell'arte poetica d'Aristotile* [1782], hrsg. von Elisabeth Selmi, Palermo 2000.
Charles Louis de Secondat de Montesquieu, *Betrachtungen über die Ursachen von Größe und Niedergang der Römer. Mit den Randbemerkungen Friedrich des Großen* [1734]. Übersetzt und hrsg. von Lothar Schuckert, überarbeitete und ergänzte Neuauflage, Frankfurt a. M. 1980.
Olga Motta, *Sehnsucht in der Musik*, <http://www.olgamotta.de/lucio_silla/sehnsucht_in_der_musik.html>, 23. November 2012.
Ivan Nagel, *Autonomie und Gnade. Über Mozarts Opern*, 3., stark veränderte Auflage (= Edition Akzente), München und Wien 1988.
Oswald Panagl, „Der große Sulla – Rom schöpft neuen Atem durch ihn. Mythische Sujets und antikes Ambiente im Opernschaffen Mozarts“, in: *Programmbuch der Salzburger Festspiele*, Salzburg 2006, S. 41–49.
Jean-Jacques Rousseau, *Lettre sur la musique française*, Paris 1753.
Jean-Jacques Rousseau, *Dictionnaire de Musique*, Nachdruck der Ausgabe 1768, Hildesheim 1969.
Jean-Jacques Rousseau, *Bekenntnisse I, 1712–1732*, übertragen von Levin Schücking, München 1971.
Jean-Jacques Rousseau, *Julie oder die neue Héloïse. Briefe zweier Liebenden aus einer kleinen Stadt am Fuße der Alpen* [1761]. Vollständig überarbeitete und ergänzte/mit Anmerkungen und einem Nachwort von Reinhold Wolff versehene Ausgabe (= Winkler-Dünndruck-Ausgabe), München 1978.
Jean-Jacques Rousseau, „Brief an d'Alembert über die Schauspiele. Übersetzt aus dem Französischen von Renate Petermann“, in: *Theater und Aufklärung. Dokumentation zur Ästhetik des französischen Theaters im 18. Jahrhundert*, hrsg. und kommentiert von Renate Petermann und Peter-Volker Springborn, Berlin 1979, S. 325–437.
Jean-Jacques Rousseau, *Vom Gesellschaftsvertrag oder Grundsätze des Staatsrechts*. In Zusammenarbeit mit Eva Pietzcker neu übersetzt und hrsg. von Hans Brockard, vollständig überarbeitete und ergänzte Ausgabe, Stuttgart 2011.
Jean-Jacques Rousseau, *Träumereien eines einsam Schweifenden*. Nach dem Manuskript neu übersetzt, um 25 Spielkarten und ein Dossier ergänzt von Stefan Zweifel, Berlin 2012.
Jean Starobinski, *Die Erfindung der Freiheit. 1700–1789*, Genf 1964.
Johann Georg Sulzer, *Allgemeine Theorie der Schönen Künste*, neue vermehrte zweite Auflage, 4 Bde., Leipzig 1792–1794.
Voltaire, *Candide oder der Optimismus. Aus dem Deutschen übersetzt von Dr. Ralph und mit Anmerkungen versehen, die man in der Tasche des Doktors fand, als er im Jahre des Heils 1759 zu Minden starb.* Aus dem Französischen von Ilse Lehmann, mit Zeichnungen von Paul Klee, Frankfurt a. M. 1972.
Edgar Wind, *Heidnische Mysterien in der Renaissance*, Frankfurt a. M. 1981.
Franz Heinrich Ziegenhagen, *Lehre vom richtigen Verhältnis zu den Schöpfungswerken*. Unveränderter Neudruck der Ausgabe Hamburg 1792, Glashütten i. Taunus 1975.

Peter Gülke

ROUSSEAU UND DIE MUSIK

In den Dokumenten zu Mozarts Leben und Werk spielt der Name Jean-Jacques Rousseaus nur eine marginale Rolle. Nicht aber nur die jäh zu humaner Milde konvertierten Herrscherfiguren wie Silla, Bassa Selim, Tito, partiell auch Sarastro muten u.a. wie von Positionen inspiriert an, die vorab mit seinem Namen verbunden erscheinen. Wie immer die Kategorie „Zeitgeist", weil zu vagen, kaum positiv belegbaren Bezugnahmen einladend, etlichen Historikern suspekt erscheinen mag – im vorliegenden Fall wäre es töricht, sie einer positivistisch sauberen Herangehensweise zuliebe zu meiden, Risiken der Überinterpretation allemal eingeschlossen. So wenig ein seinerzeit populärer, auf Beethovens Schreibtisch postierter Spruch auf emsige Kant-Lektüre schließen lässt, und obwohl Goethe diese gegenüber dem nach aktueller Philosophie fragenden Eckermann als für ihn überflüssig erklärte, so wenig kann man sich den extrem zeitfühligen Mozart als von all dem unberührt vorstellen, wofür den Zeitgenossen Rousseaus Name stand.

Zwei Widersprüche springen bei der Betrachtung von Werk und Wirkung sofort ins Auge – der zwischen geringer Fachkompetenz und den aktuellen, nahezu ungeheuerlichen Wirkungen und der zwischen diesen und ihrer Wahrnehmung durch die Nachwelt. Selbst profunde Darstellungen haben für sie nur wenige Worte übrig. Dies zu beklagen und ausgleichende Gerechtigkeit üben zu wollen, erscheint müßig, solange wir nicht nach Gründen fragen. Zu denen gehören in erster Linie Rousseaus ausgreifende, viele Denkrichtungen und Ressorts betreffende Wirksamkeit und deren bald einsetzende Anonymisierung – wie sie all denen widerfährt, die sich, sei es im Widerspruch, sei es als Bestätigung, als Sprachrohre des Zeitgeistes erwiesen. Ihn betraf es mehr als andere, auch und gerade weil er, obwohl die Öffentlichkeit zumeist meidend, viel getan hat, um als Person nicht anonym zu bleiben.

Der Nichtbeachtung des Musikers und Musikschriftstellers muss eine Selbstauskunft entgegengehalten werden, deren Verbindlichkeit keinen Zweifel erlaubt: „Jean-Jacques était né pour la musique", schreibt er im zweiten autobiographischen Bekenntnisbuch (*Rousseau juge de Jean-Jacques*, 1772), „non pour y payer de sa personne dans l'exécution, mais pour en hater les progrès et y faire des decouvertes".

„Für die Musik geboren" – das steht, durch spätere Auskünfte bestätigt, in fast grotesker Weise zu allem quer, wofür sein Name in Anspruch genommen, und dem Gewicht, das ihm beigemessen wird. Wobei hier die verlockende Frage beiseite bleibe, inwiefern Musik ihm nicht ein Fluchtpunkt hinter allem anderen gewesen sei, ein Fluchtort wie die Petersinsel im Bieler See oder später Ermenonville, ob sie nicht, nahezu unabhängig von den jeweiligen Gegenständen, Denk- und Schreibweise geprägt haben könnte. Weitab von der Denk-Virtuosität seiner Freunde, war er ein langsamer, eher umkreisender als iterativ drängender, Stationen rasch absolvierender Denker; noch in überaus theoretische Abstraktionen schleppte er die Konterbande subjektiv-emotionaler Beglaubigungen mit. Das hat nicht wenig mit Musik zu tun.

„Non pour y payer de sa personne dans l'exécution": Rousseau war ein musikalischer Dilettant, wusste und bejahte sich als solcher – nicht im heutzutage verengten Verständnis des Ignoranten und Nichtskönners, wie es z.B. in bösartig-dummen Einwänden gegen Nietzsches und Thomas Manns Überlegungen zum Dilettantischen in Wagners Konzeption des Gesamtkunstwerks zutage trat, sondern im emphatischen Sinn als Liebhaber mit dem Privileg des subjektiv geprägten und verantworteten, von professionellen Vorgaben unabhängigen Zugangs, des immer neuen, unbefangenen Blickes auf die Phänomene – einer personengebundenen Zuständigkeit also. Rousseau hat sie noch als Verfasser des damals meistbenutzten musikalischen Wörterbuchs und darüber hinaus bei allen ins Auge gefassten bzw. aufs Korn genommenen Gegenständen in Anspruch genommen. Welch seltsame, zugleich wirkungsmächtige Autorisation!

Zugrunde liegt hier, wiederum widersprüchlich, das Beieinander einer so konsequent wie emphatisch bejahten Bodenhaftung, besonders als Notenkopist, und der präpotenten Überzeugung, für die Ausbildung zum Musiker, eingeschlossen der Komposition, bedürfe es nur weniger Monate. Das schlug sich u.a. im Vorschlag einer Buchstabennotation nieder, welche nur für Musik einfachsten Zuschnitts getaugt hätte und verdächtig erscheint, mangelnde Befähigung zur Lektüre komplexer Strukturen zu bemänteln. Was den Kopisten angeht, so sind zwei Einschränkungen fällig: Damals war er nicht einfach ein Abschreiber; häufig blieb es ihm überlassen, etwa bei nicht spielbaren, für die Instrumente zu hohen oder zu tiefen Tönen, über Stimmführungen, d.h. Oktavlagen, zu entscheiden. Überdies kam das Abschreiben dem Genie der Langsamkeit zupass – auf keine andere Weise lernt man musikalische Sätze so gut kennen.

Das hatte er auch nötig; denn zu einer gründlichen Unterweisung war es bei dem, der seit früher Jugend zwischen Verwandten, Orten, Beschäftigungen, abgebrochenen Ausbildungen herumgeworfen wurde, nie gekommen. Anschauliche Beschreibungen hiermit vorprogrammierter Niederlagen, u.a. seiner Anmaßungen als Musiklehrer oder des in Venedig ohne vorausgegangene Probe in einer blamablen Katastrophe endenden Privatkonzertes ist er uns nicht schuldig geblieben. Man kann lange rätseln, weshalb er sie nicht wenigstens verschwieg. – Sein oft zu wütenden Selbstbezichtigungen gesteigerter Aufrichtigkeitsfuror jedenfalls reicht als Erklärung nicht aus. Sicherlich hat dabei die dem Konzept der Musik als spontane, allerdirekteste Mitteilung naheliegende Illusion mitgespielt, sie müsse sich, entsprechende Inspiration vorausgesetzt, jeweils im Handstreich nehmen lassen. Insofern könnte man jene Berichte als, wenngleich absurde, Beglaubigungen von „di prima intenzione" lesen, einem der besonders interessanten Artikel im *Dictionnaire de Musique*.

Wie immer die Konfrontation mit Jean-Philippe Rameau, dem damals ersten Musiker Frankreichs, alsbald als Paradigma derjenigen eines Hochprofessionellen und eines Dilettanten erscheinen mag (böse Zungen meinten, Rameau sei mit Musik so sehr identisch gewesen, dass, wenn er sein Instrument zugeklappt hätte, sich niemand mehr im Raum befunden hätte), nicht von Anfang an hat dem Jüngeren das Odium des Nichtkönners angehangen. Dafür spricht, dass eine seiner frühesten Kompositionen, *Les Muses galantes*, im Hause Rameaus bzw. des reichen Pächters La Pouplinière aufgeführt wurde, anscheinend aber, ohne Rameaus Interesse zu finden. Das mag dazu beigetragen haben, die Fronten des späteren, mitunter giftigen Disputs zu definieren, bei dem die Kontrahenten, nicht gerechnet Rameaus später vorsichtig angedeutetes Einlenken in einigen Punkten, dergestalt aneinander vorbeiredeten, dass jeder auf seiner Strecke im Recht war. Rousseau verbaute sich ein Verständnis des großen Alten von vorneherein, weil er dessen Musik generell im Kontext und Dienst offiziell-höfischer Repräsentation und deshalb andere, spezifisch musikalische Qualitäten *eo ipso* desavouiert sah – in seltenen Fällen freilich hat er sie anerkannt. So gab er Rameau viel Anlass, typische Ausfluchten eines Unzuständigen in wolkige Allgemeinheiten zu konstatieren.

Schon bei der Terminologie begannen die teilweise mutwilligen Missverständnisse. Der von Rousseau favorisierten, sehr umfassend begriffenen *mélodie* steht nicht ergänzend, sondern nahezu feindlich die *harmonie* als Inbegriff verhasster, weil mit sich selbst beschäftigter Handwerklichkeit gegenüber, der der Hinblick auf Aspekte der Mitteilung, das musikspezifische Auf-du-und-du abhanden gekommen ist; komplex auskonstruierter Kontrapunkt ist ihm ein Greuel. Rameau musste derlei in einer Weise ‚ideologisch' belastet erscheinen, dass sich eine in seinem Sinne sachliche Diskussion fast erübrigte. Die zuweilen böse Direktheit der Invektiven vor allem von Seiten Rousseaus konnte nicht überdecken, dass der eine vornehmlich in Bezug auf das Fach, der andere vornehmlich in Bezug auf dessen gesellschaftliche Einbindung und Zukunft Recht behielt. Immerhin trafen beide sich zuweilen am selben Objekt, etwa bei Kommentaren zu Lullys damals vieldiskutiertem *Armida*-Monolog; sie gehören zu frühen Vorläufern späterer analytischer Betrachtungen, die sich über pauschale Zuordnungen hinaus auf die jeweils singuläre Struktur einlassen.

Wenn etwas die Polemik als über Fach und Gegenstand hinausreichend bestätigte, dann der Streit um die italienischen *buffoni*, der seit 1752 alle Züge einer skandalträchtigen gesellschaftspolitischen Debatte annahm – ungewollt von den Betroffenen, die zehn Jahre zuvor in Paris gastiert hatten, ohne vergleichbares Aufsehen erregt zu haben. Derlei braucht seine Stunde: Nun fungierten die Italiener als Zündschnur eines Konflikts, der wie kaum ein zweiter davor oder danach künstlerische mit ideologischen bis gesellschaftspolitischen Aspekten verquickte; die Zahl der Streitschriften ist Legion. Unter ihnen steht Rousseaus *Lettre sur la musique française* weit oben, sie „steckte Paris an allen vier Ecken in Brand" – so Melchior Grimm in der *Correspondance litteraire*.

Rousseau erwies sich hier, im Furor des Streites alle schwergängigen Beglaubigungen hinter sich lassend, als brillanter, trickreicher Polemiker; die beißende Schärfe des Pamphlets profitiert ebenso vom trockenen Pulver der Rameau-Debatte wie von der wohl ersten, nicht einzigen ‚Initiation', die er lange zuvor erlebt und anschaulich beschrieben hat – beim Gesang venezianischer Gondolieri, für ihn der Inbegriff einer *cum grano salis* naturgegebenen, namentlich durch reine Vokalklänge geprägten Einheit von Worten und Tönen, Sprache und Gesang. Als deren Prophet auf der Bühne galt ihm Pergolesi, als dagegen gesetztes Schreckbild die französische Sprache, welche schon ihrer Nasalierungen wegen als Medium von Heuchelei gebrandmarkt sei und deshalb – neue Flanke gegen Rameau – zur Verbindung mit Musik als der Anwältin emotionaler Direktheit und Aufrichtigkeit nicht tauge. An wie vielen eindrucksvollen Gegenbeweisen muss er dem anmaßenden Verdikt zuliebe vorbeigehört und den Verdacht riskiert haben, sich um Gerechtigkeit nicht scheren zu wollen!

Aber er lässt es nicht bei der bissig-polemischen Rede aus dem Hinterhalt – er wagt sich vor und komponiert bzw. kompiliert wieder selbst. Ob und wieviel Musik er beim *Devin du village* von woandersher genommen hat, ist strittig, kaum noch nachweisbar und fällt kaum ins Gewicht – außer für die Kanoniere der Gegenseite, die mit ähnlicher Münze heimzahlen. Adaptationen und Ergänzungen waren üblich, und die Konzeption des – als solches noch nicht benannten – Singspiels war neu und vielversprechend genug, um vielerlei Zuarbeit zu rechtfertigen. Hier kamen unterschiedliche Momente zusammen – politische wie die Parteinahme für die Erniedrigten und Beleidigten, ästhetische wie das Konzept einer einfachen, direkt sprechenden Musik oder der Wechsel zwischen verbaler und musikalischer Aussage, auch zynische wie die höfische Vorliebe für Schäferspiele – in einer Weise, die selbst die groteske Szenerie der Uraufführung erklären mag: Der Linksaußen der aufklärerischen Fronde sitzt, herausfordernd plebejisch gekleidet, mitten unter den Hofschranzen, gepuderter Weiblichkeit etc. und vergießt gemeinsam mit ihnen Tränen ob der sehr heilsamen Kümmernisse seiner Protagonisten.

Spätestens seitdem war Rousseau – auf eine Weise, die er eigentlich nicht wollen durfte – ein bekannter, so umstrittener wie berühmter Mann. Der denkwürdige Abend eröffnet eine erstaunliche Erfolgsgeschichte, die, das Sujet betreffend, über die Charles-Simon Favarts bis zu Mozarts *Bastien und Bastienne* reicht und, das Genre betreffend, zu etlichen, zuweilen experimentellen Anläufen in Goethes erster Weimarer Zeit, dann zu Mozarts *Entführung*, wo nicht gar zur *Zauberflöte* – in Deutschland Versuche, vorerst im Zeichen geminderter Ansprüche, den italienischen Gattungen eine eigenwüchsige zur Seite zu stellen.

Weil der Wechsel zwischen Musik und Dialog, da vermittelnde Rezitative ausgespart bleiben, den Vorteil der Praktikabilität bot, blieben wichtige ästhetische, seinerzeit aktuelle Aspekte später weitgehend unbeachtet – insbesondere, dass jener Wechsel den Abstand zwischen der ‚Realzeit' handlungstreibender Dialoge und zeitaufhebender Musik vergrößerte und jeden halbwegs ambitionierten Versuch mit der Frage konfrontierte, wie Dialoge an vorausgegangene Musik direkt anschließen oder schroff neu ansetzen bzw. auf eine Weise enden könnten, die den Einsatz der Musik als einer anderen Sprachebene notwendig macht. Schikaneder hat sich hierin als ein – vom heutigen Theater weitgehend ignorierter – Meister erwiesen.

Noch schärfer und zugleich breiter gefächert stellte sich die Frage jenes Wechsels im Melodram, dessen Geschichte – fast ließe sich von „Siegeszug“ sprechen – gleichfalls in Rousseau als dem Autor des *Pygmalion* ihren Promotor hat; schärfer, weil die vermittelnde Zwischenstufe des Gesangs entfällt, breiter gefächert, weil die Musik nun vorausweisen oder vorausahnen, erinnernd vertiefen oder untermalen kann. Rousseaus Libretto sah zunächst schematischen Wechsel zwischen Dialog und Musik vor, doch dürften die Ausführenden sogleich auch andere Kombinationen erprobt haben, Überlagerungen der Ebenen, bei denen kein schroffes Hin und Her alle Aufmerksamkeit band, sondern Fragen der Koordination und gleichsinniger Wirkungen wichtiger wurden.

Wenngleich der Stoff seit Ovid zum gesicherten Bildungsgut gehörte, war schon seine Wahl eine Provokation, gab es doch seit 1752 den von Rameau komponierten *Pygmalion*, eine seiner dichtesten Partituren; obgleich Rousseaus *scène lyrique* erst 1770 uraufgeführt wurde, schien ein Vergleich unausweichlich. Schon die simplere Machart und der geringere Aufwand sicherten Rousseau eine schnelle, ungleich weitere Verbreitung, darüber hinaus der Charakter eines Experimentierfeldes abseits von den im Wechsel von Arie etc. und Rezitativ weitgehend fixierten Regularien etablierter Opernformen. Georg Bendas Melodramen (unter den erhaltenen die besten Lösungen der ersten Phase) sprechen hierfür ebenso wie Goethes Versuche, besonders der in die Farce *Triumph der Empfindsamkeit* eingelegte Monolog der Proserpina, den er nicht zufällig Jahrzehnte später aus dem arg zeitverhafteten Stück herausnahm und neu in Musik setzen ließ. Mozarts während des Mannheimer Aufenthalts auf einen Text des Freiherrn von Gemmingen komponiertes Melodram ist verloren gegangen, hat jedoch so gut wie sicher seine Spuren in den Accompagnati des wenig später entstandenen *Idomeneo* hinterlassen.

In diesen und ähnlichen späteren Lösungen, u.a. der Sprecherszene der *Zauberflöte*, war – abgesehen von singulären Prägungen in *Fidelio* und *Freischütz* – der Weg zu einer Integration ins musikalische Theater gewiesen, zu dem im Übrigen genrespezifische Beschränkungen zwangen: Abendfüllende Melodramen erscheinen schlechtweg undenkbar, die strukturelle Dramatik im Miteinander von Musik und gesprochenem Wort, wie immer sie elastisch gehandhabt sein mag, schlägt auf die Gegenstände durch. So handelt es sich bei den bedeutendsten Beiträgen durchweg um hochaffektive, dramatisch bewegte, kaum je partnerbezogene Monologe. Wenngleich rasch verweht und überwiegend in Sonderlösungen überlebend – auch hier war von Rousseau eine Aktualität erkannt und kreativ genutzt, ein Nerv der Zeit getroffen worden.

Das stand für ihn auch vor einem theoretischen Hintergrund, bei dem fundamentale Fragen des Menschseins, der Menschwerdung aufschienen – dem Problem des Ursprungs der Sprache. Spätestens seit Venedig, der ersten Initiation – deren Prägekraft und Verbindlichkeit man nicht hoch veranschlagen darf – beschäftigte ihn das Traumkonzept einer Kommunikation, deren umweglose Unmittelbarkeit aller zivilisatorischen Verderbtheit, Heuchelei usw. entzogen wäre, indem sie die ihrer Natur nach ungebrochen aufrichtige Emotionalität der Musik mit den definitorischen Kompetenzen des Wortes verbände. An das Konzept einer solchen „Ursprache" tastet er sich im *Essai sur l'origine des langues* heran, handelt von einer präsumptiven Gebärdensprache, als sei er dabeigewesen, und wird vorsichtiger, wo in Bezug auf die Ur-Einheit von Singen und Sprechen genauere Bestimmungen fällig werden. So umgeht er z.B. die Frage, ob der definierenden Kompaktheit des Begriffs bzw. Wortes nicht auch die Möglichkeit anhinge, so oder so, richtig oder falsch, aufrichtig oder heuchlerisch eingesetzt zu werden – womit es der Aufrichtigkeits-Garantie durch die zur Lüge unfähigen Musik entzogen wäre.

Offenbar unterstellt er hier, wie im *Discours sur l'origine de l'inegalité* formuliert, einen „Zustand, der nicht mehr existiert, der vielleicht niemals existiert hat und niemals existieren wird, und von dem man sich nichtsdestoweniger zutreffende Begriffe machen muss, um über unseren gegenwärtigen Zustand richtig zu urteilen", also Charakter und Funktion einer Arbeitshypothese. Unbeschadet der *catastrophe*, als welche er den Auseinanderfall und die Auseinanderentwicklung der Komponenten bezeichnet, hat das Konzept sich als ungeheuer folgenreich erwiesen. Noch die Benennung von Dichtern als „Sänger", von Gedichten als „Gesang" bezeugt das, darüber hinaus ohnehin die spezifische Musikalität, Musiknähe von Gedichten, welche in letzter Konsequenz oder idealiter gesungen gedacht werden. Demgemäß erscheint das Gedicht als der zur puren Verbalität eingetrocknete Überrest von etwas, was in einer ideal gedachten Urtiefe Wort und Musik, gesprochen und gesungen zugleich war – der Komponierende weniger einer, der die Musik hinzutut, als dem Text, gewiss jeweils mit eigenen Mitteln, Verlorenes zurückerstattet. Die favorisierte einfache Musik begriff Rousseau als *supplement*, als jenem katastrophischen Auseinanderfall entgegenwirkende Ersatzlösung. In großer Lyrik hallt das Konzept der Ursprache ebenso wider wie bei Johann Gottfried Herder oder in Nietzsches Rede vom „Tonuntergrund".

Stärker noch als alles bisher Angesprochene scheint der Charakteristik „Dilettant" zu widersprechen, dass Rousseau das seinerzeit in Frankreich meistbenutzte *Dictionnaire de musique* verfasst hat. Eine halbe Lösung des Rätsels verspricht der Umstand, dass er, etliche selbstverfasste Artikel aus der *Encyclopédie* übernehmend, es genial-fantasievoll verstanden hat, kompositionstechnische Auskünfte zu Verallgemeinerungen hinzulenken, ohne den Verdacht der Ausflucht zu riskieren. Immerhin erscheint das *Dictionnaire*, aller selbstverständlich gebotenen Objektivität entgegen, vielerorts polemisch geprägt, geht hierin jedoch nicht auf. Natürlich kommen die Ausführungen zu *harmonie* aus dem Schatten der Rameau-Kontroverse nicht heraus, *mélodie* wird zum Kristallisationspunkt all dessen, was zum Herzensanliegen der direkt sich mitteilenden Musik gehört, im Artikel „unité de mélodie" zur Theorie eines Werkganzen erweitert, worin manche erst später aufscheinende Aspekte zur Sprache kommen. Dies wiederum erscheint ebenso ergänzt wie kontrapunktiert im Artikel „di prima intenzione", der Beschreibung einer Intention, die auf dem Weg vom ersten Einfall zur Rezeption durch den Hörer alle Ablenkung oder Verformung durch notwendige Vermittlungen – werkgemäße Zurichtung, Niederschrift, Konstellation des Erklingens – überspringt, etwa so, wie Rousseau es bei den Gondolieri, den Buffonisten oder der Uraufführung des *Devin du village* meint erlebt zu haben. Die Charakteristik von *génie* liegt nicht weitab von derjenigen in Kants *Kritik der Urteilskraft*, und unter dem Stichwort „imitation" reflektiert Rousseau die Kalamitäten genau, die das Nachahmungskonzept dem musikalischen Denken beschert hatte, mit der Vorstellung ‚indirekter' Nachahmung u.a. auf dem Wege zu Beethovens „mehr Ausdruck der Empfindung als Malerei", im gedanklichen Vorstoß im Vorhof von Prousts „mémoire involontaire".

Wie in der *Encyclopédie* verstecken sich unter scheinbar marginalen Stichworten nicht selten grundsätzliche, hier wenigstens nicht politisch brisante Überlegungen. Wenn Rousseau im Zusammenhang mit dem schweizerischen Kuhreigen – *ranz des vaches* – von der lähmenden Nostalgie handelt, die Schweizer in der Fremde überfällt, wenn sie sich seiner und der Heimat erinnern, was ihrer Aktivität, gegebenenfalls Kampfeslust abträglich ist, verknüpft er Musik und ihre Einbettung in Brauchtum, landschaftliche und gesellschaftliche Prägungen auf eine Weise, die geeignet wäre, die Legendenbildung um die altgriechische Ethoswirkungen rational aufzuhellen.

Wie immer das Charisma, das Rätsel der Persönlichkeit mitsprachen – der Ruf des Musikkundigen war groß genug, um den in Paris triumphierenden Gluck zu einer Visite zu verlocken. Gern wüssten wir, was da gesprochen wurde! Immerhin gibt es ein indirektes Zeugnis in der von Rousseau formulierten Anregung zur *Alceste* – anhand nahezu gleicher Musik eine die Aufmerksamkeit stimulierende, allmähliche Anhebung der Tonarten betreffend. Da kommen der stets vom empirischen Eindruck ausgehende Dilettant und ein nahezu Professioneller zusammen, der Hörpsychologie und kompositorische Details schlüssig verknüpft.

Zum Fachmann wird Rousseau deshalb nicht – und will es nicht werden. Für ihn bleibt es beim naiven, nicht durch etablierte Kategorien kanalisierten Aufprall an Ereignissen und Eindrücken und bei der allenthalben durchscheinenden Ermächtigung durch Initiationen, Erleuchtungen wie die venezianische oder das im Sommer 1749 auf dem Rückweg vom inhaftierten Diderot zunächst stärker erlebte als reflektierte Nein auf die Frage nach dem Nutzen zivilisatorischer Fortschritte – unbefragbare, eher mystisch-religiöse Schlüsselerlebnisse, die das Beieinander von Selbstzweifeln, exhibitionistischen Selbstbezichtigungen und weitgreifenden Deutungsansprüchen erklären helfen.

Zudem erscheint die Zuständigkeit des Dilettanten durch eine Konstellation bedingt, in der Art und Intensität, in der Musik erlebt wurde, und theoretische Erklärungsmuster arg auseinanderklafften. Zwischen einer überbordenden Empfindsamkeit, die sich auch an harmloser Musik wie derjenigen Rousseaus entzünden konnte, und z.B. dem traditionellen Überhang der Affektenlehre gab es keine Brücke. Überdies schien – selten in der Geschichte der Musik – der einfachen, naiveren Musik die Zukunft zu gehören. Damit die Musikwelt aus eingewohnten Selbstverständlichkeiten herausgerissen und dem Schisma von Praxis und Theorie, Erlebnis und Reflexion zu Leibe gerückt werden konnte, bedurfte es wohl einer zeitweilig verengten, auf die zutunliche Simplizität des *Devin du village* fixierten Optik. Wir kennen diese List der Vernunft aus der Geschichte davor und danach: Neue Wege, auch Denkwege wurden nicht selten erschlossen, indem die Protagonisten zunächst sich Eindrücken und Überlegungen verschlossen, die nüchtern besehen nahelagen. Nachdem die Arbeit getan ist, hat die Nachwelt es leicht, das als ungerechtes Vorurteil zu brandmarken.

Welch zwar halbwegs erklärbarer, dennoch grotesker Abstand zwischen den seinerzeit bemessenen Wirkungen der Großen des Fachs, Rameaus und Bachs, und den nachgerade ungeheueren des Dilettanten!

Iacopo Cividini

GIOVANNI DE GAMERRA UND DAS LIBRETTO ZU MOZARTS LUCIO SILLA

I.

Als Wolfgang Amadé Mozart 1771 vom Regio Ducal Teatro in Mailand den Auftrag erhielt, nach *Mitridate* und *Ascanio in Alba* eine dritte Oper für die Karnevalssaison 1773 zu vertonen,[1] hatte im Personal des Theaters ein folgenschwerer Wechsel stattgefunden: Nach dem Rücktritt des langjährigen Theaterdichters Claudio Nicola Stampa hatte der viel jüngere Giovanni De Gamerra die Stelle des *Poeta del Teatro Ducale* übernommen.[2]

Schon durch seine abenteuerliche Biografie[3] und seine ungewöhnlichen literarischen Experimente schien De Gamerra aus dem Rahmen der traditionellen, in Italien noch herrschenden Librettistik metastasianischer Prägung herauszufallen. 1743 in Livorno geboren, empfing er zunächst die niederen geistlichen Weihen, entschied sich aber nach einem abgebrochenen Studium der Rechte für die militärische Laufbahn, die er wiederum 1770 quittierte, um sich einen Namen als Schriftsteller zu machen. Von den Zeitgenossen „poeta lagrimoso" („der zu Tränen rührende Dichter") genannt,[4] wurde De Gamerra der erste und bedeutendste Verfechter italienischer *pièces larmoyantes*, der vorromantischen empfindsamen Rührstücke französischer Herkunft, in denen das tragische Schicksal bürgerlicher Hauptfiguren mit emotional betonten, melodramatischen und pantomimischen Mitteln dargestellt wird. Hier scheint er sich weniger an italienischen Vorbildern als vielmehr an Denis Diderots Theorie über das *drame bourgeois* orientiert zu haben. Seine Vorliebe für das Makabre und das Wunderbare konnte er nicht nur in literarischen Formen wie in der von ihm selbst erfundenen Gattung der *tragedia domestica pantomima* (der „pantomimischen Haustragödie") zum Ausdruck bringen, sondern auch privat ausleben, etwa in der unglücklichen Liebe für die junge, früh gestorbene Teresa Calamai, deren Leichnam er, wohl in einem Exzess nekrophilen Wahnsinns, heimlich exhumierte, präparierte, bekleidete und in einer Truhe aufbewahrte, um sie mit Tränen, Küssen und Zärtlichkeiten gebührend zu beweinen. – Die durch-

1 Vgl. Brief Leopold Mozart an Maria Anna Mozart, 18. März 1771, BD 236 (Bd. 1, S. 424–426) und Brief Leopold Mozart an Giovanni Luca Pallavicini, 19. Juli 1771, BD 239 (Bd. 1, S. 428).

2 Vgl. „Vorwort", in: *Wolfgang Amadeus Mozart, Lucio Silla*, hrsg. von Kathleen Kuzmick Hansell, Kassel u.a. 1986 (NMA II/5/7), S. Xf., sowie Rosy Candiani, *Libretti e librettisti italiani per Mozart*, Roma 1994, S. 19f.

3 Vgl. Gabriella Romani, Art. „De Gamerra, Giovanni", in: *Dizionario Biografico degli Italiani*, Bd. 36, Roma 1988, S. 70–75. Vgl. dazu auch Candiani, Libretti e librettisti (wie Anm. 2), S. 13ff.

4 Vgl. Rudolf Angermüller, „Die Sänger der Erstaufführung von Mozarts Dramma per musica Lucio Silla KV 135 (Mailand, 26. Dezember 1772): Morgnoni – de Amicis – Rauzzini – Suardi – Mienci – Onofrio", in: ders., *Mozart, seine Zeit, seine Nachwelt – Florilegium Pratense*, Würzburg 2005, S. 243.

GIOVANNI DE GAMERRA TOSCANO
O Voi, che avete le Cervella sane
Mirate la Dottrina, che s'asconde
Sotto il velame delle Corna Umane.

aus schauderhaften Details dieser autobiographischen Episode übertrug er selbst in einem *pièce larmoyante* mit dem Titel *Intrapresa dell'amore* (*Die Liebestat*) auf die Bühne.

Der Einfluss französischer literarischer Modelle wie der *comédie larmoyante* oder auch der *tragédie lyrique*, die Idee des Theaters als *spectacle total*, an dem neben Dichtung und Musik auch Schauspiel, Tanz, Kostümbild und Bühnenmaschinerie gleichberechtigt beteiligt sind, prägten De Gamerras Einstellung zur Oper.[5] Bereits in seinem vermutlich ersten eigenen Libretto, *L'Armida*[6] von 1771, formulierte er seine ästhetischen Ansichten in einem Nachwort mit dem Titel *Osservazioni sull'opera in musica*[7]. „Le parti integranti del dramma sono sei", schrieb er etwa zu Beginn der *Osservazioni*, die wohl eine Art praktischer Absichtserklärung bei seiner Anstellung als *poeta del teatro* darstellen: „il soggetto, i costumi, i sentimenti, la dizione, la musica e la decorazione."[8] („Die Bestandteile des Dramas sind diese sechs: Das Sujet [die Dichtung], die Kostüme, die Empfindung, die Diktion [Gesangs- und Schauspielkunst], die Musik und die Dekoration [das Bühnenbild].")

Dementsprechend plädierte De Gamerra für die Rückkehr von Chören, Balletten und Bühnenmaschinerie in die Opera seria:[9]

> I drammi più chiamar non si possono spettacoli, da che spogliati delle macchine, dei balli e dei cori non hanno per abbellimento se non che i concerti armoniosi e le voci sostenute degl'istrumenti.
>
> Die heutigen Dramen verdienen es nicht mehr, wahre Schauspiele genannt zu werden, wenn sie, der Maschinen, der Ballette und der Chöre beraubt, keine andere Verzierung als die Instrumentalmusik und die Gesangsstimmen mit Orchesterbegleitung mehr haben.

Erst die Einbeziehung all dieser wesentlichen Bestandteile des Theaters neben der Musik und dem Text mache es möglich, die Empfindungen der Personen und die Handlung in all ihrer Kraft wahrzunehmen, wie De Gamerra im *Argomento* seiner *Armida* nochmals betont:[10]

5 Vgl. dazu Laurine Quétin, „‚Lucio Silla', un livret à la hauteur de la partition?", in: *Mozart-Jahrbuch* 1991, Teilband 2, S. 595ff.

6 Erstdruck des Librettos, in: Museo internazionale e biblioteca della musica di Bologna (I-Bc), Signatur: Lo.9030, Digitalisat: http://www.bibliotecamusica.it/cmbm/viewschedatwbca.asp?path=/cmbm/images/ripro/libretti/09/Lo09030/.

7 Ebenda, S. 44–48.

8 Ebenda, S. 44. – Alle Zitate aus Librettodrucken und weiteren gedruckten historischen Quellen werden stillschweigend vorsichtig modernisiert und standardisiert. Alle deutschsprachigen Übersetzungen, die nicht offenkundig auf historischen Vorlagen basieren, wurden vom Verfasser erstellt.

9 Ebenda, S. 46.

10 Ebenda, [S. 6].

Porträt Giovanni De Gamerra, Kupferstich

> Tutto questo brillante spettacolo accresce il diletto e produce negli spettatori quella incantatrice soave maraviglia che dispone l'anima per la via dei sensi a ricevere più vive le impressioni o della compassione o dell'allegrezza.
>
> Diese ganze prachtvolle Darbietung erhöht die Freude und ruft in den Zuschauern jene bezaubernde, entzückende Bewunderung hervor, welche den Geist durch die Sinne dazu bringt, die Empfindungen des Mitleids und der Heiterkeit lebendiger zu empfangen.

Diese Auffassung der Oper als Gesamtspektakel ist weniger am metastasianischen Vorbild orientiert, als vielmehr der französischen Theatertheorie der Zeit verpflichtet, die De Gamerra durch seine Verbindung zur Gattung der *pièces larmoyantes* und zu Diderots Schaffen wohl gekannt haben dürfte. So findet sich etwa im *Traité historique de la danse* von Rameaus Librettisten Louis de Cahusac aus dem Jahre 1754 eine ähnliche Auffassung zur Oper:[11]

> Le merveilleux qui résulte du système poétique remplissait son objet, parce qu'il réunit avec la vraisemblance suffisante au théâtre, la poésie, la peinture, la musique, la danse, mécanique et que de tous ces arts combinés il pouvait résulter un ensemble ravissant, qui arrachât l'homme à lui-même, pour le transporter pendant le cours d'une représentation animée, dans des régions enchantées.
>
> Das Wunderbare, das aus dem dichterischen System entsteht, erfüllt seinen Zweck, denn es vereinigt mit einer für das Theater hinreichenden Plausibilität Dichtung, Malerei, Musik, Tanz, [Bühnen-]Mechanik. Aus all diesen kombinierten Künsten kann eine entzückende Gesamtheit entstehen, die den Mensch sich selbst entreißt, um ihn im Laufe einer belebten Darstellung in Zaubergefilde zu entführen.

In der Oper als Vereinigung der Künste sollte der *poeta del teatro* laut De Gamerra eine neue führende Rolle erhalten, die weit über die Aufgaben eines Librettisten hinausgeht. Er sollte nicht nur wie eine Art Regisseur Musik, Schauspiel, Szenen- und Kostümbild koordinieren können, sondern vor allem bei der Dichtung des Librettos höchste musikalische Kompetenz beweisen:[12]

> Io [...] stimo che dovrebbe essere al poeta di precisa necessità la total nozion della musica, per accomodarsi alla medesima nella vocalizzazione e nella scelta di quelle parole fluide, dolci, sonore e facili che più pregevoli sono, allorché vengono vestite dall'armonia.
>
> Ich denke, dass dem Dichter die vollkommene Kenntnis der Musik unbedingt eigen sein sollte, damit er sich ihr anpassen kann bei der Vokalisierung, bei der Wahl der flüssigen, sanften, klingenden, beschwingten Worte, die am kostbarsten wirken, wenn sie in Klang gekleidet werden.

11 Louis de Cahusac, *La dance ancienne et moderne ou traité historique de la danse*, La Haye 1754, Bd. 3, S. 71. Vgl. dazu auch Quétin, Lucio Silla (wie Anm. 5), S. 596.

12 Erstdruck des Librettos (wie Anm. 6), S. 44; vgl. dazu auch Candiani, Libretti e librettisti (wie Anm. 2), S. 28ff.

II.

Diese Aspekte der Persönlichkeit De Gamerras, sein literarischer Stil und seine Einstellung zum Theater finden Eingang auch in das neue Libretto für die erste Mailänder Karnevalsoper des Jahres 1773: *Lucio Silla* (siehe das Titelblatt des Erstdrucks auf S. 139).

Einerseits musste De Gamerra hier als frisch angestellter Theaterdichter, der die Verantwortung für die Auswahl und Revision aller Texte des Theaters trug, die Konventionen der Opera seria metastasianischer Prägung und die Erwartungen des lokalen Publikums berücksichtigen; andererseits bekam er hier zugleich die Gelegenheit, seine Vorstellungen und seinen Stil in ein eigenes Libretto einfließen zu lassen.

Schon bei der Wahl des Sujets zeigt sich die innere Zerrissenheit des Librettisten zwischen den am Teatro Ducale unausweichlichen Anforderungen der traditionellen Opera seria und seinem reformatorischen Eifer. Entsprechend der Tradition der metastasianischen Librettistik hat De Gamerra ein dramatisches Sujet aus der Antike ausgewählt, in dem das typische Thema des Konflikts zwischen Macht und Liebe dargestellt wird. Die historische, titelgebende Figur Lucius Cornelius Sulla Felix ist jedoch, im Gegensatz zu anderen Herrscherfiguren der Libretti Metastasios wie etwa *La clemenza di Tito*, durchaus umstritten: Sullas Name stand damals wie heute für Grausamkeit und Terror. Als Diktator mit unbeschränkten Befugnissen soll er die ersten Proskriptionen der römischen Geschichte durchgeführt haben und für den Tod tausender römischer Adliger verantwortlich gewesen sein, bevor er am Ende seines Lebens unerwartet die Diktatur niederlegte und sich vom öffentlichen Leben zurückzog – nicht unbedingt ein Vorbild für den Titelhelden eines Librettos, in dem die höfische Huldigung des Herrschers dargestellt werden sollte.[13] De Gamerra selbst weist im *Argomento* zu Beginn des Librettos bewusst auf den kontroversen Charakter der Titelfigur hin:

> Non può a Silla negarsi il vanto di gran guerriero felice in tutte le sue marziali intraprese. Ma colla crudeltà, coll'avarizia, colla volubilità e colle dissolutezze adombrò la gloria del proprio valore. I molti suoi amori lo caratterizzarono per uomo celebre nella galanteria quanto glorioso nell'armi, e questa inclinazione, come ci assicura Plutarco, gli fu compagna sino nell'età sua più avanzata. […] Fra l'incostanza, l'avarizia e la crudeltà, che lo dominavano, era soggetto talora a quei rimorsi che non si allontanano da un core in cui per anche non si sono affatto estinti i lumi della ragione e gl'impulsi della virtù. Odioso a tutta Roma lo resero le stragi, l'usurpatasi dittatura, la proscrizione e la morte di tanti cittadini, ma degna fu d'ogni encomio la volontaria sua abdicazione per cui cedette le insegne di dittatore, richiamando in Roma tutti i proscritti e anteponendo all'impero e alle grandezze la tranquillità d'una oscura vita privata.

13 Dementsprechend wurde die Figur Lucius Cornelius Sulla Felix vergleichsweise selten zum Sujet für ein Libretto ausgewählt. Vgl. dazu Ulrich Leisinger, „Zur Stellung von *Lucio Silla* in der Musikgeschichte", im vorliegenden Band.

ARGOMENTO.

SOn note nell' Iſtoria le inimicizie di L. Silla, e di C. Mario. E' paleſe altresì il modo, con cui il primo trionfò del ſuo Emulo. Non può a Silla negarſi il vanto di gran Guerriero felice in tutte le ſue marziali intrapreſe. Ma colla crudeltà, coll' avarizia, colla volubilità, e colle diſſolutezze adombrò la gloria del proprio valore. I molti ſuoi amori lo caratterizzarono per uomo celebre nella galanteria, quanto glorioſo nell' armi, e queſta inclinazione, come ci aſſicura Plutarco, gli fu compagna ſino nell'età ſua più avanzata. L. Cinna da eſſo inalzato a ſommi onori colla promeſſa di ſecondarlo, e d' aſſiſterlo, celò poi contro di lui ſotto le ſembianze dell' amicizia un odio il più implacabile. Aufidio Tribuno menzognero adulatore, fu quello, che precipitar facea Silla negl' eccesſi i più vergognoſi. Frà l' incoſtanza, l' avarizia, e la crudeltà, che lo dominavano, era ſoggetto talora a quei rimorſi, che non ſi allontanano da un core, in cui per anche non ſi ſono affatto eſtinti i lumi della ragione, e gl' impulſi della virtù. Odioſo a

tutta

Giovanni De Gamerra/Wolfgang Amadé Mozart, *Lucio Silla*
Libretto-Druck, Mailand 1773. *Argomento*

> Silla war ein großer und glücklicher Krieger. Allein Grausamkeit, Geiz und viele andere Untugenden verdunkelten seinen Ruhm. Er war insonderheit den Ausschweifungen der Liebe sehr ergeben, welche Leidenschaft ihn auch bis in sein höheres Alter nicht verließ. […] Bei allem dem aber war in seinem Herzen dennoch nicht alles Licht der Vernunft und aller Tugendtrieb erloschen. Sein Gewissen erwachte, als er sahe, dass er wegen seiner selbstherrischen Handlungen, und besonders da er so viele rechtschaffene Bürger in das Elend und den Tod geschicket, bei allen Römern verhasst war. Er legte demnach freiwillig seine hohe Würde nieder, nachdem er vorher alle Verwiesene wieder zurück berufen hatte.[14]

Auch in der Gesamtkonzeption zeigen sich im Libretto Anzeichen einer Zwiespältigkeit zwischen metastasianischer Tradition und eigenen Erneuerungsversuchen. Die Rollenkonstellation und die Handlung des Librettos orientierten sich äußerlich an der Konvention der Opera seria wie etwa in Metastasios *La clemenza di Tito*.

De Gamerra	**Personaggi**	**Metastasio**
Lucio Silla **(1773)**		***La clemenza di Tito*** **(1734)**
Lucio Silla	ruolo eponimo	Tito Vespasiano
Giunia	prima donna	Vitellia
Cecilio	primo uomo	Sesto
Celia	seconda donna	Servilia
Cinna	secondo uomo	Annio
Aufidio	confidente	Publio

Die sechs handelnden Personen entsprechen der üblichen Rollenhierarchie von *prima donna* (Giunia) und *primo uomo* (Cecilio), als erstes Liebespaar mit jeweils vier eigenen Arien, zwei Solo-Szenen, einem Duett und einem Terzett auftretend, von *seconda donna* (Celia) und *secondo uomo* (Cinna) als zweites Liebespaar jeweils mit drei Arien und vier lyrischen Texten vertreten, und schließlich der Titelrolle (Lucio Silla) mit dem *confidente* („Vertrauten“, Aufidio), Ersterer als *primo tenore* ursprünglich mit vier Arien und zwei Monologen, Letzterer als *secondo tenore* mit nur einer Arie bedacht.

Auch die Fabel entspricht durchaus der typischen Verschränkung von Staatsaktion und Liebeshandlung: Cecilio, den Silla wie viele andere seiner Feinde aus Rom verbannt hatte, ist heimlich nach Rom zurückgekehrt, um seine Braut Giunia, die Tochter von Sillas Todfeind Gaius Marius, wiederzusehen. Silla will Giunia unter skrupelloser Ausnutzung seiner Machtstellung zwingen, ihn zu heiraten. Giunia hält aber unerschütterlich zu dem aus politischen Gründen geächteten Cecilio. Sillas Schwester Celia liebt

14 Die Übersetzung dieser Stelle des *Argomento* ist aus der originalen deutschen Übersetzung des von Mattia Verazi bearbeiteten italienischen Librettos entnommen, die 1774 für die Aufführung von Johann Christian Bachs *Lucio Silla* in Mannheim gedruckt wurde (vgl. dazu *Online-Katalog der Libretti zu Mozarts Opern*, im Auftrag der Internationalen Stiftung Mozarteum hrsg. von Iacopo Cividini unter Mitarbeit von Adriana De Feo [http://dme.mozarteum.at/DME/libretti/, Stand: 01.03.2013]).

derweil Cecilios Freund Cinna. Cecilio will Silla ermorden, scheitert aber und wird ins Gefängnis geworfen. Doch Silla lässt schließlich Gnade walten und führt durch innere Umkehr die Versöhnung herbei: Er verzichtet auf Giunia und gibt sie Cecilio zur Frau; auch Celia und Cinna dürfen heiraten. Allen Verbannten ist es erlaubt heimzukehren, Silla verzichtet edelmütig auf Herrschaft und stellt die alte republikanische Freiheit Roms wieder her. – Unverkennbar ist auch hier in typischer Seria-Manier die höfische Huldigung an den Fürsten beim Akt der Abkehr von der Tyrannenwillkür und der Selbstüberwindung des Herrschers im *lieto fine* des Librettos.

So konventionell metastasianisch die äußerliche Struktur des Librettos auch erscheinen mag, enthält De Gamerras Textbuch in seiner Gliederung und in seinem Sprachduktus doch viele Details, die aus dem Rahmen der typischen Opera seria deutlich herausfallen.

De Gamerra musste sich zwar dem zeitgenössischen italienischen Geschmack anpassen und konnte weder fantastische Szenen, den Einsatz von Bühnenmaschinerie noch Tanzsequenzen in den Hauptteil des Librettos integrieren. Dennoch gestaltete er den Schlusschor (Nr. 23) in einer Weise, die weit über den in der Opera seria üblichen Schlussgesang der Hauptakteure wie bei Metastasios Originallibretto zu *La clemenza di Tito* hinausgeht: Der Finalchor ist in drei vom vollen Chor gesungenen Strophen gehalten, mit dazwischen liegenden Versen für Solistenpaare, und erinnert durch seinen metrischen Duktus und sein Rondeau-Schema an eine große Chaconne, eine typische Ballettform der französischen Oper.[15] So steht der Chor durchgehend in Achtsilblern mit Hauptakzenten auf der dritten, fünften und siebten metrischen Silbe entsprechend dem Dreiertakt mit 2/4-Auftakt der französischen Chaconne. Charakteristisch für diese Ballettform ist ebenfalls der Wechsel von Tutti-Refrain (3 Chorstrophen) und Solo-Couplets (2 Solostrophen der Solistenpaare) in der Schlussnummer. Auch die Erwähnung des Terminus „La Giaccona“ als Schlussballett im Einlageblatt des Librettos[16] bzw. „Ciaccona“ in einer Abschrift der Partitur, die Leopold Mozart für den Großherzog der Toskana Pietro Leopoldo in Auftrag gab,[17] weist auf die französische Chaconne hin. Mozarts Musik unterstreicht schließlich den Chaconne-Charakter des Schlusschors durch sein markantes, auftaktiges Dreiermetrum (3/4-Takt mit 2/4-Auftakt), die überwiegend homophone Stimmführung des Chors und der Solistenpaare, die klare D-Dur-Harmonik, den klanglich orchestralen Prunk mit den in der autographen Partitur bezeichneten „trombe lunghe“ und „corni“ und durch die refrainartige Struktur.

15 Vgl. Hansell, Vorwort (wie Anm. 2), S. XXIXf.
16 Vgl. NMA II/5/7: *Lucio Silla*, Kritischer Bericht (Kathleen Kuzmick Hansell und Martina Hochreiter, 2007), S. 64.
17 Die Abschrift befindet sich in Turin, Accademia Filarmonica (I-Tf), Signatur: 10/V/12-13. Vgl. dazu NMA II/5/7: *Lucio Silla*, Kritischer Bericht (wie Anm. 16), S. 49ff.

De Gamerra, *Lucio Silla* (1773)

Coro
Il gran Silla a Roma in seno,
che per lui respira e gode,
d'ogni gloria e d'ogni lode
vincitore oggi si fa.

Cecilio, Giunia
Sol per lui l'acerba sorte
è per me felicità.

Silla, Cinna
E calpesta le ritorte
la latina libertà.

Coro
Il gran Silla d'ogni lode
vincitore oggi si fa.

Cecilio, Giunia, Cinna, Celia
Trionfò d'un basso amore
la virtude e la pietà.

Silla, Aufidio
Il trofeo sul proprio core
qual trionfo uguaglierà?

Coro
Se per Silla in Campidoglio
lieta Roma esulta, gode,
d'ogni gloria e d'ogni lode
vincitore oggi si fa.

Metastasio, *La clemenza di Tito* (1734)

Coro
Che del ciel, che degli dèi
tu il pensier, l'amor tu sei,
grand'eroe, nel giro angusto
si mostrò di questo dì.

Ma cagion di meraviglia
non è già, felice Augusto,
che gli dèi chi lor somiglia
custodiscano così.

Ob bei der Uraufführung des *Lucio Silla* am 26. Dezember 1772 der Schlusschor gesungen und tatsächlich zugleich wie ein Schlussballett getanzt wurde, lässt sich nicht eruieren. Es wäre freilich ein in Mailänder Opern dieser Zeit außerordentlich seltener Fall gewesen. Dem ungeachtet zeigt sich hier in aller Deutlichkeit die Absicht des Librettisten, entsprechend seiner Reformvorhaben Formen des Balletts in die italienische Opera seria zu integrieren.
Ähnlich fällt der erste Chor der Oper „Fuor di queste urne dolenti" (Nr. 6) aus dem Rahmen der konventionellen Opera seria. Nicht wie damals üblich mit einer triumphalen Huldigungsgeste zu Beginn eines neuen Bühnenbildes tritt der Chor hier zum ersten Mal

auf, sondern in einem Trauergesang, in den Szenenanweisungen des Librettos von De Gamerra ausdrücklich als „lugubre canto" bezeichnet, zusammen mit der *prima donna*.

De Gamerras Vorliebe für das Makabre findet ihren Niederschlag in der ungewöhnlichen Dichte an Grabesszenen im Libretto, etwa im großen Szenenkomplex in der zweiten Hälfte des ersten Aktes (I/5–11), wo der konventionelle Wechsel von Rezitativ (Handlung) und Arie (Affekt) durch eine atemberaubende Folge von Ombra-Szenen, Rache-Arien, Accompagnati mit Heraufbeschwörung der Schattenwelt, trauerndem Klagechor mit Soli bis zum den Akt abschließenden Duett aufgehoben wird. Dementsprechend wirkt De Gamerras poetische Sprache quasi überladen von „barocken", schaurig-düsteren Ausdrücken und einem zur Schau gestellten Gusto für schauderhafte, makabre Bilder,[18] etwa wenn Cecilio das Erscheinen des Geistes von Sillas Todfeind Marius beschreibt (Akt II, Szene 3):

Giovanni De Gamerra, *Lucio Silla*, II/3

Libretto	**Wortgetreue Übersetzung**
[...] Ecco mi sembra	[...] Und siehe da, ich glaube,
spalancata mirar la fredda tomba	das kalte Grab aufgerissen zu erspähen,
in cui l'estinte membra	in dem die erloschenen Glieder
giaccion di Mario.	von Marius ruhen.
[...] E 'l teschio	[...] Und, den Schädel
per tre volte crollando	dreimal schüttelnd,
disdegnoso e feroce	verächtlich und grausam
sento che sì mi sgrida in fioca voce:	schilt er mich mit Flüsterstimme:
"Cecilio, a che t'arresti	„Cecilio, wozu weilst du
presso la tomba mia? Vanne ed affretta	bei meinem Grabe? Geh fort und beschleunige
della comun vendetta	der gemeinsamen Rache
il bramato momento."	ersehnten Augenblick."

Eine solche Konzentration von düsteren Stimmungsbildern und Darstellungen der Schattenwelt der Toten sucht in der Librettistik des 18. Jahrhunderts, die eher von Metastasios rationaler, ausgewogener Balance der Affekte ausging, ihresgleichen. Ein Vergleich zur Häufigkeit einiger bedeutungsvoller Worte zwischen Metastasios *La clemenza di Tito* und De Gamerras *Lucio Silla* mag dies beispielhaft zeigen:

18 Vgl. dazu Anna Laura Bellina, „Mitridate, Ruggiero e Lucio Silla. Tre allestimenti intorno a Parini", in: *L'amabil rito – Società e cultura nella Milano di Parini*, hrsg. von Gennaro Barbarisi u.a., Bd. 2 (*Quaderni di Acme*, 45), Bologna 2000, S. 763ff.

	Wort(stamm)	Deutsch	De Gamerra *Lucio Silla* (1773)	Metastasio *La clemenza di Tito* (1734)
1	la morte	der Tod	20	7
2	mort-	Tod / tot-	22	10 (plus 3 mortal-)
3	estint-	verstorben	10	2
4	l'amor(e)	die Liebe	29 (plus 2 amoros-)	38
5	duol- / dolor-	Schmerz- / schmerz-	11	1
6	ombra (als Gestalt eines Verstorbenen)	Schatten	10	0
7	oscur-	dunkel-	5	0
8	tenebros-	finster-	4	0
9	tomb-	Grab	4	0
10	clemenza	Milde	4	6 (einschließlich Titel)

So kommt das Substantiv „morte" („Tod") in De Gamerras *Lucio Silla* fast dreimal so häufig vor wie in Metastasios *La clemenza di Tito*, obwohl ersteres Libretto mit 1301 Versen etwas kürzer als letzteres mit 1539 Versen ist. Demgegenüber sind Substantive für positive Affekte wie „amor(e)" („Liebe") oder „clemenza" („Milde") bei De Gamerra deutlich weniger vertreten als bei Metastasio. Worte und Wortstämme, die auf die Schattenwelt verweisen, wie „ombra" („Schatten" als Gestalt eines Verstorbenen), „oscur-" („dunkel-"), „tenebros-" („finster-"), „tomb-" („Grab"), die in De Gamerras Libretto häufig gebraucht werden, fehlen schließlich in Metastasios Libretto fast immer vollständig.

III.

Die starke Betonung der zerrissenen Empfindungen und düsteren Stimmungen der Protagonisten in Anlehnung an die *pièces larmoyantes* findet in der metrischen Struktur der geschlossenen Nummern (Arien, Ensembles, Chöre) ihr Pendant.[19] In der Opera seria der Metastasio-Zeit war es üblich, die geschlossenen Nummern überwiegend in isonumerischen Strophen mit isometrischen Versen zu gestalten, also in Strophen mit der gleichen Anzahl an Versen gleichen Metrums (in den meisten Fällen in zwei Strophen von jeweils vier Sieben- bzw. Achtsilblern). An-isometrische und an-isonumerische Strophenformen, also Strophen mit verschiedener Versanzahl und unterschiedlichen Versmaßen, bildeten hingegen die Ausnahme. So enthalten zum Beispiel bei Metastasios *La clemenza di Tito* von 30 Nummern nur drei an-isonumerische Strophen (d. h. Strophen mit unterschiedlicher Anzahl an Versen), zwei eine An-Isometrie (d. h. Strophen mit

19 Vgl. ebenda, S. 764.

De Gamerra			**Cigna-Santi**			**Metastasio**		
***Lucio Silla* (1773)**			***Mitridate* (1767)**			***Siroe* (1726)**		
SILLA			MITRIDATE			COSROE		
D'ogni pietà mi spoglio,	**settenario piano**	**A**	Già di pietà mi spoglio,	**settenario piano**	**A**	Tu di pietà mi spogli,	**settenario piano**	**A**
perfida donna audace;	**settenario piano**	**B**	anime ingrate, il seno:	**settenario piano**	**B**	tu desti il mio furor,	**settenario piano**	**B**
se di morir ti piace,	**settenario piano**	**B**	per voi già sciolgo il freno,	**settenario piano**	**B**	tu solo, o traditor,	**settenario piano**	**B**
quell'ostinato orgoglio	**settenario piano**	**A**	perfidi, al mio furor.	**settenario tronco**	**C**	mi fai tiranno.	**quinario piano**	**C**
presto tremar vedrò.	**settenario tronco**	**C**						
(Ma il cor mi palpita…	**quinario sdrucciolo**	**D**	Padre ed amante offeso	**settenario piano**	**D**	Non dirmi, no, spietato;	**settenario piano**	**D**
Perder chi adoro?…	**quinario piano**	**E**	voglio vendetta e voglio	**settenario piano**	**A**	è il tuo crudel desio,	**settenario piano**	**E**
Trafigger, barbaro,	**quinario sdrucciolo**	**F**	che opprima entrambi il peso	**settenario piano**	**D**	ingrato, e non son io	**settenario piano**	**E**
il mio tesoro?…)	**quinario piano**	**E**	del giusto mio rigor.	**settenario tronco**	**C**	che ti condanno.	**quinario piano**	**C**
Che dissi? Ho l'anima	**quinario sdrucciolo**	**G**						
vile a tal segno?	**quinario piano**	**H**						
Smanio di sdegno;	**quinario piano**	**H**						
morir tu brami,	**quinario piano**	**I**						
crudel mi chiami:	**quinario piano**	**I**						
tremane, o perfida,	**quinario sdrucciolo**	**J**						
crudel sarò.	**quinario tronco**	**C**						

unterschiedlichen Metren) und eine einzige Nummer mehr als zwei Strophen.[20] Auch die Versart des Siebensilblers überwiegt hier, gefolgt vom Achtsilbler entsprechend der Konventionen der Opera seria.[21] In De Gamerras *Lucio Silla* sind hingegen von 18 Arien acht an-isonumerisch (d.h. aus Strophen mit unterschiedlicher Verszahl), fünf an-isometrisch (d.h. mit wechselnden Versmaßen) und zwei mit drei statt mit zwei Strophen. Darüber hinaus sind in *Lucio Silla* Metren wie Quinario (Fünfsilbler) und Decasillabo (Zehnsilbler), die in der Opera seria vergleichsweise wenig vertreten sind, stärker eingesetzt (jeweils bei drei Arien, also insgesamt in einem Drittel der Arien). Schließlich zeigt sich auch bei der Vers-Endung eine ungewöhnliche Vorliebe für die selteneren Verse mit proparoxytonem Ausgang (Akzent auf der drittletzten Silbe) und oxytonem Ausgang (Akzent auf der letzten Silbe).

Als Beispiel für diese reiche Palette an unregelmäßigen metrischen Strukturen in De Gamerras *Lucio Silla* kann hier seine Arie „D'ogni pietà mi spoglio" (Nr. 13) mit zwei Arien verglichen werden, die ein ähnliches Textincipit haben (vgl. Tabelle, S. 118): „Tu di pietà mi spoglio" aus *Siroe* von Metastasio (1726) und „Già di pietà mi spogli" aus *Mitridate* von Amedeo Cigna-Santi (erste Fassung 1767, zweite Fassung für Mozart 1770).

Metastasios Arie besteht aus zwei isonumerischen Strophen von jeweils vier Versen mit paroxytonem Ausgang und einem für Operntexte der Zeit typischen umarmenden Reim, bei dem sich die Schlussverse der zwei Strophen wiederum reimen (ABBC, DEEC). Die einzige relevante Abweichung von der Norm ist hier die An-Isometrie der beiden Vierzeiler, die jeweils aus drei Siebensilblern und einem abschließenden Fünfsilbler bestehen. Cigna-Santis Arie ist in ihrer isometrischen Strophenstruktur noch konventioneller als ihr metastasianisches Modell, da hier ganz nach dem Usus der Zeit ein Siebensilbler mit oxytonem Ausgang am Schluss der beiden Vierzeiler steht. Die Reimordnung weist durch den Wechsel von umarmendem Reim zu Kreuzreim zwischen den beiden Strophen (ABBC, DADC) zwar die elegante Symmetrie der Arie Metastasios nicht auf, bleibt aber dennoch durchaus im Rahmen üblicher metrischer Muster. Nicht so bei De Gamerra: Die metrische Struktur seiner Arie sprengt in fast allen Parametern die Konventionen der Zeit. Dreistrophige Arien sind zwar in Operntexten metastasianischer Prägung durchaus zu finden, wenn auch deutlich seltener als zweistrophige; De Gamerras Dreistrophigkeit sucht aber in der Librettistik der Zeit durch ihre unsymmetrische, an-isonumerische wie an-isometrische Struktur ihres Gleichen. Hinzu kommt die ungewöhnliche Dichte an Versen mit proparoxytonem und oxytonem Ausgang, die sich jeglicher Regelmäßigkeit entzieht. Dies gilt auch für die Reimordnung, für deren Kennzeichnung (ABBAC, DEFE, GHHIJC) zehn Buchstaben erforderlich sind.

20 Vgl. Anna Laura Bellina und Luigi Tessarolo (Hrsg.), *Pietro Metastasio: Drammi per musica:* La clemenza di Tito, Metrica, Struttura dei pezzi chiusi solistici (http://www.progettometastasio.it/pietrometastasio/metriSingolo.jsp?dramma=CLEMENZA&file=a).

21 Ebenda.

Dass derart unübliche metrische Formen neben den sprachlichen Besonderheiten des Librettos einen relevanten Einfluss auf die Vertonung hatten, steht außer Frage. Speziell in den Händen eines ebenfalls aus dem Rahmen fallenden Komponisten wie Wolfgang Amadé Mozart dürfte ein so facettenreiches Reservoir an metrischen und sprachlichen Ausdrucksformen eine Inspirationsquelle für ungewöhnliche musikalische Lösungen bieten.

IV.

Ein Libretto mit derart unkonventionellen Zügen war vermutlich trotz der metastasianischen Grundstruktur im eher konservativen Opernmilieu Mailands schwierig durchzusetzen. Es ist insofern nicht verwunderlich, dass De Gamerra so sehr darauf erpicht war, die Rückendeckung von Metastasio höchstpersönlich zu suchen, wie er im *Argomento* des Librettos zu *Lucio Silla* explizit mitteilen ließ:

> Da tali istorici fondamenti è tratta l'azione di questo dramma, la quale è per verità fra le più grandi, come ha sensatamente osservato il sempre celebre e inimitabile signor abate Pietro Metastasio, che colla sua rara affabilità s'è degnato d'onorare il presente drammatico componimento d'una pienissima approvazione. Allorché questa proviene dalla meditazion profonda e dalla lunga e gloriosa esperienza dell'unico maestro dell'arte, esser deve ad un giovine autore il maggior d'ogni elogio.
>
> Auf diesem historischen Hintergrund basiert die Handlung dieses Dramas, welche in Wahrheit zu den bedeutendsten gehört, wie der ganz und gar berühmte und unnachahmliche Signor Abate Pietro Metastasio zurecht bemerkt hat, der sich mit seiner außerordentlichen Liebenswürdigkeit herabgelassen hat, dieses dramatische Stück mit seiner vollsten Anerkennung zu ehren. Wenn diese Anerkennung von den tiefsten Erwägungen und der langen und glorreichen Erfahrung des einzigartigen Meisters dieser Kunst kommt, muss sie für einen jungen Autor das größte aller Komplimente bedeuten.

Ob und inwieweit Metastasio tatsächlich eine „pienissima approvazione" („vollste Anerkennung") für das Werk ausgesprochen hat, bleibe dahingestellt. Die Publikation seiner Meinung zum Libretto hat ihn auf jeden Fall irritiert, wie aus einem Brief an De Gamerra vom 13. September 1773 indirekt eruiert werden kann:[22]

> Ogni indignazione è dispiacere, ma non ogni dispiacere, gentilissimo signor De Gamerra, è indignazione. Ed infatti quello che io ho provato nel veder inaspettatamente pubblicata con le stampe una mia lettera confidente non è giunto a meritar la graduazione con la quale è stato a lei riferito [...].

22 Brief Pietro Metastasio an Giovanni De Gamerra, 13. September 1773, in: Bruno Brunelli (Hrsg.), *Tutte le opere di Metastasio*, Bd. 5, Verona 1954, S. 258f.

> Jede Entrüstung ist Bedauern, aber nicht jedes Bedauern, sehr geehrter Herr De Gamerra, ist Entrüstung. Denn was ich empfand, als ich gesehen habe, dass mein vertraulicher Brief in einem Druck publiziert wurde, verdient nicht die Schärfe, mit der es Ihnen mitgeteilt wurde […].

Unumstritten ist dagegen, dass Metastasio seinen jüngeren Kollegen bei der Revision des Librettos half, wie in einem Brief von Leopold Mozart an seine Frau vom 14. November 1772 zu lesen ist:[23]

> unterdessen hat der Wolfg: unterhaltung genug gehabt die Chöre, deren 3 sind, zu schreiben, und die wenigen *Recitativ*, die er in Salzb: gemacht zu ändern, und theils neu zu schreiben, indem der Poet die Poesie dem h: *Abbate Metastasio* nach Wienn zur untersuchung geschickt hatte, und dieser ihm vieles verbessert, abgeändert, und eine ganze *Scena* im 2ten *act* beygesetzt […].

Welche Änderungen Metastasio in De Gamerras Libretto vorgenommen hat, lässt sich nicht genau festlegen, da außer dem Erstdruck der endgültigen Fassung keine weiteren Quellen zum Libretto erhalten geblieben sind, in denen die Korrekturen Metastasios dokumentiert wären. Das Libretto zeigt allerdings an vielen Stellen metrische Muster, poetische Formulierungen und literarische Bilder metastasianischer Prägung, die dem dichterischen Stil De Gamerras fremd sind, etwa bei den zwei Gleichnis-Arien Nr. 1 und Nr. 8, die in ihrer metrischen Struktur aus zwei Vierzeilern von Siebensilblern sowie in der Satzkonstruktion und im Wortschatz zahlreiche Parallelen zu Arien Metastasios aufweisen.[24]

Viele dieser Stellen in metastasianischem Stil entsprechen Korrekturen in den Rezitativen der autographen Partitur von Mozart, die auf eine spätere Revision des ursprünglichen, bereits vertonten Textes durch den Komponisten hindeuten, wie im erwähnten Brief von Leopold Mozart berichtet.[25] Welche Änderungen in Mozarts Autograph tatsächlich durch Metastasios Revision des Librettos bedingt wurden, lässt sich jedoch nicht genau eruieren, da viele dieser Korrekturen auch aus musikalischen Gründen bzw. durch die aufführungspraktischen Umstände vorgenommen sein könnten. So hat Mozart in der zweiten Szene des ersten Aktes den Schluss des Rezitativs vor Cecilios Eintrittsarie „Il tenero momento“ (Nr. 2) geändert, möglicherweise um den Anschluss an die folgende Arie anzupassen (vgl. das Beispiel auf der anschließenden Seite). Die Änderung lässt sich musikalisch durch die spätere Entscheidung des Komponisten erklären, die folgende Arie in F-Dur zu schreiben, wofür die ursprüngliche Kadenz nach g-Moll als Anschluss nicht mehr geeignet gewesen wäre. Möglich ist auch, dass Mozart bei der Wahl der neuen Tonart einer Aufforderung des Kastraten Venanzio Rauzzini gefolgt ist. Dass Mozart im

23 Brief Leopold Mozart an Maria Anna Mozart, 14. November 1772, BD 266 (Bd. 1, S. 460).
24 Vgl. dazu auch Candiani, Libretti e librettisti (wie Anm. 2), S. 38ff., sowie Bellina, Mitridate, Ruggiero e Lucio Silla (wie Anm. 18), S. 762f.
25 Vgl. NMA II/5/7: *Wolfgang Amadeus Mozart, Lucio Silla*, Kritischer Bericht (wie Anm. 16), S. 65f.

Vermerk am Ende des gestrichenen Rezitativschlusses („Segue l'aria di Cecilio: un così bel momento") das Incipit der Arie falsch erwähnt, könnte darauf hindeuten, dass der endgültige Text der Arie erst später, also möglicherweise nach der Revision von Metastasio, dem Komponisten geliefert wurde, als er das Rezitativ bereits geschrieben hatte. Tatsächlich sind nicht nur die metrische Struktur (zwei Quartette mit Siebensilblern) und die Reimordnung (ABBC, ADDC), sondern auch der Wortschatz und die Satzkonstruktion der Arie ausgesprochen metastasianisch, wie ein Vergleich mit verschiedenen Arien Metastasios zeigt (vgl. Tabelle, S. 123).

Wolfgang Amadé Mozart, *Lucio Silla*
Autographe Partitur mit Mozarts Änderung des Rezitativschlusses in *Scena I/2*

DE GAMERRA	METASTASIO		
LUCIO SILLA	**IPERMESTRA / L'EROE CINESE**	**ADRIANO IN SIRIA**	**LA CLEMENZA DI TITO**
Recitativo (Cecilio)	**Recitativo (Ipermestra)**		
[…]	[…] Cangia, per queste		
priva d'ogni speranza e di **consiglio**	**lagrime** che a tuo pro **verso dal ciglio**,		
lagrime di dolor **versa dal ciglio**!	amato genitor, cangia **consiglio**.		
Aria (Cecilio)	**Aria (Lisinga in L'eroe cinese)**	**Duett (Farnaspe / Emirena)**	**Aria (Vitellia)**
Il **tenero** mom**ento**,	Agitata per troppo **contento**	Un **tenero contento**,	Deh se piacer mi vuoi,
premio di tanto amore,	gelo, avvampo, confonder mi sento	eguale a quel ch'io sento,	lascia i sospetti tuoi.
già mi dipinge il core		numi, chi mai provò!	Non mi stancar con questo
fra i **dolci** suoi **pensier.**	**fra** i deliri d'un **dolce pensier.**		molesto dubitar.
E **qual** sarà il **contento**	Ah **qual** sorte di nuovo torm**ento**	Un barbaro torm**ento**,	Chi ciecamente crede
ch'al fianco suo m'**aspetta**,		eguale a quel ch'io sento,	impegna a serbar fede.
se tanto ora m'**alletta**		numi, chi mai provò!	Chi sempre inganni **aspetta**
l'idea del mio **piacer**?	è l'assalto di tanto **piacer**?		**alletta** ad ingannar.

Der Reim zwischen den Schlussversen der zwei Strophen verwendet das gleiche Wortpaar („pensier"/„piacer") wie die Arie der Lisinga „Agitata per troppo contento" aus Metastasios *L'eroe cinese*, der auch Satzduktus und Vokabular der Verse 4 und 5 sehr ähneln („**fra i dolci** suoi **pensier**. // E **qual** sarà il contento" ≅ „**fra i** deliri d'un **dolce pensier**. // Ah **qual** sorte di nuovo tormento); das Incipit der Arie „Il **tenero momento**" und der Reim mit dem ersten Vers der zweiten Strophe „E qual sarà il **contento**" erinnern stark an das Duett von Farnaspe und Emirena „Un tenero contento" aus Metastasios *Adriano in Siria*; das Wortpaar im umarmenden Reim der Binnenverse der zweiten Strophe („aspetta"/„alletta") entspricht schließlich dem Wortpaar im übergehenden Reim in den letzten beiden Versen der Arie der Vitellia „Deh se piacer mi vuoi" aus Metastasios *La clemenza di Tito*. Andererseits weist auch der Text des ursprünglichen Rezitativs, der bei der Korrektur im Autograph unverändert beibehalten wurde, frappierende Parallelen zu Metastasios *Ipermestra* auf: das gleiche sich reimende Wortpaar („consiglio"/„ciglio") und eine ähnliche Satzkonstruktion („**lagrime** di dolor **versa dal ciglio**" ≅ „**lagrime** che a tuo pro **verso dal ciglio**"). Es bleibt also letztlich ungeklärt, ob Mozarts Änderung des Rezitativschlusses nur durch musikalische bzw. sängerische Forderungen bedingt war oder ob hier auch eine eventuelle Revision des Textes durch Metastasio eine Rolle gespielt haben kann. Auch lässt sich anhand der Korrekturen in der autographen Partitur nicht endgültig nachweisen, ob die metastasianischen Züge des Librettos tatsächlich erst durch die Revision von Metastasio oder schon vorher auf De Gamerras eigene Initiative in den Text eingeflossen sind, da sie nicht nur in der möglicherweise nach Metastasios Korrekturvorschlägen vertonten Arie zu finden sind, sondern auch im ursprünglichen Rezitativ, das sehr wahrscheinlich schon vor der Revision durch den *poeta cesareo* komponiert wurde. Im überbordenden makaber-schaurigen Sprachstil des Librettos stellen die metastasianischen Textteile auf jeden Fall eine Minorität dar. So erscheinen interessanterweise die meisten Stellen im Stile Metastasios in Rezitativen und Arien der Rollen zweiten Ranges (Cinna, Celia, Aufidio, seltener Cecilio, nie aber Silla und Giunia), als ob der *poeta cesareo* darauf bedacht gewesen war, den Text De Gamerras vorsichtig an die Anforderungen der Oper der Zeit anzupassen, ohne jedoch seinen Kern anzutasten.

Wenn Metastasio in De Gamerras *Lucio Silla*, wie von Leopold Mozart behauptet, so vieles „verbessert, abgeändert und beigesetzt" hat, dürfte sein Urteil über das Libretto vielleicht nicht so enthusiastisch ausgefallen sein, wie von De Gamerra behauptet. Andererseits war es gerade Metastasio, der De Gamerra 1775 nach Wien einlud und ihm eine Stelle am Wiener Hof verschaffte. Zwar konnte sich De Gamerra als Librettist in Wien zunächst nicht behaupten und musste, krank und voller Geldsorgen, bereits nach einem Jahr wieder nach Italien zurückkehren; dennoch blieb ihm Metastasio bis zum Tode mit aufrichtiger Hochachtung verbunden.

Jan Assmann

OMBRA – DIE MUSIKALISCHE DARSTELLUNG VON TODESNÄHE IN MOZARTS LUCIO SILLA

Zur Darstellung von Todesnähe – dem Durchlässigwerden der Grenze zwischen Ober- und Unterwelt, der Erscheinung von Geistern, Furien, Toten, belebten Statuen und Ähnlichem bzw. der Erwartung des unmittelbar bevorstehenden Todes, des eigenen oder eines geliebten Menschen – und zum Ausdruck der damit verbundenen Gefühle von Schrecken, Schauer, Ehrfurcht, Entsetzen entwickelt sich im 17. und 18. Jahrhundert eine eigene musikalische Sprache, die in der Musikwissenschaft mit dem Begriff „ombra" bezeichnet wird. *Ombra*, das italienische Wort für „Schatten", bezeichnet die Form, in der nach der Vorstellungswelt der Opera seria die Toten in der Nähe ihrer Gräber fortexistieren und auch die Lebenden rächend heimsuchen oder liebevoll schützend umschweben können. Diese Vorstellungen haben mit den konventionellen christlichen Lehren vom Leben nach dem Tode nichts gemein. Sie beziehen sich ganz bewusst und explizit auf eine heidnische, vorchristliche Vorstellungswelt, entsprechend dem Bild, das man sich im 17. und 18. Jahrhundert vom antiken, insbesondere römischen Totenglauben machte. Darüber hinaus kultivieren sie die Distanz zum offiziellen und aktuellen christlichen Weltbild. Die Opera seria spielt in der Welt der Antike, einer Kunst-Welt, deren Götter und Glaubensvorstellungen vom Christentum abgeschafft und dadurch zur Ästhetisierung freigegeben wurden.

Den Begriff der „Ombra-Szene" hat Hermann Abert in seinem Buch über Niccolò Jommelli als Opernkomponist (1908) geprägt;[1] er ist also nicht quellensprachlich. Wir dürfen uns also nicht vorstellen, dass ein Komponist, z.B. Mozart, mit dem Vorsatz ans Werk ging, eine „Ombra-Szene" zu komponieren. Trotzdem handelt es sich ohne Zweifel um einen distinkten Typus, der eine mehr oder weniger klar umschriebene Affekt-Sphäre, die mit der Anmutung des Unheimlichen, Jenseitigen, Ungeheuren und – wie es dann im 18. Jahrhundert heißt – „Erhabenen" assoziiert ist und ein entsprechendes, sich im Laufe des 18. Jahrhunderts erheblich wandelndes Repertoire von Stilmitteln entwickelt, sodass man mit Recht von einem „Ombra-Stil" sprechen kann.[2] Dazu gehören etwa Moll-

1 Hermann Abert, *Niccolò Jommelli als Opernkomponist*, Halle 1908, S. 121f.

2 Abert hatte den Begriff „Ombra-Szene" mit Bezug auf Beschwörungen und Visionen von Totengeistern (*ombre*) geprägt, also in einem sehr viel engeren und prägnanteren Sinne, als ich ihn hier im Anschluss an Clive McClelland, *Ombra. Supernatural Music in the Eighteenth Century. Context, Style and Signification*, Diss., Leeds 2001, verwende. Die Dissertation ist unter dem gleichen Titel inzwischen auch bei Lexington Books, Lanham/ML (2012) im Druck erschienen. Sehr viel ausgreifender noch ist Horst Goerges' Studie,

Tonarten (bei Jommelli aber Es-Dur)[3], wechselnde Tonalität, desorientierende harmonische Schritte, Akkordrückungen wie Neapolitanische Sexten, Trugschlüsse, verminderte Septakkorde, exklamatorische, sprunghafte Melodik, synkopierte und schwere punktierte Rhythmen, ostinato oder chromatisch geführte Bässe, starke dynamische Kontraste (pianissimo, fortissimo, sforzati), ungewöhnliche Instrumentierung (z.B. sordinierte Streicher, pizzicato, später Posaunen) und anderes mehr.[4]

Man muss sich aber davor hüten, den Kunstbegriff „Ombra-Szene" sowohl in inhaltlicher als auch stilistischer Hinsicht allzu eng zu definieren, um nicht zu Fehlurteilen zu gelangen, wie z.B. in Georg Friedrich Händels Opern gäbe es keine Ombra-Szenen im eigentlichen Sinne, weil keine wirklichen oder eingebildeten Geistererscheinungen vorkämen.[5] Erstens kommen solche durchaus vor, z.B. Armidas „Furie terribili circondatemi" in *Rinaldo*, Medeas „Ombre, sortite" und „Dal cupo baratro venite, o furie" in *Teseo*, Orlandos „Stigie larve" (in *Orlando*) und Alcinas „Ah! ombre pallide" (in *Alcina*), und zweitens sind Szenen der Ombra-Sphäre gerade bei Händel so häufig und großartig, dass man ihn als einen besonderen Meister des Ombra-Stils bezeichnen kann. Man denke nur – unter vielen, vielen weiteren Beispielen – an Cesares Anrufung der „alma" des Pompeio in *Giulio Cesare in Egitto* (eine klassische Ombra-Szene), an die Sterbeszenen der Melissa in *Amadigi di Gaula* und vor allem des Bajazet in *Tamerlano* sowie, nehmen wir die dramatischen Oratorien hinzu, an die Menetekel-Szene in *Belshazzar*, an die Totenbeschwörung des Samuel in *Saul*[6] und die Opferszene der Iphis in *Jephtha*; gerade diese letztere Szene ist besonders großartig durch den unvermittelt in die düsterste Ombra-Sphäre einbrechenden, wie ein Vorschein des Paradieses wirkenden, überirdischen Frieden der G-Dur-Arie „Waft her, angels, through the skies". Auf einen ähnlichen Effekt werden wir bei Mozart in den Ombra-Szenen in *Lucio Silla* stoßen. Gerade bei Händel lässt sich zeigen, dass es in allen diesen und vergleichbaren Fällen um die Anmutung des Erhabenen und die Darstellung von Todesnähe in ihren verschiedenen Formen geht, und zugleich zeigt sich hier besonders deutlich der Zusammenhang mit der Lamento-Tradition. Viele der Händel'schen Lamenti reichen in die Ombra-Sphäre hinein, z.B. die Klage der Cleopatra („Se di me non ha pietà") in *Giulio Cesare* sowie der Titelgestalten Rodelinda („Ombre, piante, urne funeste"), Radamisto („Ombra cara di mia sposa"), Ariodante („Scherza infida") und Alcina („Ah mio cor") in den gleichnamigen Opern. Händels Stil ist von Zeitgenossen oft als „sublime" bezeichnet worden, und zweifellos ist die musikalische Ästhetik seiner Opern und besonders seiner Oratorien, die in diesem Punkt eine Steigerung darstellen, in engster Verbindung zu sehen mit der zentralen Rolle, die der Begriff des „Erhabenen" in der ästhetischen, gerade auch

Das Klangsymbol des Todes im dramatischen Werk Mozarts. Studien über ein klangsymbolisches Problem und seine musikalische Gestaltung durch Bach, Händel, Gluck und Mozart, Nachdruck der Ausgabe von 1937, München 1969, angelegt (zur Geschichte der Ombra-Szenen siehe hier insbesondere S. 26–37).

3 Abert, Jommelli (wie Anm. 1), S. 179.

4 McClelland, Ombra (wie Anm. 2), passim.

5 Ebenda, S. 25.

6 Ebenda, S. 164–167.

musiktheoretischen Diskussion in England spielt. Bereits 1704 legte der englische Dichter John Dennis eine Liste schreckenerregender Vorstellungen vor, die sich auf den antiken Traktat des (Pseudo-)Loginus *Über das Erhabene* stützt:[7]

> Götter, Dämonen, Hölle, Geister und Seelen von Menschen, Wunder, Vorzeichen, Beschwörungen, Zauber, Donner, Stürme, Meeresbrandung, Überschwemmungen, Ströme, Erdbeben, Vulkane, Monster, Schlangen, Löwen, Tiger, Feuer, Krieg, Pest, Hungersnot usw.

Wenn wir fragen, woher die Vorliebe des barocken Musiktheaters für die Ombra-Sphäre stammt – und das gilt nicht nur für die italienische Opera seria, sondern fast mehr noch für die französische Tragédie lyrique – dann hängt das sicher mit der Wiederentdeckung des Traktats des Longinus und der Kategorie des Erhabenen zusammen, seit der französischen Übersetzung von Nicolas Boileau 1674.

Die Wurzeln reichen aber weiter zurück. Auf zwei möchte ich hier kurz eingehen: die griechische Tragödie und die antike Musiktheorie. Szenen des Ombra-Typs sind in der attischen Tragödie so häufig, dass Heiner Müller feststellen konnte: „Das Drama war ja ursprünglich – jedenfalls die Tragödie – Totenbeschwörung, und das hat auch jetzt noch Sinn."[8] Thomas Oberender, der Schauspielleiter der Salzburger Festspiele, ging noch weiter mit seinem Satz: „Theater ist Totenbeschwörung"[9]. In der Tat enthält schon die älteste erhaltene Tragödie, *Die Perser* des Aischylos, die gewaltige Szene einer Totenbeschwörung des Darius. Die Dramen der *Orestie* des Aischylos, besonders *Die Choephoren* und *Die Eumeniden*, können als klassische Dramatisierungen der Ombra-Sphäre gelten. Besonders *Die Choephoren* geben für die erste große Ombra-Szene in *Lucio Silla* das offenkundige Vorbild ab. Besonders einflussreich für das barocke Theater waren die Dramen des Seneca, vor allem sein *Oedipus* mit der grandiosen, in allen Einzelheiten berichteten Totenbeschwörung des Laios. Die beiden *Iphigenien* des Euripides und seine *Alkestis* mit ihren Szenen von Menschenopfer und Unterwelt wurden im 17. und 18. Jahrhundert besonders oft vertont. Von daher erklärt sich, dass eine Gattung, die sich so ausdrücklich als Wiedererweckung der antiken Tragödie versteht wie die Oper, gerade der Ombra-Sphäre eine ganz besondere Bedeutung zuschreibt.

Die andere Wurzel möchte ich in der antiken Musiktheorie ausmachen.[10] Diese konstatiert einen natürlichen Zusammenhang der Musik nicht nur mit dem Kosmos – der Sphärenharmonie –, sondern auch mit der menschlichen Seele und ihren Empfindungen.

7 (Pseudo-)Loginus, *Über das Erhabene*, zit. nach McClelland, Ombra (wie Anm. 2), S. 20. Übersetzung durch den Verfasser.

8 „Nekrophilie ist Liebe zur Zukunft. H. Müller im Interview mit Frank M. Raddatz", in: Frank M. Raddatz, *Jenseits der Nation*, Berlin 1991, S. 23.

9 Thomas Oberender, „Interview" in: *Der Standard*, Print-Ausgabe, 28. August 2009.

10 Andrew Barker, *Greek Musical Writings I. The Musician and his Art*, Cambridge 1984; ders., *Greek Musical Writing II. Harmonic and Acoustic Theory*, Cambridge 1990; ders., *The Science of Harmonics in Classical Greece*, Cambridge 2007.

„Die Musik“, schrieb der spätantike Philosoph Boethius, „ist mit uns von Natur aus verbunden und kann den Charakter verderben oder veredeln“, und er fährt fort: „[…] nichts ist kennzeichnender für die Natur des Menschen als durch sanfte Tonarten besänftigt und durch deren Gegenteil erregt zu werden.“[11]

Diese Vorstellung einer engen und natürlichen, in der Natur des Menschen gelegenen Verbindung zwischen Musik und Gemütsbewegungen bildet die Zentralidee der Oper. So wie die Sprache den verstehenden Geist, berührt die Musik die empfindende Seele, und im Zusammenwirken beider entsteht eine im höchsten Grade gemütsbewegende Sprache und prägnant bedeutende, semantisch aufgeladene Musik, die etwas bedeutet, wie nur Sprache es vermag, und Worte, die uns berühren und bewegen, wie nur Musik es vermag. In der Form der Oper hat sich die Musik der Darstellung von Emotionen verschrieben. Es geht ihr um die „passioni dell'anima“, um *Les passions de l'âme*, wie eine 1649 erschienene Schrift von René Descartes heißt.[12] So kommt es zu einer Allianz zwischen Musiktheorie und Psychologie, der Lehre von den „passions de l'âme“ einerseits und den musikalischen Mitteln, diese Passionen auszudrücken und zu erregen, andererseits.[13] Im Laufe der Entwicklung und Ausdifferenzierung weiterer musikdramatischer Gattungen wie des Intermezzos und der Opera buffa konzentriert sich dieses ästhetische Programm auf die Opera seria.

Das Grundprinzip der Opera seria besteht in der strikten Unterscheidung dreier Ebenen, der dramatischen, der expressiven und der reflexiven. In der dramatischen Form des continuobegleiteten sogenannten Secco-Rezitativs agieren die Protagonisten miteinander und treiben die Handlung voran; in der expressiven Form des orchesterbegleiteten sogenannten Accompagnato-Rezitativs überlassen sie sich ganz dem leidenschaftlichen Ausdruck ihrer wechselnden Emotionen; und in der reflexiven Form der Arie wird dann eine spezifische Emotion gewissermaßen stillgestellt, musikalisch portraitiert und moralisch reflektiert. Dabei tritt der Sänger aus der Handlung heraus und wendet sich an das Publikum. Die barocke Arie ist *ad spectatores* gesungen und konstituiert also gegenüber den dramatischen und expressiven Rezitativen eine Meta-Ebene. Typischer-

11 Anicius Manlius Severinus Boethius, *De institutione musica: Von der musikalischen Unterweisung*, neu ediert nach Gottfried Friedlein, Leipzig 1867, und ins Deutsche übersetzt von Hans Zimmermann, Görlitz 2009. Auch Descartes sah die Verbindung von Leidenschaften und Musik als naturgesetzlich begründet an (Renatus Descartes, *Musicae compendium, Utrecht 1650*, Neudruck *Musicae Compendium – Leitfaden der Musik*, lat./dt., hrsg. von Johannes Brockt, Darmstadt ²1992).

12 René Descartes, *Traité des passions de l'âme, Amsterdam und Paris 1649*, mit einer Einleitung und Anmerkungen von Geneviève Rodis-Lewis, Paris ²1964. – Übersetzung: Balthasar Tilesius, *Von den Leidenschaften der Seele*, Halle 1723; übersetzt und erläutert von Julius Hermann von Kirchmann, *Über die Leidenschaften der Seele*, Berlin 1870; übersetzt und erläutert von Artur Buchenau, *Über die Leidenschaften der Seele*, Leipzig ³1911. Descartes unterscheidet sechs Grundformen von Affekten, die zu zahlreichen Zwischenformen miteinander kombiniert werden können: Freude (*joie*), Hass (*haine*), Liebe (*amour*), Trauer (*tristesse*), Verlangen (*désir*), Bewunderung (*admiration*).

13 Ferdinand Hermann, *Die musikalische Darstellung der Affekte in den Opernarien Georg Friedrich Händels*, Diss., Bonn 1958, verweist auf Christian Wolff, *Psychologia Empirica*, Frankfurt 1732, insbesondere das Kapitel „De affectibus“ (= Cap. III, § 603).

weise beschließt sie eine Szene und endet mit dem Abgang der Person. Sie hat keine dramatisch-kommunikative Funktion und erfordert keine Antwort innerhalb der dramatischen Handlung, sondern einzig und allein den Applaus des Publikums. Daher lassen sich „Abgangsarien" auch leicht von einer Oper in die andere übertragen.[14]

So lässt sich vermuten, dass es die hochpathetische Form des Accompagnato ist, die sich für die Darstellung der Ombra-Sphäre besonders anbietet. Bei den Accompagnati lassen sich zwei Typen sehr deutlich voneinander unterscheiden: Der eine Typ begleitet die Singstimme mit breiten liegenden Akkorden; dieser Typ lässt sich vielleicht als „atmosphärisch" charakterisieren. Beim anderen Typ tritt das Orchester durch kommentierende, exklamatorische Einwürfe mit der Singstimme in Dialog; dieser – bei Mozart besonders beliebte – Typ ist als im eigentlichen Sinne „expressiv" zu bezeichnen.[15] Das expressive Accompagnato bringt im Orchester die seelischen Vorgänge der Protagonisten zum Ausdruck, die in Worten nur ungenügenden Ausdruck finden. In Händels Oratorium *Theodora* kommt sogar ein Accompagnato (Nr. 20) vor, in dem die Singstimme vor überwältigender Qual vollkommen schweigt und nur eine Traversflöte deren Part in abgerissenen Klagelauten übernimmt.[16]

In der Opera seria gibt es, jedenfalls nach der strikten metastasianischen Observanz, weder Chöre noch Ensemble-Szenen, weil die Emotionen, um deren Ausdruck und Reflexion es geht, sich in der individuellen Seele abspielen, und weil die Funktion einer handlungstranszendierenden Reflexion, die im antiken Drama der Chor erfüllte, jetzt von der Arie wahrgenommen wird.[17] Während im Sprechtheater die Handlungsebene dominiert und nur selten reflektierende Monologe die Handlung unterbrechen, ist es in der Oper umgekehrt: Hier stehen die reflektierenden und expressiven Formen, Arien und Accompagnati, im Vordergrund. Sie konstituieren das Drama, und die in die Secco-Rezitative verlegte Handlung tritt dahinter ganz zurück. Das mag auch der Grund dafür

14 Was den Starkult angeht, kann man die Opera seria nur mit dem heutigen Hollywood-Kino vergleichen, beiden ist der Charakter der Massenproduktion eigen. Zwar wurden die Opere serie nicht für die Massen geschrieben wie die Hollywood-Filme, aber sie wurden massenweise produziert, da die wenigsten Opern in einer späteren Saison oder gar außerhalb des Ortes ihrer Erstaufführung wieder aufgeführt wurden und für jede der unzähligen Bühnen für jede neue Saison neue Opern geschrieben werden mussten, wenn auch meist (jedoch nicht im Fall von *Lucio Silla*) unter Wiederverwendung bestehender Libretti.

15 Jean-Jacques Rousseau, „Wörterbuch der Musik", in: ders., *Musik und Sprache. Ausgewählte Schriften*, hrsg. und übersetzt von Dorothea und Peter Gülke, Leipzig 1989, S. 212–329, hier S. 312–314, unterscheidet in gleichem Sinne zwischen „récitatif accompagné" (liegende Akkorde) und „récitatif obligé" (eingestreute Einwürfe des Orchesters).

16 *Georg Friedrich Händel, Theodora. Oratorio in three parts* HWV 68 (= Hallische Händel-Ausgabe I/29), hrsg. von Colin Timms, Kassel u.a. 2008, S. 126.

17 Ihre meta-dramatische Funktion ähnelt der kommentierenden und reflektierenden Meta-Ebene, auf der sich der Chor der antiken Tragödie bewegt. Auch darin kann man einen klassizistischen, an antiken Formen orientierten Zug der Opera seria erkennen und vielleicht auch einen der Gründe dafür, warum Chöre aus der Opera seria verbannt sind. Vgl. Sergio Durante, „Die Opera seria zu Mozarts Zeit", in: Dieter Borchmeyer und Gernot Gruber (Hrsg.), *Mozarts Opern*, Bd. 1 (= *Das Mozart Handbuch*, Bd. 3/1), Laaber 2007, S. 163–177, S. 167.

sein, dass die Opera seria nur Stoffe aus der alten Geschichte oder Mythologie verwendet, die dem gebildeten Publikum ohnehin bekannt sind.[18] Es geht nicht um dramatische Spannung, sondern um die Konstruktion von Situationen höchster emotionaler Intensität. Bei Mozart haben die Arien meist ihren meta-dramatischen Charakter aufgegeben; sie sind oft in die Handlung einbezogen und nicht *ad spectatores* gesungen, sondern drohend, beschwörend, einschüchternd, tröstend, beruhigend an den Szenenpartner gerichtet. In späteren Opern sind sie auch zu allermeist keine Da-capo-Arien mehr, sondern steigern sich – anstatt die Emotion durch Wiederholung unter Kontrolle zu bringen – in einen schnelleren B-Teil hinein. Sie kommentieren die Handlung nicht, sondern vollziehen sie mit.

Ursprung und Zentrum, gewissermaßen den Glutkern emotionaler Intensität bildet, was die Musik betrifft, die Klage. „Die Klage", schreibt Thomas Mann, „ist der Ausdruck selbst, man kann kühnlich sagen, dass aller Ausdruck eigentlich Klage ist, wie denn die Musik, sobald sie sich als Ausdruck begreift, am Beginn ihrer modernen Geschichte, zur Klage wird und zum ‚Lasciate mi morire'."[19] Um dieses Zentrum herum gruppiert sich das Spektrum der anderen Emotionen wie Hass und Liebe, Zorn und Begehren, Freude, Mut, Bewunderung und Verachtung. Bei Händel, der wohl als prominentester, wenn auch reichlich unorthodoxer Vertreter der barocken Opera seria gelten kann, ist es vollkommen unverkennbar, dass sein größtes Interesse und seine höchste kompositorische Sorgfalt den Lamenti, den Klage-Arien, gilt. Zwischen der Form des Lamento und dem Thema „Todesnähe" gibt es, wie schon gesagt, sehr enge Beziehungen. Man klagt um den Tod des oder der Geliebten, so wie Orpheus, oder wünscht selbst zu sterben, weil man sich von dem oder der Geliebten verlassen glaubt, so wie Dido und Pamina, Armida, Alcina, Ariodante usw. usw. Die typischen Protagonisten stehen dem Tode und der Welt des Todes nahe. Entweder haben sie den eigenen Tod vor Augen oder sie fühlen sich von Totengeistern – „stygie larve", wie es in Händels *Orlando*, „orride larve", wie es in seinem *Admeto* heißt – umgeben. Oder sie beschwören die Geister von Vorfahren oder geliebten Toten. Oft drohen sie auch ihren potentiellen Mördern, sie als Totengeister heimzusuchen oder versprechen ihren Geliebten, sie als Geister zu beschützen. Wie auch immer: Die Idee einer besonderen Todesnähe scheint zur Vorstellung des Heroischen zu gehören; Pamina und selbst Papageno gelangen durch ihren versuchten Selbstmord in die Sphäre des Heroischen und werden von den Drei Knaben nicht nur gerettet, sondern sofort durch die Vereinigung mit dem geliebten Menschen belohnt. Selbst rasende Wut-Arien wie Elektras „Tutte nel cor vi sento" und „D'Oreste, d'Ajace" in *Idomeneo* und „Der Hölle Rache kocht in meinem Herzen" in *Die Zauberflöte* sind von Todesnähe geprägt, von Heimsuchungen durch Toten- und Höllengeister. Jedenfalls sieht es so aus, als sei die Opera seria insgesamt, als solche, eine todesnahe Gattung.[20]

18 Das betont auch Durante, Opera seria (wie Anm. 17), S. 164.

19 Thomas Mann, *Doktor Faustus. Das Leben des deutschen Tonsetzers Adrian Leverkühn, erzählt von einem Freunde*, Frankfurt a. M. 2007, S. 703.

20 Die Assoziation der Ombra-Sphäre mit dem Heroischen bewirkt auch, dass entsprechende Szenen im Allgemeinen auf die weiblichen und männlichen Helden, *prima donna* und *primo uomo*, beschränkt bleiben.

Daran, dass in Mozarts *Lucio Silla* so ungewöhnlich viele Ombra-Szenen vorkommen, ist Mozart natürlich unschuldig; das war ihm mit dem Libretto vorgegeben, dessen Dichter, Giovanni De Gamerra bekannt war für seine Vorliebe fürs Düstere, Schaurige und Todesbefallene. Darin zeigt sich aber nun ein neuer Impuls und Zusammenhang für die Darstellung der Ombra-Sphäre: die Entdeckung des Schaurigen, Grauenerregenden, Haarsträubenden in den 1760er- und 70er-Jahren, in England in Form der „gothic novel", in Deutschland in der Bewegung des Sturm und Drang. Horace Walpoles *Castle of Otranto* erschien 1764 und löste eine Hochkonjunktur der Schauerliteratur aus. Eine vorromantische Vorliebe für Nacht und Tod spricht schon aus Edward Youngs *Night Thoughts* (1742) und Thomas Grays *Elegy Written on a Country Churchyard* (1751).[21] Die engste Entsprechung in der Musikgeschichte sind die Klavierfantasien von Carl Philipp Emanuel Bach, die in ihren jähen Wechseln von Harmonie, Tempo, Melodik, ihren abgerissenen Phrasen und Stimmungsschwankungen der Ombra-Sphäre nahe stehen und ihr neue Impulse geben. De Gamerra steht offensichtlich dieser vor- und frühromantischen Richtung nahe.

Was die Ausbildung einer Tonsprache der Ombra-Sphäre angeht, lassen sich drei Schübe unterscheiden: 1. der „affective turn", den die Musik um 1600 mit der *seconda prattica* und der Entstehung der Oper nahm und sie zur Ausdruckssprache der Gefühle bestimmte; 2. die Wiederentdeckung des Erhabenen als ästhetischer Kategorie um 1700 und der damit verbundenen Gefühle des Schauers, Schreckens und ehrfürchtigen Staunens; und 3. – im Zusammenhang des Zeitalters der Empfindsamkeit – die vor- und frühromantische Hochkonjunktur des Schauer- und Grauenvollen, die auf der Vorstellung des Erhabenen aufbaut. Händel gehört in die zweite, Christoph Willibald Gluck und der späte Jommelli, die Mozarts unmittelbare Vorbilder darstellen, gehören in diese dritte Phase, die Mozart vielleicht noch nicht in *Lucio Silla*, aber wenig später mit seiner Bühnenmusik zu *Thamos* und seinem *Idomeneo* entscheidend vorantreibt und mit *Don Giovanni* auf ihren absoluten Höhepunkt bringt.

Was hat nun der junge Mozart aus De Gamerras Ombra-Szenen gemacht? Der Grundkonflikt in *Lucio Silla*,[22] die Leidenschaft des Diktators Silla/Sulla für die Braut (*sposa*) des von ihm verbannten Senators Cecilio, ist eine typische Situation der Opera seria. Hinter dieser ungeheuerlichen emotionalen Zumutung, mit Einsatz der eigenen Machtposition als Erpressungsmittel Liebe von der Frau zu fordern, der man den Ehemann

Darüber hinaus gibt es, worauf mich Janine Firges hinweist, Figuren, die unabhängig von ihrer Stellung in der Hierarchie der Opera seria eine besondere Affinität zur Ombra-Sphäre aufweisen, z.B. Zauberinnen (Alcina, Armida, Morgana, Medea, Melissa bei Händel) und die schwer traumatisierte Elektra.

21 Edward Young, *Night Thoughts*, London 1742, war das Lieblingsbuch des gebildeten Europa und noch für Novalis einflussreich. Thomas Gray, *Elegy Written on a Country Churchyard*, London 1751, ist eine Meditation über den Tod der einfachen Leute.

22 Vgl. Silke Leopold, „Lucio Silla", in dem von ihr herausgegebenen *Mozart-Handbuch*, Kassel 2005, S. 55–58; Stefan Kunze, *Mozarts Opern*, Stuttgart 1984, S. 80–95; Irene Brandenburg, „Mitridate und Lucio Silla", in: Dieter Borchmeyer und Gernot Gruber (Hrsg.), *Mozarts Opern*, Bd. 1 (wie Anm. 17), S. 186–201.

oder Geliebten entrissen hat, steht dann zuweilen auch noch, z.B. in Händels *Tamerlano* und eben auch in seinem *Lucio Cornelio Silla*, das machtpolitische Kalkül, durch eheliche Verbindung mit der besiegten Dynastie oder Partei Frieden und Versöhnung zu stiften und damit die politische Instrumentalisierung der angeblich so leidenschaftlich geliebten Frau.

Die beiden herausragenden Momente in Sullas Leben, seine Machtergreifung im Jahr 83 v. Chr. und seine Abdankung im Jahr 79 v. Chr., bilden auch den historischen Hintergrund der beiden bedeutendsten Opern, die ihn behandeln, Händels *Silla* aus dem Jahr 1713 und Mozarts *Lucio Silla* von 1772. Zwei Motive sind beiden Opern gemeinsam und – jedenfalls was das Libretto von Giacomo Rossi angeht – in Händels *Silla* noch gesteigert: das Begehren Sillas, der dort mit Metella (Caecilia Metella Dalmatica) verheiratet ist, nach den Frauen anderer Männer, die er ins Gefängnis wirft und umbringen lassen will, sowie die Trauer dieser Frauen, die den Geliebten für ein Gespenst halten, als sie ihn lebend wiedersehen. Bei Händel spielt sich das aber weitgehend in Secco-Rezitativen ab; erst Mozart ist es, der dieses Motiv musikalisch prominent herausstellt.

Beim ersten Blick in das Szenenverzeichnis der Oper springt die hohe Zahl von Accompagnati, insgesamt neun, in die Augen. Cecilio erhält vier, Giunia zwei, eines singen sie gemeinsam. Je eines erhalten Silla und Cinna. Beim Blick in die Partitur fällt dann auf, dass fast alle Arien vom Orchester mit der vollen Bläsergruppe (Oboen, Hörner, Trompeten) begleitet werden.[23] Das ist hier die Normalform, der gegenüber die nur streicherbegleiteten Arien der Celia und die innige Trostarie des Cecilio Sonderformen darstellen. Manchmal fehlen die Trompeten (I/9, Cecilio; II/9, Cecilio[24]; III/5, Giunia, anstelle der Trompeten erklingen Flöten und Fagotte). Die Accompagnati sind regelmäßig nur von Streichern begleitet. Nur das ausgeprägte Ombra-Accompagnato des Cecilio, mit dem die Grabesszene anhebt, und das nicht minder ausgeprägte Accompagnato der Giunia in der Kerkerszene machen hier eine Ausnahme. Bei den Accompagnati verwendet Mozart beide Typen, das „Atmosphärische“ mit liegenden Streicherakkorden und das „Expressive“ mit Einwürfen des Orchesters. In der Bevorzugung des Accompagnato, der expressivsten Form der Opera seria, drückt sich das Streben des jungen Mozart nach größtmöglicher dramatischer Expressivität aus, das dann acht Jahre später in *Idomeneo* zur Vollendung kommt.

Das Ombra-Motiv hat seinen „ersten Auftritt“ in Szene I/5. Vorher hatten sich Cinna und Cecilio am Tiber-Ufer getroffen, und Cecilio hatte erfahren, dass Giunia ihn tot glaubt und am Grab ihres Vaters um ihn und den Vater zu trauern pflegt. In einem Accompagnato und der ihm folgenden Arie gibt der zärtliche, empfindsame Cecilio seinem

23 Das Mailänder Orchester zählte 60 Instrumentalisten, fast doppelt so viel wie das Wiener und andere Hoforchester mit etwa 35 Musikern (siehe Manfred Hermann Schmid, *Mozarts Opern*, München 2009, S. 39–48, über Mozarts Orchester). Der Einsatz von Trompeten auch in anderen als Herrscher-Arien ist ein Normverstoß, den sich Mozart hier und auch schon in *Mitridate* geleistet hatte.

24 Cecilio wird dadurch als weicher, empfindsamer charakterisiert als Cinna.

Wolfgang Amadé Mozart, *Lucio Silla*
Autographe Partitur. Arie Nr. 14 des Cecilio „Ah se a morir mi chiama“

Mitgefühl mit der trauernden Giunia Ausdruck. Währenddessen trifft sich Silla mit seiner Schwester Celia, und man erfährt, dass er Giunia begehrt und um diese werben will. In Szene I/5 konfrontiert er Giunia mit seinem Begehren; diese ruft die Schatten ihres Vaters und ihres Verlobten an, um ihren letzten Atemzug entgegenzunehmen (Nr. 4):[25]

> Dalla sponda tenebrosa
> vieni, o padre, o sposo amato,
> d'una figlia e d'una sposa
> a raccor l'estremo fiato.

Das Stichwort „ombra“ kommt hier zwar nicht vor, aber „sponda tenebrosa“ ist deutlich genug, um die Ombra-Sphäre zu evozieren; Todessehnsucht und Todesnähe kommen mit dem „estremo fiato“ zum Ausdruck. Mozart schreibt die Arie in Es-Dur, Jommellis klassischer Ombra-Tonart, und als Tempo gibt er „Andante ma adagio“ vor. Die punk-

25 NMA II/5/7: *Lucio Silla* (Kathleen Kuzmick Hansell, 1986), Bd. 1, S. 99–116. – Soweit nicht anders angegeben, folgen alle Zitate aus Mozarts *Lucio Silla* ohne weiteren Nachweis dieser Ausgabe.

tierten Rhythmen, der Oktavsprung von *es"* nach *es'* und die Modulation schon des Eingangsmotivs in die Subdominanttonart As-Dur strahlen Pathos und Würde aus. Zu den Streichern kommen Oboen und Hörner. Im B-Teil (Allegro) treten auch die Trompeten hinzu. Diese Arie ist nun alles andere als *ad spectatores* gerichtet. Der A-Teil richtet sich gebetsartig an den toten Vater und an den totgeglaubten Verlobten, der B-Teil an Sulla. Die abschließende Reprise des A-Teils ist „Adagio“ überschrieben, also vielleicht noch etwas langsamer als anfangs zu spielen. Nach der Arie tritt Giunia ab, Silla bleibt mit seinen Wachen zurück und bekommt sein einziges ihm in dieser Oper zugestandenes Accompagnato, um seinen zwischen Zorn und Bewunderung schwankenden Gefühlen Ausdruck zu geben. In der anschließenden Rache-Arie kommen dann sogar noch Pauken zu den Trompeten hinzu.

Während eines kurzen instrumentalen Zwischenspiels wechselt die Szenerie in eine unterirdische Gräberwelt, in der Cecilio auf Giunia wartet. Sein Accompagnato realisiert mit Bläserstößen, wahren Todessignalen, und Piano-Passagen die Grabesstimmung.[26] Die Synkopen der Streicherbegleitung destabilisieren das rhythmische Gefüge und drücken Spannung, Unsicherheit, Erwartung aus. Der breit ausgespielte Neapolitanische Sextakkord in den Takten 5 und 7 setzt einen schmerzlichen Akzent. Die Szene entspricht der unerwarteten Ankunft des Orest in den *Choephoren* des Aischylos. Auch Orest ist verbannt und darf sich zu Hause nicht blicken lassen. Am Grab des Agamemnon, an dem die Choephoren die Wasserspende des Totenkults darbringen, trifft er Elektra. Cecilios Gesang wird nur von liegenden Streicherakkorden begleitet, die Bläser treten mit ihren Signalen unterbrechend dazwischen. Sobald Cecilio Leute kommen hört, schlagen Stimmung und Tempo um. Er schwebt als Proskribierter ja in Lebensgefahr (T. 31–40). Aber sobald er Giunias ansichtig wird, beruhigt er sich wieder (T. 41–44). Erst als er merkt, dass sie nicht allein ist, kehrt die Angst zurück, und er versteckt sich hinter einer Urne (T. 44–64). Daran schließt sich *attacca* Szene I/8 an, der Chor von Giunias Gefolge mit ihrem Solo in der Mitte. Die Tonart Es-Dur und das Tempo Adagio vermitteln weiterhin eine reine Ombra-Atmosphäre mit Bläserstößen. Inhaltlich geht es um eine Anrufung der Totenseelen, „alme onorate“, aus ihren Urnen herauszukommen und die von Sulla verletzte römische Freiheit zu rächen. Wieder führt Mozart die hohen Streicher in Synkopen. Die chromatischen Quartfälle in den Bässen bilden ein Lamentomotiv. Mit Giunias Solo (T. 50–83) verstärkt sich der Ombra-Charakter. Das Tempo verlangsamt sich zu Molto adagio, die Tonart wechselt zu g-Moll.[27] Die Hörner und Trompeten schweigen, stattdessen kommen Fagotte hinzu. Die hohen Streicher spielen *con sordino*, die Violen *pizzicato*. Die fast durchgehenden Synkopen in den Oberstimmen geben der Musik etwas Schwebendes, Erdfernes. Giunias Arie ist eine Totenbeschwörung und eine der großartigsten Ombra-Arien, die je geschrieben wurden.

26 Vgl. Goerges, Klangsymbol (wie Anm. 2), S. 83–85.

27 Zu Jommellis Vorliebe für g-Moll als Ausdruck leidenschaftlichen Schmerzes siehe Abert, Jommelli (wie Anm. 1), S. 178f.

An den Chor Nr. 6, der die Nummer beschließt und dann abzieht, schließt sich ein Accompagnato der Giunia an (I/8–9), das das Gegenstück zu dem des Cecilio darstellt, das die Szene eröffnet hatte. Der erste Teil (ein Gebet an die *ombra* des Vaters, zu kommen, und an die *ombra adorata* des Geliebten, seiner treuen Verlobten beizustehen) wird von liegenden Streicherakkorden begleitet. Dann gibt sich Cecilio zu erkennen, worauf das Accompagnato erregt und von leidenschaftlichen Einwürfen des Orchesters unterbrochen wird. Sie hält Cecilio für ein Gespenst. Im anschließenden Liebesduett Nr. 7 (I/9) in A-Dur, Andante vorzutragen, spricht Giunia Cecilio weiterhin als *ombra* an und bittet, im Elysium auf sie zu warten; im terzenseligen, schnelleren B-Teil fassen sie sich aber an den Händen und Giunia kann nicht länger an Cecilios körperlicher Präsenz zweifeln. Mit dieser echten Ombra-Szene, die im Ganzen circa 18 Minuten dauert, schließt der erste Akt.

Im zweiten Akt gibt es eine kurze, aber sehr bezeichnende Ombra-Szene in Gestalt der Botschaft des toten Marius, der Cecilio an seinem Grabe erschienen sei. Cecilio berichtet Cinna von dieser Vision in einem Secco-Rezitativ, das aber beim Zitieren der Worte des Geistes in ein Accompagnato (mit liegenden Akkorden) übergeht (II/3, T. 62–75). Die Szene II/9 beginnt mit einem längeren Dialog zwischen Giunia und Cecilio in Form eines Secco-Rezitativs, das in ein kurzes Accompagnato übergeht, als Cecilio der todesnahe Gedanke kommt, es könnte diese Umarmung die letzte sein. In der folgenden Ombra-Arie Nr. 14 (Es-Dur) imaginiert er sich als „treuer Schatten“, der die Geliebte schützend begleiten und um sie sein wird:

Ah se a morir mi chiama
il fato mio crudele
seguace ombra fedele
sempre sarò con te

Auffallend sind in dieser Arie die weiten Intervalle auf dem Wort „ombra“, von *c''* nach *d'* und *es''* nach *b* (T. 103f.).

Der dritte Akt führt dann zur klassischen Kerkerszene, dem typischen Ort der Ombra-Sphäre. Cecilio ist in Ketten und wartet auf seinen Tod. Giunia, von Aufidio und Wachen begleitet, kommt, um Cecilio das letzte Lebewohl zu sagen. Cecilio antwortet ihr mit einer unbegreiflich abgeklärten, innigen Arie (Nr. 21, A-Dur, Tempo di Menuetto), die den einzigen Zweck verfolgt, die Geliebte zu trösten. Wie sehr würde man diese Arie missverstehen, wenn man sie nicht kommunikativ, sondern reflexiv oder expressiv, *ad spectatores* auffassen würde![28] Cecilio wird von Aufidio und den Wachen abgeführt, Giunia bleibt allein. Ihr Accompagnato „Sposo… mia vita…“ fällt wieder in die düsterste

28 Sehr passend scheint mir Stefan Kunzes Vergleich mit der Arie der Vitellia Nr. 23 „Non più di fiori“ in *La clemenza di Tito* KV 621, ebenfalls ein langsames Menuett, ebenfalls in Dur (C-Dur) in einem Ombra-Kontext (Vitellia erwartet ihren Tod: „veggo la morte a me s'avanzar“), ebenfalls kurz vor dem überraschenden *lieto fine* (Stefan Kunze, *Mozarts Opern*, Stuttgart 1984, S. 94).

Ombra-Sphäre zurück (III/5). Die aufgewühlten Streicher-Einwürfe werden von Trompeten-Stößen skandiert. Nach mehrfachen Tempo- und Stimmungswechseln fasst sie, wenn Flöten an die Stelle der Trompeten treten (Adagio, Es-Dur), den Entschluss, dem Geliebten in den Tod zu folgen. Die anschließende Arie Nr. 22[29] trägt wieder reinste Ombra-Stimmung (Andante, c-Moll). Die Bläsergruppe bilden Flöten, Oboen, Fagotte; auf Hörner und Trompeten wird also verzichtet. Seufzer und liegende Akkorde in den Bläsern, repetierende Triolen in den sordinierten Streichern, Bässe pizzicato. Typisch für diese Oper sind auch die expressiven Sforzati.

Die Kerker-Ombra-Szene ist die Umkehrung der Grabes-Ombra-Szene: Diese begann düster und endete in elysischem A-Dur, jene beginnt in elysischem A-Dur und endet düster. Aber nur, damit das unverhoffte und einigermaßen unmotivierte *lieto fine* um so strahlender eintreten kann. Möglicherweise sind die Ombra-Szenen des jungen Mozart bei aller Professionalität und souveräner Beherrschung der Mittel nicht mehr als eine perfekte Erfüllung der vorgegebenen Struktur; aber mit dem Einschluss der beiden A-Dur-Nummern, des Duetts zu Ende der Grabesszene und Cecilios Trostarie zu Beginn der Kerkerszene, transzendiert Mozart die Gattungsvorgaben, so wie diese beiden Nummern mit ihrem Vorschein des elysischen Friedens die düstere Ombra-Sphäre transzendieren.

Abschließend möchte ich einige Bemerkungen zu Mozarts weiterer musikalischer Entwicklung anfügen, die sich hoffentlich nicht allzu weit in das Gebiet der Spekulation vorwagen. Die vielen Ombra-Szenen in *Lucio Silla*, so viel ist klar, gehen auf das Konto des Librettisten Giovanni De Gamerra, der eine Neigung zum Schaurigen hatte. Aber es ist auch deutlich geworden, dass Mozart sie mit einigem Gusto vertont hat, und wenn man auf seine späteren Werke blickt, wird deutlich genug, wie viel ihm diese Tradition bedeutet hat, denken wir nur an „Don Giovanni, a cenar teco m'invitasti" (II/15) in *Don Giovanni*, den absoluten Höhepunkt. Aber schon die Bühnenmusik zu Thamos berührt vielfältig die Ombra-Sphäre. In *Idomeneo* bringt Mozart mindestens fünf großartige Ombra-Szenen, d.h. Szenen der Todesnähe, unter: die beiden Wut- und Wahnsinnsarien der Elektra, in denen sie die Furien der Unterwelt beschwört, die erste (Nr. 4) in d-Moll, die zweite (Nr. 29) in c-Moll, die Arie Nr. 6 des dem Meer entkommenen Idomeneo, der von Schrecken und Grausen übermannt wird, als er fürchtet, einem menschlichen Wesen zu begegnen, das er opfern muss und dessen Totenschatten ihn verfolgen wird; das großartige Quartett Nr. 21, als Idamante, den Tod vor Augen, zum Kampf mit dem Ungeheuer aufbricht, und schließlich die Szene mit dem Orakel des Neptun Nr. 28.

Wenn man davon ausgehen darf, dass Mozart mit Szenen der Todesnähe besonders viel anfangen konnte, wie muss es dann auf ihn gewirkt haben, als er selbst als Protagonist in eine Inszenierung von Todesnähe geriet? Ich meine seine Aufnahme in den Freimaurerorden im Winter 1784/85. Bei der Initiation zum Lehrling wurde der Initiand zunächst

29 Vgl. dazu die eindrucksvolle Beschreibung von Goeges (Klangsymbol [wie Anm. 2], S. 86–88).

in die „dunkle Kammer" geführt und an einem Tisch mit Totenkopf und Buch sowie mit Strick und Dolch eine gute Weile sich selbst überlassen. Bei der letzten Stufe, der Erhebung in den Meisterstand, musste der Initiand die Passionsgeschichte des Adon Hiram, des Architekten von Salomos Tempel und Schutzheiligen der Freimaurer, nachspielen, sich also symbolisch erschlagen und in einen Sarg legen lassen, wo er dann eine gute Viertelstunde verbrachte. Da fand sich nun Mozart selbst mitten in einer Ombra-Szene und hatte Zeit genug, sich eine musikalische Idee einfallen zu lassen. In jenen Wochen entstand das Klavierkonzert d-Moll KV 466, das mit seiner düsteren Stimmung und vor allem seinen drängenden, destabilisierenden Synkopen schon die *Don Giovanni*-Sphäre vorwegnimmt. Das Orchester spielt hier den Part des düster drohenden Schicksals, das Klavier den des bedrohten Subjekts, das eine Klage anstimmt. Natürlich ist es die reinste Spekulation, sich vorzustellen, dass Mozart diese Einfälle bei seinen Empfindungen in der inszenierten Todesnähe des Freimaurerrituals gekommen sind. Aber immerhin ist das höchst ungewöhnliche Klavierkonzert in unmittelbarer zeitlicher Nähe dieser Erfahrung entstanden wie auch dann die vollkommen eindeutig als Beschwörung der Ombra-Sphäre zu verstehende *Maurerische Trauermusik* KV 477.

Wenig später, am 22. April 1785, hatte er noch einmal Gelegenheit, diesem Ritual beizuwohnen, als nämlich sein Vater Leopold, der ihn in Wien besuchte und gleich am Tage seiner Ankunft, dem 11. Februar, die Uraufführung des d-Moll-Klavierkonzerts erlebt hatte, in der Loge *Zur wahren Eintracht* zum Meister erhoben wurde. Bei dieser Gelegenheit hielt Bruder Anton Kreil einen Vortrag, der mit den Worten schloss:[30]

> Im Meistergrade, o ihr waret eben Zeugen, welche Empfindungen in dem Herzen eines Bruders erregt werden, und mit welcher Rührung er weggeht, wenn er mit ganzer Seele und mit ganzer Theilnehmung zugegen war. Dieses Bild des Todes, diese lebhafte Versetzung in den Sarg, die ewige Ruhestätte, die Aller wartet, dieser Versuch zum Voraus, wie sichs in dem engen Gehäuse liegen liesse, o meine Brüder! sie machen herrliche Wirkung in dem Gemüthe all derer, die der Pflege der Weisheit fähig sind.

Die freimaurerische Meisterweihe war nach dem Modell dessen, was man sich damals unter den ägyptischen Mysterien vorstellte, als eine Konfrontation mit dem Tod, also eine echte Ombra-Szene angelegt, und man kann sich wohl fragen, welch „herrliche Wirkung" sie auf das Gemüt eines Komponisten gehabt haben muss, der gerade Ombra-Szenen liebte. Vor allem aber fragt man sich, ob es Mozart nicht reizte, diese *Großen Mysterien* mit ihrer Inszenierung von Todesnähe einmal auf die Bühne zu bringen, zumal Kreils Vortrag von den „Egyptischen Mysterien" handelte. Genau das macht er sechs Jahre später in der *Zauberflöte*. Das Finale des zweiten Akts steht hier im Prozess von Taminos Einweihung an der Stelle der *Großen Mysterien*, der Meisterweihe; die Schreckenspforten konfrontieren ihn mit dem Tod, dessen Schrecken er beim Gang durch Feuer

30 [Anton Kreil], „Über wissenschaftliche Freymaurerey", in: *Journal für Freymaurer* 7, Wien 1785, S. 49–78, hier S. 72 (siehe Jan Assmann und Florian Ebeling, *Ägyptische Mysterien. Reisen in die Unterwelt in Aufklärung und Romantik*, München 2011, S. 137).

und Wasser überwinden muss. Bei Mozart wird daraus eine ganz einzigartige und großartige Ombra-Szene, auf die ich abschließend noch einen Blick werfen möchte.

Zunächst beginnt das Finale mit dem Gesang „Bald prangt, den Morgen zu verkünden“ der Drei Knaben in Es-Dur, trübt sich dann aber mit dem Auftritt der Pamina, die sich das Leben nehmen will, in ein hochpathetisches c-Moll ein und gewinnt mit schmerzvollen Intervallen, kühnen Modulationen und chromatischen Quartfällen eindeutigen Ombra- und Klagecharakter. Aber die Knaben wenden mit ihrer Intervention die Szene wieder ins Heitere. Dann aber wandelt sich die Szene: Tamino steht vor den Schreckenspforten, „die Not und Tod [ihm …] dräun“, und vor den beiden Geharnischten, die sie bewachen. Wieder in c-Moll erklingt lang – kurz – lang auf *c*, *unisono*, ein unerbittliches Todessignal, gefolgt von einem schmerzlichen Quartfall. Dasselbe wiederholt sich ebenso unerbittlich auf *G*. Unvermittelt und eindeutig sind wir in die dunkelste Ombra-Sphäre entrückt. Dann aber beginnt – wie Luft von anderem Planeten – eine fugierte Choralvariation im Stil Johann Sebastian Bachs, zu der die Geharnischten in parallelen Oktaven den *cantus firmus* des Luther-Chorals „Ach Gott, vom Himmel sieh darein“ anstimmen (von den Bläsern in nicht weniger als vier parallelen Oktaven *unisono* begleitet). Dieser Choral ist bewusst als ein musikalischer Fremdkörper aus einer anderen Welt in die Ombra-Sphäre eingeschaltet, in die nun Tamino mit seiner Reaktion in einem echten Ombra-Accompagnato in f-Moll zurückkehrt – bis dann Paminas unverhofftes Erscheinen die Szene entscheidend aufhellt. Worauf diese Bemerkungen abzielen ist nur, zu zeigen, dass Mozarts Behandlung der Ombra-Szenen in *Lucio Silla* keine isolierte Episode in seinem Œuvre darstellt. Im Gegenteil hat ihn die musikalische Darstellung der Erfahrung von Todesnähe bis zuletzt, bis zum Requiem, beschäftigt und zu immer großartigeren Lösungen inspiriert.

Manfred Hermann Schmid

Zur Aktualität von Text und Musik einer Opera seria als kulturgeschichtlicher Ruine

Mozarts große Opern vom *Idomeneo* bis zur *Zauberflöte* erreichen uns ganz direkt, ohne dass differenzierte Fragen nach Gattungstraditionen und -konventionen der Zeit unumgänglich wären. Das ist bei einem Werk wie *Lucio Silla* anders. Es bedarf zum Verständnis in ungleich höherem Maße seines historischen Kontextes, das heißt zunächst, des künstlichen Regelwerks der Opera seria. Nun gibt es kaum eine Erscheinung in der jüngeren Geschichte der Kunst, die den heutigen Zeiten so fremd wäre wie diese Opera seria. Man kann ihren Text beim besten Willen nicht laut lesen – so etwas Gespreiztes. Man kann die Szenen nicht portionsweise als Fortsetzungsgeschichte in der Zeitung drucken – das wäre lächerlich. Die Worte kennen wir zwar alle, aber sie machen keinen aktuellen Sinn mehr, sie spiegeln so gut wie nichts von der Welt des 21. Jahrhunderts. Die Art von Gefühlsreflexion wirkt leblos und künstlich. Mehr noch: Da haben Männerrollen eine Sopranstimme. Da geht es um eine längst überwundene Klassengesellschaft, von der wir nur eine winzige Spitze der Allermächtigsten zu sehen bekommen. Den Rest müssen wir gedanklich ergänzen, ohne dass wir die geringste Vorstellung davon haben. Da spielt die Handlung an zwar historischen und doch reichlich fremden Orten, konkret in einem Rom, von dem aber bestenfalls noch Ruinen hinter dem Kapitol erkennbar sind. Die ganze Opera seria ist gewissenmaßen kulturgeschichtlich eine Ruine. Und dann auch noch die einem

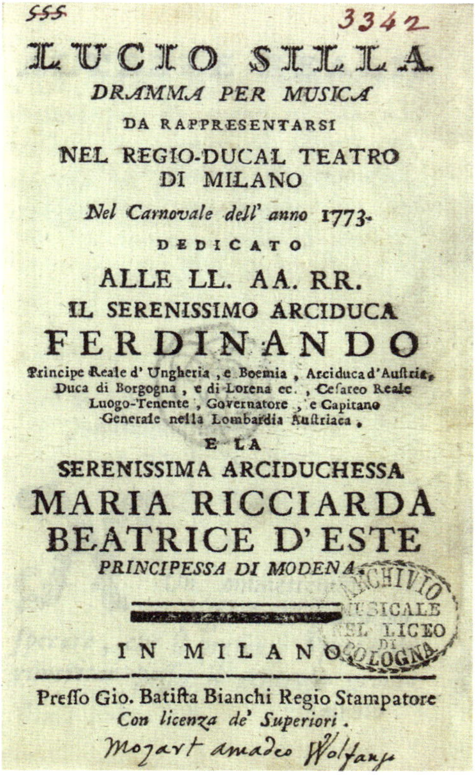
555 3342

LUCIO SILLA
DRAMMA PER MUSICA
DA RAPPRESENTARSI
NEL REGIO-DUCAL TEATRO
DI MILANO
Nel Carnovale dell' anno 1773.
DEDICATO
ALLE LL. AA. RR.
IL SERENISSIMO ARCIDUCA
FERDINANDO
Principe Reale d' Ungheria, e Boemia, Arciduca d'Austria, Duca di Borgogna, e di Lorena ec., Cesareo Reale Luogo-Tenente, Governatore, e Capitano Generale nella Lombardia Austriaca,
E LA
SERENISSIMA ARCIDUCHESSA
MARIA RICCIARDA
BEATRICE D'ESTE
PRINCIPESSA DI MODENA.

IN MILANO

Presso Gio. Batista Bianchi Regio Stampatore
Con licenza de' Superiori.

Mozart amadeo Wolfang

Giovanni De Gamerra/Wolfgang Amadé Mozart,
Lucio Silla
Libretto-Druck, Mailand 1773. Titelblatt

modernen Theater völlig widerstrebende Zeitdisposition. Für eine final orientierte Entwicklung liegt der Wendepunkt viel zu früh. De Gamerra hält sich auch sklavisch genau an den Punkt der Peripetie gegen Ende des mittleren Aktes. Jetzt sollte die Geschichte in wenigen Minuten zu Ende sein. Aber es kommt noch ein kompletter Akt.

Schließlich bleibt eine ganz große Schwierigkeit, vielleicht die Hauptschwierigkeit schlechthin. Die Opera seria gilt als „dramma“, als „Handlung“, wie es im Deutschen heißt. Daraus möchte man schließen, dass etwas vor sich geht, etwas geschieht. Das ist aber nicht wirklich der Fall. Von Geschehnissen wird nur *geredet*. Was uns vorgeführt wird, lebt seiner Intention nach vom Wort. Das hat ein kluger Theaterfachmann vor über 100 Jahren „Gedankenentwicklung“ genannt, deren Logik sich eben allein in Worten widerspiegle.[1] Modernen Medienkriterien zufolge gehört das gewissermaßen in die Kategorie des Hörspiels.

Darin liegt vielleicht auch die Faszination für ein modernes Regietheater. Text und szenische Disposition lassen ihm optisch jeden Freiraum. Mehr als ein paar Angaben zum Bühnenbild gibt es für die Dimension des Sichtbaren nicht. Die Nutzung dieses Freiraums muss für produktive Theaterleute eine enorme Verführung sein. Dadurch, scheint mir, hat die Opera seria eine ganz neue, völlig unerwartete Attraktion gewonnen.

Zur Verteidigung heißt es regelmäßig, dass die Opera seria doch sehr vertraut sei, weil es bei ihr um die vitalen Dauerfragen menschlicher Beziehung gehe, um Liebe und Macht. Doch von diesen sogenannten Konstanten herrschen heute ganz andere Vorstellungen. Außerdem: In Mozarts Oper steht die Macht, vor allem die militärische, durch die Silla groß wurde, vielleicht irgendwo im Hintergrund, aber sie kommt nicht wirklich vor. Vielmehr zeigt sich Silla in all seiner Ohnmacht. Und da geht es auf dem Feld der Liebe wenig um Zuneigung, ja nicht einmal um Sex. Sondern allein um Selbsthypnose und Selbstverzückung. In einer merkwürdigen Diskrepanz von verbaler Schwärmerei und körperlicher Distanziertheit.

Das Einzige, was aktuell geblieben scheint, ist der Diktator – nicht im eigenen demokratischen Umfeld, aber wenigstens anderswo auf der Welt: in der Ferne und als etwas quasi Exotisches. Im 18. Jahrhundert ist „Rom“ auch lange Vergangenheit, gleichwohl etwas sehr Lebendiges. Der aktuelle Kaiser, der Kaiser des Heiligen *Römischen* Reiches, versteht sich als Nachfolger der Kaiser Roms. Und wenn er seine Genealogie noch weiter zurückverfolgen kann, umso besser. Für ihn ist Silla kein Exot, sondern schlimmstenfalls das schwarze Schaf der Familie. Um Familie geht es ja ganz wesentlich in der Opera seria. Und in die Familie kehrt Silla am Ende auch feierlich zurück – mit einer Tat, die ihn in eine Reihe mit Kaiser Titus und seiner sprichwörtlichen *clemenza* bringt. Leopold II. hat *La clemenza di Tito* für seine Krönung zum böhmischen König in Prag als Huldigungs-Spiegel eigener Existenz erlebt und gehört – mit Musik von Mozart.

1 Alexander Leander, „Musikdrama und Oper“, in: *Mittheilungen für die Mozart-Gemeinde in Berlin* II, Heft 14, 1902, S. 131–136, hier S. 134.

Auch der *Lucio Silla* hat einen vergleichbar höfischen Kontext, nur eine Nummer kleiner. Gehuldigt wird nicht dem Kaiser selbst, sondern einem seiner Söhne, Erzherzog Ferdinand, Statthalter der Lombardei mit Regierungssitz in Mailand. Davon sprechen zwei Drittel des Titelblatts im originalen Libretto, beginnend mit dem Wort „dedicato", gewidmet also Ihren Königlichen Hoheiten („alle loro Altezze Reali", um die Abkürzungen aufzulösen), dem Erzherzog Ferdinand mit seiner gesamten Prinzen-Titulatur, einschließlich des „Luogo-Tenente nella Lombardia Austriaca", und der Erzherzogin Maria Ricciarda Beatrice aus dem Hause der d'Este. Die ganze höfische Passage in Großbuchstaben reicht bis zur letzten Zeile: „Con licenza de' Superiori", mit Erlaubnis der höchsten Stellen.

Dem Dichter war betont darum zu tun, gesetzte Erwartungen zu erfüllen. Nach aristotelischen Regeln soll die Handlung in 24 Stunden zu Ende kommen. Nicht weniger als zehnmal lässt De Gamerra bildungsbeflissen seine Figuren ankündigend sagen „heute noch": „oggi", oder: „in questo giorno", „in questo dì", „il giorno è questo" bzw. „al nuovo sole". Nebenbei gesagt: Eine Verbeugung vor dieser Konvention macht noch Beaumarchais in seinem *Figaro*, dessen Haupttitel lautete: *Der tolle Tag/La folle journée*.

Zurück nach Mailand: Also kein autonomes Kunstwerk im Sinne des 19. Jahrhunderts, sondern ein funktionales Gebilde, in dem Dichter und Komponist soweit verschwinden, dass sie auf dem Titelblatt nichts zu suchen haben. Wenigstens kommen sie später, wenn man umblättert, noch vor. Mozart bezeichnenderweise mit dem Titel *Il Signor Cavaliere* als Zeichen der Teilhabe an dieser Gesellschaft. Für Leopold Mozart waren die Mailänder Aufträge schließlich Zeichen einer „unsterblichen Ehre", wie er seiner Frau nach Salzburg schrieb (Brief Leopold Mozart an Maria Anna Mozart, 14. und 18. März 1771, BD 236). Dass die tragende Gesellschaft selbst sterblich sein könnte, lag da noch außerhalb seiner Vorstellungkraft.

Der langen Rede kurze Frage: Was konnte Ferdinand und Beatrice an diesem Opernspektakel interessiert haben? Dass Giunia und Cecilio am Ende zusammenfinden? Dass Cinna für seine Treue belohnt wird? Oder gar für seinen Mut zum Attentat? Dass Lucio Silla abtreten muss? So könnte die eine oder andere moderne Motivation lauten. Historisch liegt das eigentliche Movens der Handlung und damit auch die innere Attraktion an einem ganz anderen Punkt. Er wird in einer deutschen Zusammenfassung bei jenem gleichnamigen Libretto, das Johann Christian Bach vertont hat, mit einem einzigen Wort benannt: „Tugendtrieb"[2]. Will sagen: Noch der schlechteste Mensch hat in sich den Drang zum Guten. Diesen Drang verspürt Lucio Silla in denkbar unerwartetem Augenblick – und alles wendet sich zum Guten. Das hat zuletzt auch eine christliche Note. Doch jeder Verhaltensforscher und Psychologe unserer Tage würde ob dieser Erklärung

2 Vgl. den Librettodruck: *Lucius Silla / eine Opera / aufgeführet bei Gelegenheit / des höchstbeglückten / Namensfestes / Seiner / Kurfürstl. Durchlaucht / zu Pfalz. / Mannheim / in der Hof- und Akademie-Buchdruckerei, /* 1774, [S. 6].

vermutlich laut protestieren oder ratlos den Kopf schütteln. Am Nervenpunkt der ganzen Geschichte, gleichzeitig dem Nervenpunkt der Gattung Opera seria generell, fehlt unserer Welt, zumindest unserer westlichen Welt, jedes spontane Verständnis.

In der aktuellen Salzburger Inszenierung ist die Wende, überraschend plötzlich bei Mozart, zumindest vorbereitet: durch eine importierte Arie von Johann Christian Bach aus dessen Vertonung des nahezu gleichen Textes für Mannheim 1775. In der letzten Salzburger Inszenierung, der von Jürgen Flimm 2006, hat die gattungsspezifische Lösung hingegen dazu geführt, dass am Ende alles auf den Kopf gestellt war. Statt dass einer den Trieb zum Guten bewies, folgten plötzlich gleich zwei dem Ruf des Bösen. Mit negativer Willkür sind wir ja bestens vertraut, mit positiver Willkür dagegen können wir nur schwer umgehen. – Und weil, wie gesagt, die Gattung einen Leerraum für sichtbare Handlung lässt, war er gefüllt mit Vergewaltigung und Mord. Beim ersteren wäre Beatrice in Ohnmacht gefallen, beim letzteren Ferdinand – betraf das Opfer indirekt doch seine eigene Person. Oder: Was heute als plausible Lösung erscheint, ist im 18. Jahrhundert ganz unmöglich und *vice versa*. Die Opera seria zeigt sich eben als eine Ruine, die wir nicht wieder aufbauen können.

*

Ist der *Lucio Silla* also unaufführbar? Da wäre ich falsch verstanden. Allerdings habe ich bisher auch ein Wort auf der originalen Titelseite unterschlagen. Es heißt dort: „dramma *per musica*". Das bedeutet: Die wortreflektierte Handlung will Raum schaffen für Musik. Eine solche Einladung musste man Mozart nicht zweimal aussprechen. Nach *Mitridate* und *Ascanio in Alba* sowie *Il sogno di Scipione* war er nicht mehr damit zufrieden, bloß seine Vertrautheit mit den Konventionen zu demonstrieren. Seine Ansprüche waren gewachsen, Ansprüche vor allem an sich selbst.

Die Besonderheiten der neuen musikalischen Konzeption lassen sich für jetzt nur ausschnittweise erklären. Es gibt in Mozarts *Lucio Silla* verschiedene Arien von suggestiver Musik, die ganz für sich genommen, aus dem Handlungskontext herausgelöst, als musikalische Perlen existieren könnten.[3] Zwei scheinen mir aber in besonderer Weise auf das Werkganze bezogen zu sein und etwas vom dramatischen Konzept Mozarts zu verraten. Eine Arie von Giunia und eine von Cecilio, zwei Arien, die als Paar ebenso zusammengehören wie die beiden singenden Figuren. Die eine Arie wird unmittelbar vor der Katastrophe gesungen, die andere danach. Mozart überbrückt hier lange Distanzen über Aktgrenzen hinweg.
Beide Arien sprechen von Tod und Sterben. Dabei scheint Mozart von dem Gedanken beseelt, dass im Tod alle gleich sind und jeder weltliche Prunk vergangen ist. Zu den Konventionen zählte, dass die soziale Stellung der Opernfiguren an der Orchesterbegleitung kenntlich wird. Je reicher die Besetzung, desto höher der Rang. In beiden Arien reduziert Mozart jedoch das Orchester auf ein Minimum, auf die Streicher allein. Er will

3 Das gilt früh für die Arie Nr. 14 „Ah se a morir mi chiama", die auch separat für sich überliefert ist.

gewissermaßen ohne alle Standesverkleidung die nackte Seele sprechen lassen und die Personen in ihrem Innersten zeigen. Dabei sind ihre Reaktionen ganz konträr:

Giunia zeigt sich in völliger Verwirrung und Verzweiflung. Der Text: „Ich beeile mich, zu gehen, aber dabei zerreißt es mir das Herz; die Seele schwindet." Das sind zwei Verse, die in schönen melodischen Einheiten zur Geltung kommen sollten. Doch Mozart sieht von einem großen Melodiebogen ganz ab. Unter dem Stichwort „zerreißt" stückelt er seine Verse in einer atemlosen Deklamation: „Parto … m'affretto …, ma nel partire … il cor si spezza." Und zuletzt stückelt er sogar Worte: „… Mi man…ca … l'a…nima." Von Singen kann da kaum mehr die Rede sein. Eher von einem singenden Stammeln. Deshalb muss auch das Orchester mit seinem kurzatmigen C-Dur-Motiv für den Zusammenhang sorgen. Erst mit einer illusionären Wendung („ah se potessi"/„ach wenn ich nur könnte") kommt ein arioses Moment in das Stück, aber seltsam schwankend, zwischen Dur und Moll, ja sogar zwischen verschiedenen Tonartstufen. Bei der Wiederholung der

Johann Christian Bach, *Lucio Silla*
Zeitgenössische Partitur-Abschrift, Beginn der Arie des Silla
„Se al generoso ardire" mit obligaten Instrumenten

Strophe findet sich Giunia in einem völlig entlegenen Es-Dur wieder, technisch einer alterierten III. Stufe, die im A-Teil einer Arie nichts zu suchen hat. Schöner könnte man Verwirrung und Verzweiflung musikalisch nicht darstellen. Mozart geht noch einen Schritt weiter und bringt auch die Form ganz durcheinander. Der Text sieht nach der ersten noch eine kürzere zweite Strophe vor. Das bedeutet für den Musiker, dass er die Form nach dem Da-capo-Prinzip durch Wiederholung der ersten Strophe rundet: A–B–A. Giunia zeigt sich aber derart verwirrt, dass sie das Da capo vergisst, mit der textlich ziemlich ungeeigneten Mittelstrophe abbricht und die Bühne verlässt. Das muss für ein Publikum, das in Formen mitgedacht hat, schon ein ziemlicher Schock gewesen sein. Was Mozart sagen wollte, hat sicher jeder verstanden: Giunia, in verzweifelter Sorge um ihren Geliebten, ist dem Wahnsinn nahe.

Es ist übrigens interessant zu sehen, dass Mozart – schon hier im *Lucio Silla* – den weiblichen Gefühlen einen viel breiteren Raum gibt und weit mehr Vielfalt ermöglicht als den eher beschränkten männlichen.

Doch auch für Cecilio hat er einen eigenen Ton parat, in Reaktion auf einen schönen, vielleicht ein bisschen wortspielerisch selbstgefälligen Text De Gamerras. Cecilio singt im Bewusstsein des Todes weder eine heroische Arie noch ein Lamento. Seine Musik wirkt seltsam verklärt. Die Worte dazu lauten:

Pupille amate,	Geliebte Augensterne,
non lagrimate;	weint nicht.
morir mi fate	Sterben lasst ihr mich schon,
pria di morir.	bevor ich sterbe.

Also: Wenn er sie ansieht oder sich ihrer Blicke erinnert, könnte er sterben vor Liebe. Was ist da ein banaler Tod dagegen? Vielleicht ein bisschen poetisch in einer äußerlich extrem angespannten Situation. Aber doch sehr geeignet für Musik, die ja gewissermaßen die Zeit anhalten und eine Person für einen Moment von allen äußeren Bindungen befreien kann. Für das Beschwören einer Erinnerung, die ihn nicht mehr loslässt, hat Mozart einen genialen Einfall, sowohl thematisch als auch formal. Er wählt eine ganz schlichte stilisierte Tanzmelodie, im Tempo di Minuetto und in übersichtlich tänzerischer Taktgliederung. Es ist gerade die Schlichtheit, die Mozarts Musik so erstaunlich glaubwürdig macht. Dabei stehen das Liebliche und Beschwingte mit dem „morire" des Textes in merkwürdigem und produktivem Gegensatz. Was die Musik gegen den Text sagt: Die treue Seele bleibt es auch über den Tod hinaus, der sie nicht mehr schrecken kann.

An die Melodie hat sich Mozart auch später noch erinnert. Ihr kleines zweites Segment, die Takte 5 bis 8, kehren in anderen Werken wieder, zunächst in der Rondò-Arie Nr. 10 von *Il re pastore* „L'amerò, sarò costante" und gleich nochmals 1775 im Andante der *Haffner-Serenade* KV 250, schließlich ein drittes Mal im Adagio des Streichquintetts KV 593. Für Mozart hatten die wenigen Töne also den Charakter eines Ohrwurms. Eben das möchte er auch darstellen, etwas, das man nicht vergessen kann.

Das spiegelt sich nicht zuletzt in der Form der Arie. Mozart hält sich zwar diesmal äußerlich an die übliche Da-capo-Anlage. Aber er verändert sie von innen. Zunächst grenzt er die B-Strophe nicht ab, sondern integriert sie in den Gesamtverlauf. Sie wiederholt thematisch höchst ungewöhnlich den zweiten Teil des Eingangs-Ritornells. Und Mozart verweigert bei ihr die eigentlich zwingend gebotene tonartliche Entfernung. Die B-Verse halten sich an den Klang der A-Strophe. Im Da capo erscheint dann das Menuett-Thema nicht nur einmal, sondern gleich zweimal, damit der Ohrwurm auch den Schluss bildet. Mozart nähert so die Da-capo-Form einem Rondo an, dessen Wesen es ist, ein Motto zu formulieren. In der Cecilio-Arie heißt dieses Motto unwandelbar: „pupille amate".

Formal ist, was Mozart andeutet, ein erstaunlicher Vorgriff. In den großen Opern gehört zu einer Krisensituation des letzten Aktes obligatorisch eine Rondò-Arie. Ich erinnere nur an das „Non più di fiori" in *La clemenza di Tito*.

Die Giunia-Arie und die Cecilio-Arie mit ganz zurückgenommener Begleitung gehören innerlich zusammen und bilden ein Satzpaar: Verzweiflung hier, Trost dort. Modern kommunikationstechnisch gesagt: Das Liebespaar spricht auch über formale und echte Trennungen hinweg miteinander, und zwar ganz ohne Pose und Verstellung. Da ist die Opera seria mit ihren Schematismen und Formalien plötzlich ganz vergessen. Schade, dass die Salzburger Inszenierung von 2013 Giunias Arie gestrichen hat und dadurch diejenige von Cecilio merkwürdig isoliert.

Ich könnte noch andere Stellen der Oper zu erklären versuchen und müsste dann über die zwei direkten Begegnungen von Giunia und Cecilio sprechen, die eine im ersten Akt im Rahmen einer fantastisch finsteren Szene mit Chor, die andere direkt vor dem Finale im dritten Akt. Ich müsste auch über die großen Accompagnato-Rezitative sprechen, mit denen Mozart den üblichen Rahmen sprengt. Aber ich will Sie nicht mit Details überfüttern. Sie verstehen auch so die Zielrichtung. Es ist Mozarts Musik, deretwegen der gewaltige Aufwand einer Bühnenaufführung sich lohnt. Während der bloße Text die Hürden eines überhistorischen Verständnisses nicht nehmen könnte, werden seine Worte durch Mozarts Musik über diese Hürde gehoben. Die Musik birgt Wahrheiten in sich, die Zeit, Ort und Auftrag vergessen lassen. Entsprechend unterschiedlich gehen die Künstler mit den beiden Medien um. Den Text nehmen sie als groben Leitfaden und füllen optische Leerräume auf ihre Weise. Die Musik realisieren sie so authentisch wie nur irgend möglich. Das ist ein Merkmal zeitgenössischen Theaters – anders kann es auch gar nicht sein. Wir hören 18. Jahrhundert und sehen 21. Jahrhundert. Musik der Vergangenheit und Personen der Gegenwart. Wie die beiden Komponenten sich jeweils im Theater vertragen, muss sich in jedem Augenblick neu erweisen.

Der Beitrag beruht auf dem am 24. Jänner 2013 gehaltenen Einführungsvortrag zur Aufführung von Mozarts Lucio Silla (Leitung: Marc Minkowski, Regie: Marshall Pynkoski, Bühnenbild: Antoine Fontaine) bei der Mozartwoche 2013. Der Vortragsstil wurde beibehalten.

Pietro Bettelini
Kupferstich *Starsänger des 18. Jahrhunderts*

Ulrich Leisinger

ANNA LUCIA DE AMICIS BUONSOLLAZZI – MOZARTS ERSTE GIUNIA

Anna De Amicis – *prima donna*

Eine Opernproduktion war im 18. Jahrhundert wohl mit noch weit größeren Risiken behaftet als in unserer Zeit: Ein Stück, das beim Publikum durchfiel, konnte den finanziellen Ruin des Opernhauses bedeuten und auch für die weitere Karriere der für die Saison angeheuerten Kräfte, den Komponisten sowie die Sängerinnen und Sänger, nur nachteilig sein. Alle waren einander auf Gedeih und Verderb ausgeliefert, und der Ausfall des Startenors Arcangelo Cortoni sowie die verspätete Ankunft der *prima donna* Anna Lucia De Amicis Buonsollazzi, damals meist nur die De Amicis genannt, gaben im Dezember 1772 in Mailand durchaus Anlass zur Sorge. Der Komponist der ersten Oper war ein zwar talentierter, aber blutjunger Mann. Den Verantwortlichen dürfte daher in den Wochen vor der Premiere bei dem Gedanken mulmig geworden sein, dass dieser drei Wochen vor dem Termin der Uraufführung – ohne eigenes Verschulden – die Hälfte des Werkes noch gar nicht geschrieben hatte. Im Ernstfall hätte man noch nicht einmal Anleihen bei Werken machen können, die den Sängern bereits vertraut waren, denn das Libretto zu *Lucio Silla* war in dieser Form noch nie in Musik gesetzt worden und wegen der Ambitionen von Giovanni De Gamerra auch so individuell gestaltet, dass man nur in wenigen Situationen einen Alternativsatz eines anderen Meisters in das Rohgerüst der Oper hätte einbauen können, um sich mit einem Pasticcio mit *musica di vari maestri* aus der Bredouille zu retten. Die Arien der Sekundarier Cinna und Celia, die sich dafür eher angeboten hätten, da sie gemäß den Konventionen der Opera seria ohnehin weniger Individualität ausstrahlen sollten, waren aber schon längst geschrieben, da deren Sänger rechtzeitig in Mailand eingetroffen waren.

Wir erfahren aus den Briefen der Mozart-Familie nur von der problematischen Situation Anfang Dezember 1772, als man auf die Ankunft der Sänger wartete, und dann erst wieder von der positiven Wendung, die schließlich zur Premiere führte.[1] Diese war aber weder umjubelt noch gänzlich pannenfrei. Erst im Laufe der Karnevalssaison steigerte sich der Erfolg von Woche zu Woche; ab Mitte Januar konnten Vater und Sohn Mozart den Aufenthalt in Mailand wirklich genießen, wie die in einigen Mußestunden für den *primo uomo* Venanzio Rauzzini entstandene und am 17. Januar 1773 in der dortigen Theatinerkirche aufgeführte Motette „Exsultate, jubilate" KV 165 belegt.

1 Zu den Ereignissen vergleiche den Beitrag von Anja Morgenstern im vorliegenden Band.

Die *prima donna* und der *primo uomo* lieferten sich bei den Vorstellungen ein unerbittliches Gefecht um die Gunst des Publikums; Venanzio Rauzzini als Cecilio hatte sich mit „Psychotricks“ einen Startvorteil verschafft; er profitierte auch davon, dass Anna De Amicis sich bei der Premiere von einigen Ungeschicklichkeiten ihrer Mitakteure hatte verunsichern lassen und sich nur langsam zu der allseits erwarteten Form aufschwingen konnte. Doch bereits nach einer Woche hatte sich das Blatt gewendet, wie Leopold Mozart am 2. Januar 1773 berichtet: „und hat noch meistens die prima Donna die Oberhand[,] deren Arien wiederhollt worden.“

Glaubt man den Briefen nach Salzburg aufs Wort, so verliefen die Dezemberwochen arbeitsam, aber ohne größere Irritationen. Leopold Mozart ist vor allem des Lobes über Anna De Amicis voll: „die *Sg:^{ra} de amicis* empfehlt sich euch beyden, sie ist mit ihren 3 *Arien*, die sie bis dermahlen hat, ganz ausserordent: zu frieden“, heißt es am 12. Dezember 1772 (BD 270), und nicht minder überschwänglich schreibt er am 26. Dezember (BD 272), unmittelbar vor der Uraufführung, die häufig zitierten Worte: „die *de Amicis* ist unsere beste freundin, singt und *agiert* wie ein Engl, und ist in ihrer Vergnügenheit, weil der Wolfg: sie unvergleichlich bedient hat“.

Ein Schatten auf diese Lobeshymnen fällt aber einige Jahre später, wenn Leopold seinen Sohn in einem langen Brief vom 29. April bis 11. Mai 1778 aufmunternd dazu anhält, sich auch von den großen Enttäuschungen, die die Reise nach Mannheim und Paris mit sich gebracht hatten, nicht unterkriegen zu lassen (BD 448):

> übrigens must du dich durch deine Neider nicht niederschlagen und aus der Fassung bringen lassen: das geht aller Orten so. denke nur auf Italien, auf deine erste *Opera*, auf die 3te *Opera*, auf *D'Ettore* etc: auf die *Intriquen* der *de Amicis* etc: zurück etc: man muß sich durchschlagen.

Die Schwierigkeiten mit Guglielmo D'Ettore, dem ersten Mitridate in Mozarts gleichnamiger Oper von 1770, sind allgemein bekannt:[2] Die Tatsachen, dass für die Auftrittsarie des Titelhelden „Se di lauri il crine adorno“ nicht weniger als vier Entwürfe Mozarts erhalten sind und dass die Schlussarie „Vado al fato estremo“ in der in Mailand aufgeführten Fassung gar nicht von Mozart stammt, sondern der gleichnamigen, wenige Jahre zuvor unter Mitwirkung D'Ettores erstmals aufgeführter Vertonung von Quirino Gasparini entnommen ist, machen deutlich, dass der Starsänger mit den Arbeiten des gerade 14-Jährigen alles andere als zufrieden war. Zur Ehrenrettung des Tenors sei daran erinnert, dass dieser zwar scheinbar auf dem Höhepunkt seiner Karriere stand, aber bereits deutliche Zeichen einer tödlichen Erkrankung zeigte, der er im darauffolgenden Jahr im Alter von gerade einmal 31 Jahren auch erlag. Seine Lungenfunktion war stark eingeschränkt, was eine Reduzierung der technischen Ansprüche, insbesondere eine Vermei-

2 Vgl. Harrison James Wignall, „Guglielmo d'Ettore: Mozart's First Mitridate“, in: *The Opera Quarterly* 10 (1994), S. 93–112, und derselbe, „The Genesis of ‚Se di lauri‘: Mozart's Drafts and Final Version of Guglielmo D'Ettore's Entrance Aria from *Mitridate*“, in: *Mozart Studien* 5 (1995), S. 45–99.

dung von Haltetönen und hohen Passagen erforderte, wohingegen ihm auch große Sprünge leichtfielen. Über die Probleme, die D'Ettore dem jungen Mozart bereitet hatte, finden wir in den Briefen nur vage Andeutungen. Denn dabei handelte es sich eben nicht nur um eine reine Familienkorrespondenz, sondern zugleich auch um „Zeitung" im Sinne des 18. Jahrhunderts, das heißt, dass die Briefe als offizielle Berichterstattung nicht nur den „guten Freunden und Freundinnen", die stets herzlich gegrüßt wurden, sondern auch den Dienstvorgesetzten und eventuellen Neidern zur Kenntnis kommen konnten, ja vielleicht sogar sollten.

Das Gleiche gilt für die Intrigen der Anna De Amicis. Hierüber erfahren wir erstmals etwas in einem italienischen Text, der aus dem *Anhang* zu Georg Nikolaus Nissens *Biographie W. A. Mozart's* (S. 73) bekannt ist. Dieser Text ist dort ohne unmittelbaren Quellennachweis dem 1817 in Cremona gedruckten *Elogio storico di Wolfgango Amadeo Mozart* des Grafen Folchino Schizzi entnommen. Über das Erscheinen dieser Schrift berichtet ein Italien-Korrespondent der *Allgemeinen musikalischen Zeitung* im Februar 1818 und zitiert die entsprechende Anekdote in deutscher Übersetzung, wobei er an manchen Stellen auch mehr als notwendig in die Textgestalt der Vorlage eingriff:[3]

> Die sehr kurze Lebensbeschreibung Mozarts ist fast gänzlich aus den, vor zwey Jahren hier vom Dr. Lichtenthal erschienenen: *Cenni biografici del cel.*[ebre] *maestro Mozart* entlehnt. S. 26–28 liest man folgende, vom […] Abt Cervellini herrührende Anekdoten, die vielleicht in Deutschland noch unbekannt sind. Als Mozart seine zweyte Oper, *Lucio Silla*, zu Mayland schrieb, war die damals berühmte Prima-Donna, Buonsolazzi, für die *Stagione del carnevale* engagirt. Diese befremdete es ungemein, wie man einem solchen Jüngling den Auftrag geben konnte, für *sie* zu schreiben; sie nahm daher M.[ozart] bey der Hand und bat ihn höflich, ihr vor allem seine Gedanken, in Betreff ihrer Arien und Scenen mitzutheilen, und fügte hinzu, dass ihr Gesang allenfalls die Schwäche einer Composition verdecken könne. Der 16jährige M.[ozart] lachte heimlich über den Stolz der Sängerin, u.[nd] versicherte, er werde sie nach Wunsch befriedigen. Wenige Tage nachher kam M.[ozart] in die Probe der Oper und bat die Buonsolazzi um Verzeihung, dass er so kühn gewesen, die *ganze* erste Arie schon fertig gemacht zu haben. Die Sängerin nahm dieselbe in die Hand, blickte sie schnell durch, bemerkte aber bald eine Meisterhand und so viele Schönheiten, dass sie sich ganz beschämt Vorwürfe machte und für den jungen Compositeur nicht genug Lobsprüche finden konnte. Mozart sagte nun zu ihr freundlich lächelnd: wenn ihr diese Arie nicht gefiele, so hätte er schon eine ganz andere für sie in Bereitschaft, und wenn ihr auch diese zweyte nicht gefiele, so wollte ihr eine dritte zeigen. Alle drey Arien wurden sodann von der Buonsolazzi probirt und von den Musikverständigen angehört, und alle drey wurden als Meisterstücke erklärt, die kaum bey ältern Meistern ihres Gleichen fänden.

3 *Allgemeine musikalische Zeitung* 20, Nr. 5 (4. Februar 1818), Sp. 91–94, hier Sp. 93. Autor des Berichts ist wahrscheinlich Pietro Lichtenthal, der mit Constanze Mozart und ihren Söhnen bekannt war.

Mit dieser Geschichte fällt ein leichter Schatten auf die häufig beschworene Freundschaft zwischen der Familie Mozart und der Starsängerin. Man kannte sich seit 1763, als man in einem Mainzer Gasthof zum ersten Mal aufeinandergetroffen war: Die Mozarts waren auf dem Weg nach Paris und London, die noch unverheiratete Sängerin nach ihren Jahren in London mit ihrer Familie auf dem Weg zurück nach Neapel. Vater und Sohn Mozart waren der Sängerin dann in Neapel, wo sie die Rolle der Armida in Niccolò Jommellis *Armida abbandonata* übernommen hatte, im Frühsommer 1770 noch einmal begegnet und waren freundschaftlich mit ihr umgegangen. Ungeachtet dieser langjährigen persönlichen Beziehungen scheint Anna De Amicis dem inzwischen 16-jährigen Komponisten die Aufgabe anfangs nicht zugetraut zu haben. Aufschlussreich ist dessen – von Leopold mindestens unterstützte, wenn nicht angeordnete – Reaktion: Den Gepflogenheiten des Theaters hätte es entsprochen, der Sängerin nur einen (textierten) Entwurf der Vokalstimme vorzulegen, wie wir dies nicht nur bei *Mitridate*, sondern bis in die Wiener Zeit, etwa bei den Verlaufsskizzen zu den Arien Nr. 18 „Vedrò mentre io sospiro" und Nr. 28 „Deh vieni non tardar" aus *Le nozze di Figaro*, beobachten können, um ihr Gelegenheit zu geben, noch individuelle Wünsche auszusprechen, die der Kom-

Wolfgang Amadé Mozart, *Lucio Silla*
Autographe Partitur. Beginn der Arie der Giunia „Fra i pensier più funesti di morte"

ponist bei der Ausfertigung umsetzen konnte. Der junge Mozart hatte stattdessen drei Arien binnen einer Woche, wie wir bereits aus dem Brief vom 12. Dezember 1772 wissen, in vollständiger Partitur ausgearbeitet. Wenn die Sängerin durch eine Zurückweisung der Arien nicht alle an der Opernpremiere Beteiligten 14 Tage vor der Premiere brüskieren wollte, war ihr die Möglichkeit genommen, auf die Komposition der für sie bestimmten Stücke Einfluss nehmen zu können. Offenbar wollte Leopold Mozart die schmerzhaften Erfahrungen der vorletzten Karnevalssaison vermeiden, wo sein Sohn wieder und wieder ans Werk musste, um den teils berechtigten, teils aber auch überzogenen Ansprüchen des Sängers der Titelrolle gerecht zu werden. Leider gibt das Autograph über die Kompositionsweise wenig Aufschluss, denn das Schriftbild der Arien der Giunia für Anna De Amicis weicht nicht merklich von denen der Celia ab, die von Daniella Mienci als *seconda donna* gesungen wurde; diese sind aber in bestem Einvernehmen und ohne Zeitdruck entstanden. Am Autograph lässt sich nicht einmal ablesen, welche der Arien der Giunia nach den drei anderen entstanden ist. Es liegt nahe, hier an Nr. 22 „Fra i pensier più funesti di morte" zu denken, deren Grundcharakter dem der Arie Nr. 4 „Dalla sponda tenebrosa" entspricht, die als Auftrittsarie der *prima donna* fast zwangsläufig auch als erste komponiert sein dürfte. Mangels dokumentarischer Belege lässt sich diese Annahme aber nicht beweisen.

Dass die De Amicis eine schwierige Person, eine echte *prima donna*, war, musste auch Gaspare Pacchierotti erfahren, der mit Anna De Amicis bereits 1765 in Johann Adolf Hasses *Romolo ed Ersinda* in Innsbruck gesungen hatte, wobei er die Rolle des *secondo uomo* übernommen hatte. 1771 begegnete man sich in Neapel wieder, da er erstmals in seinem Leben am Teatro Regio in Palermo als *primo uomo* auftreten sollte; die *prima donna* zeigte ihm aber die kalte Schulter und weigerte sich anfangs, gemeinsam mit einem Sänger aufzutreten, den sie als bloßen Sekundarier einstufte. Hierüber gibt eine frühe Lebensbeschreibung des Sängers Aufschluss:[4]

> Giunto [...] in tale circostanza a Venezia un commissionato del regio teatro di Palermo offrì subito al Pacchierotti il rango di *primo soprano* in quella città pel 1771; e munito da S.[ua] E.[ccelenza] il procuratore Tron (che tanto influì generoso nelle fortune del Pacchierotti) di commendatizia pel veneto rappresentante in Napoli, prese le mosse a quella volta. Ma toccando Napoli per girsene diritto a Palermo gli venne intimata solenne protesta, perché la De Amicis, regina delle cantanti in quell'epoca e delizia del pubblico palermitano da varie stagioni, dichiarava non voler compromettere il proprio decoro e l'esito dello spettacolo prendendosi a compagno un artista da parti secondarie. Confortava il Pacchierotti il veneto ministro, ma nell'umiliante alternativa dovette dar prova di sé cantando due pezzi con piena orchestra nel teatro di S. Carlo in Napoli, e gli furono delegati a giudici i compositori di musica Lacillo e Piccinni ed il soprano Caffariello. Compensata l'amarezza da un esito brillante, si fece lusinghiero invito al Pacchierotti di scegliere tosto tra il teatro

4 Giuseppe Cecchini Pacchierotti, *Ai cultori ed amatori della musica vocale: Cenni biografici intorno a Gaspare Pacchierotti*, Padua 1844, S. 6–8.

di Palermo e quello medesimo di S. Carlo. Nobile puntiglio lo decise pel primo, e gli fu riservato il teatro di S. Carlo per i due anni successivi. Approdati a Palermo gli attestati e l'esordiente, fu presentato il Pacchierotti alla De Amicis. Fredde accoglienze, superbe ricerche se avesse avuta la parte assegnatagli nell'opera; si tenesse avvertito di bene studiarla, perché non si volea impazzire con principianti. Vennero le prove; un duetto però che il Pacchierotti avea colla De Amicis non si esperiva mai. Chiede egli finalmente quando piacerebbe alla signora di eseguirlo per le necessarie intelligenze. „Alla prova generale", gli si risponde; e così fu. Sosteneva la De Amicis la parte della Didone, esimia in bellezza, in azione, nel canto. Appena vista nella prima sera dall'affollato pubblico, fragorosi e lunghissimi applausi la salutano; allo sciogliere poi della voce, battimano senza fine. Tremante il Pacchierotti esce e canta la sua cavatina. Non applausi, non insulti! Giunto il duetto nel quale la De Amicis si proponeva di schiacciare il mal conosciuto avversario, ne canta il primo concetto con tanta arte, che strappa all'udienza le grida dell'entusiasmo. Risponde il Pacchierotti, e trova favore. Negli „a due" e nella „cabaletta", maestra la De Amicis di ogni genere di canto mette in opera tutti i suoi mezzi: l'udienza è per essa. Soggiunge il Pacchierotti con un genere affatto nuovo di appoggiature, di gruppetti, di trilli, di slanci patetici, di magiche inflessioni, ed egli pure rapisce e trasporta. Si vuole replicato il duetto; si sfoggiano nuovi ornamenti, nuovi prestigi d'ambe le parti con effetto sempre più commovente; e la De Amicis medesima confusa ed intenerita sostituisce al disprezzo sincera ed affettuosa ammirazione.

Als ein Abgesandter des Königlichen Theaters von Palermo [...] in Venedig ankam, bot er Pacchierotti sogleich die Stellung des *primo soprano* in Palermo für das Jahr 1771 an. Mit einem Empfehlungsbrief Seiner Exzellenz, des Bevollmächtigten Tron (der einen so großherzigen Einfluss auf Pacchierottis Schicksal ausübte) für den Vertreter Venedigs in Neapel ausgestattet, brach Pacchierotti auf. Als er aber in Neapel Station machte, um nach Palermo weiterzufahren, wurde gegen ihn ein förmlicher Einspruch erhoben, weil die De Amicis, Königin unter den Sängerinnen ihrer Zeit und seit vielen Spielzeiten der Liebling des Publikums in Palermo, erklärte, dass sie ihren Ruf und den Erfolg der Vorstellung nicht dadurch gefährden wolle, dass man einen Künstler, der nur zweitrangige Rollen singe, als Gesangspartner nähme. Der Minister von Venedig unterstützte Pacchierotti, aber der Sänger wurde in erniedrigender Weise dazu gezwungen, sein Können unter Beweis zu stellen und zwei Nummern mit ganzem Orchester im Theater San Carlo von Neapel zu singen, wobei die Komponisten Lacillo und Piccinni sowie der Sopranist Caffariello als Juroren fungierten. Nachdem er die bittere Demütigung mit einer brillanten Darbietung wettgemacht hatte, unterbreitete man Pacchierotti das schmeichelhafte Angebot, zwischen dem Theater von Palermo und demjenigen von San Carlo zu wählen. Aus edlem Pflichtgefühl entschied er sich für das erstere, und das Theater San Carlo wurde ihm für die zwei nachfolgenden Jahre reserviert. Nachdem der Debütant mit den Zeugnissen in Palermo ankam, wurde er der De Amicis vorgestellt. Sie empfing ihn kalt und fragte ihn herablassend, ob er seinen Part in der Oper be-

> kommen habe; er solle darauf achten, seinen Part fleißig einzuüben, da man sich von Anfängern nicht verrückt machen lassen wolle. Es wurde geprobt; aber ein Duett, das Pacchierotti mit der De Amicis singen sollte, wurde dabei nie einstudiert. Pacchierotti fragte dann, wann Madame es mit ihm für die nötige Abstimmung studieren wolle. „Bei der Generalprobe", ließ sie ihm ausrichten; und so geschah es dann. Die De Amicis sang den Part der Didone und bestach durch ihre Schönheit, Schauspiel- und Gesangskunst. Sobald sie am ersten Abend vor den dicht gedrängten Zuschauern auftrat, wurde sie mit frenetischem und sehr langem Applaus begrüßt; als sie ihre Stimme erhob, erntete sie einen nie enden wollenden Beifall. Pacchierotti ging zitternd auf die Bühne und trug seine Cavatina vor. – Kein Beifall, aber auch keine Schmähhrufe! – Als das Duett an die Reihe kam, bei dem die De Amicis sich vorgenommen hatte, den ihr unbekannten Widersacher niederzuschmettern, sang sie den ersten Abschnitt so kunstvoll, dass sie den Zuhörern Jubelschreie entriss. Pacchierotti antwortete darauf – und erntete Wohlwollen. Bei der Stelle, an der sie zu zweit sangen, und im Schlussteil bot die De Amicis, Meisterin aller Gesangskünste, ihr gesamtes Können auf: Die ganze Aufmerksamkeit konzentrierte sich auf sie. Pacchierotti präsentierte darauf eine ganz neue und üppige Art an Vorschlägen, Mordenten, Trillern, dramatischen Gesten, zauberhaften Tonfällen, und auch er war hinreißend und begeisterte. Man forderte eine Wiederholung des Duetts; nun wurden von beiden Sängern neue Koloraturen und neue Kunstgriffe mit immer ergreifenderer Wirkung zur Schau gestellt; und die De Amicis selbst, verwirrt und gerührt, begegnete danach dem bis dahin Verachteten mit ehrlicher und von Herzen kommender Bewunderung.

Kleine Zweifel an dieser Darstellung, die knapp 75 Jahre nach dem Ereignis erstmals gedruckt wurde, bleiben bestehen: Einen Komponisten namens Lacillo scheint es nicht gegeben zu haben; vielleicht ist hier Gaetano Latilla gemeint. In den Opern *Il Demetrio* und *L'Olimpade*, die Pacchierotti 1770/71 in Palermo sang, kommt die Rolle der Dido überhaupt nicht vor; die Mitwirkung der Anna De Amicis ist auch für keine dieser Opern belegt und aufgrund von Verpflichtungen in Neapel und Venedig unwahrscheinlich.[5]

Die beiden Sänger standen allerdings im Jahre 1771 in zwei Opern – als Rinaldo und Armida (in der Wiederaufnahme von *Armida abbandonata* von Niccolò Jommelli) und als Oreste und Ifigenia (in Jommellis *Ifigenia in Tauride*) – in Neapel gemeinsam auf der Bühne. Wenn man diese Begebenheit kennt, würde man gerne mehr darüber erfahren, welche Intrige die *prima donna* wenig später gegen Mozart angezettelt hat. Es ehrt die Sängerin immerhin, dass sie sowohl im Falle Mozarts als auch Pacchierottis ihre Vorbehalte nicht nur ablegte, sondern auch öffentlich ihre Fehleinschätzung widerrief.

5 Am 20. Januar 1770 hatte sie freilich im Teatro San Carlo in Neapel in der Oper *Didone abbandonata* von Giacomo Insanguine auf der Bühne gestanden. Ein gedrucktes Textbuch zu dieser Aufführung scheint nicht erhalten zu sein.

Lebensumstände

Obwohl Anna De Amicis zu den unumstrittenen Stars der Opernszene in den 1760er- und 1770er-Jahren gehörte und sie bis ins 19. Jahrhundert hinein in vielen Nachschlagewerken zu den besten Sopranistinnen gerechnet wurde, ist über ihr Leben kaum etwas bekannt. Es scheint auch nur ein einziges, wenig aussagekräftiges Bild von ihr zu geben (siehe die Abbildung auf S. 157). Ältere Lexika nennen ihr Geburtsdatum nicht[6]; neuere geben – meist ohne Quellenangabe – das Jahr 1733 an.[7] Einziger Hinweis darauf ist ihre 1771 anlässlich der Hochzeit ihres jüngeren Bruders Gaetano (geb. am 12. Oktober 1746) angeblich getroffene Aussage, sie sei 38 Jahre alt. Die Geschwister – auch eine ebenfalls jüngere Schwester Marianna war Sängerin – waren Kinder einer Buffonisten-Familie, der Vater Domenico ist seit 1742 als Buffo-Tenor nachweisbar, und zwar bis 1748 in Neapel; danach setzten unruhigere Zeiten ein, die die Familie durch ganz Europa führten. Die Mutter Rosalba Baldacci (geb. 1716) war ebenfalls Sängerin.

Die Spur der Familie, dies gilt auch für Anna Lucia als deren prominentestes Mitglied, lässt sich fast nur anhand gedruckter Libretti erschließen.[8] Eine reizvolle Aufgabe wäre es dann, vor Ort aus der Tagespresse weitere Informationen herauszuziehen.[9] Unvermeidliche Lücken dürften darauf zurückzuführen sein, dass an manchen Orten die Namen der Sängerinnen und Sänger nicht im Libretto angegeben sind.

Anna De Amicis ist seit 1754 auf der Opernbühne nachgewiesen, zunächst als Nerina in *Le pescatrice* (wohl in der Vertonung von Baldassare Galuppi) in Florenz, dann zweimal, im Frühjahr und im Herbst des Jahres, bei Opernproduktionen in Pisa. Die Namensnennungen in den gedruckten Libretti belegen, dass Anna Lucia mit großem Abstand das erfolgreichste Kind der Familie war: Gaetano ist nur ein einziges Mal in einer „Fami-

6 Unter den historischen Lexika enthält nur Ernst Ludwig Gerbers *Lexikon der Tonkünstler*, Bd. 1, Leipzig 1790, Sp. 37, einen informativen Eintrag, der aber weitgehend auf Charles Burney, *A General History of Music. From the Earliest Ages to the Present Period*, Bd. 4, London 1789, zurückgeht. Wichtige Ergänzungen lieferte Johann Friedrich Reichardt, der die Sängerin 1789 in Neapel gehört hatte, in seinen „Berichtigungen und Zusätze zum Gerberschen Lexikon der Tonkünstler u. s. w.", in: *Studien für Tonkünstler und Musikfreunde. Eine historisch-kritische Zeitschrift* [...] *fürs Jahr 1792*, Berlin 1793, S. 3–4, hier S. 4. Diese hat Gerber dann im *Neuen Lexikon der Tonkünstler*, Bd. 1, Leipzig 1812, Sp. 856, berücksichtigt.

7 Die sorgfältigsten Lexikoneinträge finden sich in der *Enciclopedia dello Spettacolo*, Bd. 4, Rom 1975 (Ulisse Prota-Giurleo und Emilia Zanetti), und im *Dizionario Biografico degli Italiani*, Bd. 33, Rom 1987 (Bianca Maria Antolini; online – mit einigen unkorrigierten Scanfehlern – unter http://www.treccani.it/enciclopedia/de-amicis-anna-lucia_(Dizionario_Biografico)/, 17.04.13).

8 Siehe Claudio Sartori, *I libretti italiani a stampa dalle origini al 1800*, 7 Bde., Cuneo 1990–1993. – Diesen Weg ist auch Rudolph Angermüller in seinem Beitrag „Die Sänger der Erstaufführung von Mozarts Dramma per musica ‚Lucio Silla' KV 135, Mailand, 26. Dezember 1772", in: *Mitteilungen der Internationalen Stiftung Mozarteum* 47 (1999), Heft 3/4, S. 3–18, gegangen.

9 Zufallsfunde dieser Art sind beispielsweise die *Gazetta Toscana* 1767, wo mehrfach begeistert, aber nicht sehr spezifisch über den Aufenthalt der Anna De Amicis und ihre Mitwirkung bei *L'Olimpiade* von Tommaso Traëtta in Florenz berichtet wird (S. 121, 137, 175 und 183), und die *Gazetta Toscana* 1776 (Nr. 46 vom 16. November 1776, S. 183), wo es heißt, dass Giuseppe Aprile Florenz passiert habe, um nach Turin zu reisen, wo er in der kommenden Karnevalssaison mit Anna De Amicis singen werde.

lienproduktion" 1762 in Dublin genannt, die Schwester Marianna vier Mal (nach Dublin 1762 noch 1764 in Lucca und Venedig sowie 1765 in Mailand). Hieraus lassen sich erhebliche Zweifel an der Richtigkeit des dokumentarisch ohnehin nicht belegten Geburtsjahrs anmelden. Der Bruder Domenico trat offenbar im Alter von 16 Jahren öffentlich auf, die Mutter mit 17 Jahren. Die Vorstellung, das Ausnahmetalent Anna Lucia sei hingegen erstmals mit 21 Jahren auf der Bühne gestanden, ist daher abwegig. Umgekehrt dürfte selbst in einer Sängerfamilie eine Nebenrolle in einer Opera buffa vor dem 11. bis 14. Lebensjahr kaum infrage gekommen sein: Anna Gottlieb, Mozarts erste Pamina war 12 Jahre alt, als sie die Rolle der Barbarina in *Le nozze di Figaro* sang. Es ist also zu vermuten, dass Anna Lucia De Amicis um 1740/43, und nicht bereits um 1733 geboren wurde. Über ihre Ausbildung ist nur zu erfahren, dass sie – wie Elisabeth Teyber, eine der wenigen deutschen Sängerinnen der Zeit, die in Italien Karriere machte – eine Schülerin der berühmten Vittoria Tesi Tramontini gewesen sei. Charles Burney berichtet darüber aus zuverlässiger Quelle in seinem *Tagebuch einer musikalischen Reise* in Zusammenhang mit seinem Aufenthalt in Wien von 1772. Vielleicht stammen die Informationen von Vittoria Tesi selbst:[10]

> Es war die Tesi, welche beyde, die Teuberinn und de Amici [sic] sowohl das Singen als das Agiren lehrte. In ihrer Jugend war sie im Singen und Agiren stärker, als alle ihre Zeitgenossinnen, und nachher ist sie in Zuziehung junger Schülerinnen besonders glücklich gewesen.

Betrachtet man die Lebenswege der beiden Sängerinnen genauer, so können sie sich überhaupt nur zweimal begegnet sein: 1747, als Vittoria Tesi gegen Ende ihrer sängerischen Karriere eine Spielzeit in Neapel sang, und das andere Mal 1765 in Wien. Zu diesem Zeitpunkt hatte die Tesi ihre Bühnenkarriere beendet und sich gänzlich auf das Unterrichten verlegt. Dass sie 1747 die Ausbildung eines Kindes übernommen haben könnte, das in diesem Alter bei seinen selbst als Sänger tätigen Eltern sicher bestens aufgehoben war, ist wenig wahrscheinlich. Trotz einer vieljährigen Bühnenerfahrung konnte Anna De Amicis 1765 erst auf eine dreijährige Karriere als Profisängerin in der Opera seria zurückblicken; vielleicht bezieht sich der Unterricht aber überhaupt weniger auf die sängerische Schulung als auf die Bühnenaktion, für die Vittoria Tesi in ihrer aktiven Zeit berühmt war.

Die Familie De Amicis versuchte ihr Glück Ende der 1750er-Jahre nördlich der Alpen; Stationen mit Buffo-Opern in Paris (1758), Brüssel (1759), Amsterdam und Den Haag (1760/61) und Dublin (1762) sind nachgewiesen. Der internationale Durchbruch gelang Anna Lucia 1762/63 in London.

Nach Charles Burney fällt die Ankunft der Anna De Amicis mit dem Anbruch einer neuen Epoche im Opernleben der Metropole zusammen. Burney lobt die Eleganz der Erscheinung und Gestik der jungen Sängerin; ihr Gesicht sei zwar nicht wirklich schön

10 Charles Burney, *Carl Burney der Music Doctor Tagebuch einer musikalischen Reisen durch Flandern die Niederlande und am Rhein bis Wien*, übersetzt von Christoph Daniel Ebeling und Johann Joachim Christoph Bode, Bd. 2, Hamburg 1772, S. 237.

zu nennen, aber doch vornehm und interessant, und ihre Stimme und Manier zu Singen sei exquisit geschult und angenehm gewesen. Jede Bewegung habe entzückt, jeder Ton das Ohr bezaubert. Burney ließ aber auch keinen Zweifel daran, dass Anna Lucia aus der Familie De Amicis positiv hervorstach. Wie das Pasticcio *Il tutore e la pupilla*, in dem sie in London debütierte, gefielen auch die beiden folgenden komischen Opern, das Pasticcio *La cascina* und Baldassare Galuppis *La calamità de' cuori*, angeblich nur dank ihrer Mitwirkung.[11]

Es war, wie Burney schreibt, Johann Christian Bach, der Anna De Amicis für die ernste Oper entdeckte und ihr, nachdem er sie in Privatkonzerten gehört hatte, die Rolle der *prima donna* in seiner Oper *Orione*, für die er nach London gegangen war, verschaffte. Bis zum Ende der Saison 1762/63 spielte sie komische und ernste Rollen nebeneinander. Sie übernahm im Mai 1763 dann auch die Titelrolle in Johann Christian Bachs *Zanaida*, mit der die Opernsaison im Juni schloss. So sehr man die Schönheit der Musik, vor allem auch die ungewöhnliche Instrumentierung des Werkes bewunderte, so musste doch sogar ein Kenner wie Burney einräumen, dass die Gesamtwirkung der ganzen Oper fast ausschließlich von der *prima donna* abhing (*General History of Music*, Bd. 4, S. 481f.):

> The principal songs of these two operas, though excellent, being calculated to display the compass of voice and delicate and difficult expression and execution of De Amicis, were not likely to become common or of much use out of the Opera-house. The rest of the airs were so indifferently sung, that they were more admired as instrumental pieces, than compositions for the voice.
>
> Die Hauptarien der beiden Opern, auch wenn sie hervorragend waren, da sie darauf abzielten, den Stimmumfang und den delikaten und anspruchsvollen Ausdruck und die Ausführung der De Amicis vorzuführen, hatten wenig Chancen auf eine weite Verbreitung und waren außerhalb des Opernhauses kaum zu gebrauchen. Die übrigen Arien wurden so leidenschaftslos vorgetragen, dass sie mehr in ihrer Eigenschaft als Instrumentalstücke denn als Vokalwerke bewundert wurden.

Burneys Darstellung, die erst 1789 gedruckt wurde, wird ergänzt durch einen zeitgenössischen, im Grundton zwar satirischen, in vielen Aspekten aber wohl ungeschminkten Bericht, der seit dem Frühjahr 1763 in verschiedenen Londoner Zeitungen gedruckt wurde.[12] Auch hier wurde das Talent der Anna De Amicis in den komischen Opern, in denen sie die Bühne eroberte, erkannt, aber durchaus kritisch beurteilt:

> As to the Amicis, the principal objections to her were, that she had no body of voice, and could not be heard beyond the middle of the pit; that her songs were too serious

11 Charles Burney, *History of Music*, Bd. 4, London 1789, S. 479. Das Zitat findet sich in Originalsprache im Beitrag „The Operatic Bach – J.C. Bach in Milan, Mannheim, and London" im vorliegenden Band.

12 Anonym, „A letter from from Signor Bimolle (a Florentine Fiddler) in London, to the Signora Chiara Aquilante (the famous Opera Broker) at Naples", in: *The London Chronicle*, 21.–23. April 1763, S. 388–389. Zu zeitgenössischen Nachdrucken siehe Edward D. W. Pitcher, *An Anatomy of Reprintings and Plagiarisms: Finding Keys to Editorial Practices and Magazine History, 1730–1820*, Lewiston/NY 2000, S. 41.

Pietro Bettelini, *Anna De Amicis* (links) *und Rosalinda Silva*
Ausschnitt aus dem Kupferstich *Starsänger des 18. Jahrhunderts*

for her natural character, and that her action was by much too burlesque. There might be, perhaps, some truth in the first objection, but the other two, with submission, were not so well grounded.

Die Haupteinwände gegen die Amicis waren, dass ihre Stimme keine Körperlichkeit hatte und ab der Mitte des Parterres nicht mehr zu hören war, dass ihre Arien zu seriös für den natürlichen Charakter ihrer Stimme waren und dass ihr Handeln auf der Bühne übertrieben komisch war. Im ersten Einwand mag ein Funken von Wahrheit stecken, die anderen beiden waren, meiner unmaßgeblichen Meinung nach, hingegen weniger gut begründet.

Der Durchbruch erfolgte, für den „neutralen" Beobachter völlig unerwartet, mit *Orione*:

The Amicis[,] whose flimsy pipe had hitherto neither shake nor swell, was now discovered to be endowed with uncommon execution: She[,] for whom even comick airs were too serious, was now found to touch the tenderest passions in the most delicate, most pathetick manner; she[,] whose action was censured as too burlesque even for a lively Italian country girl, now dignified the sorrow of a distressed Arcadian Princess: in a word, the same Amicis, who for three months before had been overlooked and neglected, was now esteemed equal to the Mingotti for voice to the Sani for expression, and to the Gabrieli for justness of action.

Man entdeckte auf einmal, dass die Amicis, deren zartes Organ bis dahin weder Vibrato noch Crescendo hatte, mit einer außergewöhnlichen Art der Ausführung ausgestattet war; man fand heraus, dass sie, für die selbst komische Arien zu ernst waren, jetzt die zartesten Leidenschaften auf die delikateste und pathetischste Weise erwecken konnte; sie, deren Handlungsweise man selbst für ein lebhaftes italienisches Mädchen vom Lande für zu albern hielt, veredelte nun den Schmerz einer verzweifelten arkadischen Prinzessin; kurz: Dieselbe Amicis, die drei Monate lang übersehen und vernachlässigt worden war, wurde nun auf gleicher Stufe mit der Mingotti hinsichtlich der Stimme, der Sani hinsichtlich des Ausdrucks und der Gabrieli hinsichtlich der Präzision des Handelns gewürdigt.

Trotz des großen Erfolgs von *Orione* warnte der unbekannte Autor, zeitlich noch vor der Premiere von *Zanaida*, davor, dass die De Amicis vom Erfolg verleitet die Bodenhaftung verlieren könne:

> I sincerely wish, however, that the event may not prove fatal to the deluded Amicis. Her talents, with proper application and instructions, might render her in a few years what this fascinated town already deems her; but if fired by ambition, and intoxicated by this injudicious applause, she should rashly attempt in Italy what she has so wonderfully achieved in London her ruin is inevitable: she must fall, like Icarus, for having soared above her pitch, and the world be deprived of the most promising actress that ever charmed an audience at eighteen years of age.
>
> Ich hoffe ernstlich, dass dieses Ereignis sich nicht als fatal für die verblendete Amicis erweisen wird. Richtig angewendet und unterwiesen können ihre Talente aus ihr vielleicht in einigen Jahren das machen, was diese faszinierte Stadt schon jetzt in ihr sieht. Aber wenn sie, durch Ehrgeiz angestachelt und vom unkritischen Applaus betäubt, nun bald in Italien ausprobieren will, was sie in London so wunderbar erreicht hat, ist ihr Untergang unvermeidlich. Sie muss dann wie Ikarus vom Himmel fallen, indem sie sich höher, als ihr zusteht, hinausgewagt hat; und die Welt wäre dann der vielversprechendsten Theatersängerin beraubt, die jemals im Alter von 18 Jahren das Publikum verzaubert hat.

Selbst wenn man unterstellt, dass sich die De Amicis in London einige Jahre jünger gemacht haben könnte, als sie in Wirklichkeit war, um noch größere Aufmerksamkeit zu erzielen, bietet dieser – bislang übersehene – Hinweis, einen Beleg dafür, dass die Sängerin während ihrer Debütsaison in London noch blutjung gewesen sein muss. Auch dies deutet auf eine Geburt nach 1740.

In einem zweiten Schreiben setzt sich derselbe Autor ausführlich mit Johann Christian Bachs *Zanaida* auseinander.[13] Über den Erfolg der Opern in London, der nicht immer mit der kritischen Bewertung der Musik in Einklang gebracht werden konnte, heißt es dort:

> But as some people had alledged, That the beautiful songs in the *Astarto* had been flighted for no other reason but that of being ill performed, and that the triumph of the *Orione* was due entirely to the transcendent merit of the Amicis: Bach, to evince the truth or falsehood of this assertion, has, in the *Zanaida*, given this very Amicis,

13 Anonym, „Translation of a Second Letter from Signor Bimolle (a Florentine Fiddler) in London, to the Signora Chiara Aquilante (the famous Opera Broker) at Naples", in: *The London Chronicle*, 21.–24. Mai 1763, S. 500. Eine Auswertung dieses Briefs im Rahmen der Bach-Forschung steht noch aus.

near the close of the second act, one of the most masterly airs that ever man composed, or woman sung; and which, to say the truth, she executes in a manner that would do her honor even in Italy: And yet what is the consequence! – These Midas' *encore* a childish *Cavatina* of her's in the third act, and dedicate the *Parto Addio* to scuff and politicks!

Aber wie manche Leute behauptet haben: Dass die schönen Arien in *Astarto* nur deswegen gemieden wurden, weil sie schlecht aufgeführt wurden, und dass der triumphale Erfolg von *Orione* allein dem überirdischen Verdienst der Amicis zuzuschreiben ist. Bach hat, um die Wahr- oder Falschheit dieser Bemerkung zu beweisen, dieser Amicis in *Zanaida* gegen Ende des zweiten Aktes eine der meisterhaftesten Arien gegeben, die ein Mann je geschrieben und eine Frau je gesungen hat, und die – um die Wahrheit zu sagen – sie auch in einer Weise aufführt, die ihr sogar in Italien Ehre machen würde. Und was kommt dabei heraus? – Diese Midas-Ohren lassen stattdessen ihre kindische Cavatina im dritten Akt da capo singen und geben *Parto Addio* dem Verderb und dem Gerede preis.

Die Kritik am Londoner Publikum ist aber vielleicht nicht ganz berechtigt: So bemerkenswert die tieftraurige f-Moll-Arie „Parto, addio" im zweiten Akt der Oper auch sein mag, so charmant ist Zanaidas einstrophige Arie (Cavatina) „Chi pietà non sente al core" im dritten Akt dank der farbigen Instrumentation mit den damals noch neuen Klarinetten. Eine ähnlich detaillierte Auseinandersetzung mit Anna De Amicis, ihrer Stimme und ihrer Ausstrahlung wie in den Opern für London, die das Sprungbrett für eine erfolgreiche internationale Karriere bildeten, hat es jedenfalls an keiner anderen Station ihres Bühnenlebens jemals wieder gegeben! Noch nach ihrer Abreise blieb sie Stadtgespräch: Giacomo Casanova erfuhr bei seinem Aufenthalt in London von der Tänzerin Anna Binetti, die mit dem Ballettmeister Carlo Le Picq verheiratet war (der später in Mailand an den Balletten zu *Lucio Silla* beteiligt war), dass die De Amicis vollständig verärgert über die Opernimpresaria Colomba Mattei gewesen sei, da diese sie nicht gemocht habe.[14]

Die Biografie der Anna De Amicis soll im Folgenden nicht im Detail verfolgt werden. Der nächste große Erfolg war jedenfalls ein Engagement in Wien, wo sie Anfang 1765 in Florian Leopold Gassmanns *L' Olimpiade* sang. Das Ensemble des Hoftheaters reiste im Juli 1765 nach Innsbruck, wo man die Oper *Romolo ed Ersilia* mit Anna De Amicis in der Rolle der Ersilia zur Aufführung vorbereitete. Johann Adolf Hasse hatte das Werk für die Hochzeitsfeierlichkeiten des Erzherzogs Leopold, des späteren Kaisers Leopold II., und der spanischen Infantin Maria Ludovica von Bourbon komponiert. Die Uraufführung fand am 8. August 1765 in Innsbruck statt; *primo uomo* war Gaetano Guadagni, der drei Jahre zuvor Glucks *Orfeo* aus der Taufe gehoben hatte. Allerdings waren die Feiern von einem Unglücksfall überschattet: Kaiser Franz Stephan von Lothringen brach

14 Giacomo Casanova, *History of my Life*, übersetzt von Willard L. Trask, Bd. 9, Baltimore/MD 1997, Kap. 10, S. 267.

nach einem Theaterbesuch am 18. August 1765 tot zusammen. Wegen der Landestrauer wurden Opernaufführungen in Wien vorläufig ausgesetzt, weswegen Anna De Amicis nach Neapel zurückkehrte.

Nach der Abreise aus Wien scheint sie ernsthaft erwogen zu haben, ihre Karriere zu beenden. Metastasio, mit dem sie zeitweise einen lebhaften Briefwechsel unterhielt, riet ihr in einem Brief vom 11. August 1766, keine unumkehrbaren Entscheidungen zu treffen. Tatsächlich hat sie ihre Karriere dann bis 1779 fortgesetzt: Die Giunia in Mortellaris Neuvertonung von *Lucio Silla* steht – zufällig – fast am Ende ihrer Laufbahn, danach hat sie nur noch zwei weitere Rollen übernommen. Später sang sie ausschließlich in privaten Zirkeln; Johann Friedrich Reichardt hat sie und zwei ihrer Töchter noch 1789 in Neapel gehört. Die älteste wird in Leopold Mozarts Brief als „Sepperl" bezeichnet, dürfte also Giuseppa oder Giuseppina geheißen haben. In seinem Brief vom 16. Januar 1773 (BD 279) schreibt er, dass die Ehe der Anna De Amicis (mit einem Florentiner Arzt namens Francesco Buonsollazzi) schon mehr als fünf Jahre bestand. Das genaue Datum der Eheschließung ist nicht bekannt, doch stimmt Leopold Mozarts Angabe damit überein, dass die Sängerin ab 1768 den Doppelnamen De Amicis Buonsollazzi verwendete. Ein Brief vom 17. Februar 1772 von Metastasio an die Sängerin lässt vermuten, dass die Geburt der ersten Tochter Ende 1771 erfolgt war. Auf Wunsch des Textdichters Metastasio hätte Anna De Amicis nämlich in Hasses Festoper *Il Ruggiero* singen sollen, die wie Mozarts Serenata *Ascanio in Alba* für die Hochzeitsfeierlichkeiten von Erzherzog Ferdinand, Statthalter der Lombardei in Mailand, mit Maria Beatrice Ricciarda D'Este am 17. Oktober 1771 entstanden ist. Nur sie war seiner Überzeugung nach imstande, die Rolle der Bradamante mit dem nötigen Feuer, Verlangen, der Unbefangenheit und dem entsprechenden Ausdruck („col fuoco, col l'ardire, con la franchezza e con l'espressione necessaria") vorzutragen. Hierzu kam es nicht, da Anna De Amicis anderweitig verpflichtet war. Als sich Metastasio darum bemühte, Hasses *Ruggiero* auch in Neapel aufführen zu lassen, erhielt er von dort die Antwort, dass Anna Lucia De Amicis Buonsollazzi dort die Rolle der Bradamante wegen einer Schwangerschaft keinesfalls übernehmen könne.

Zum Stimmprofil der Anna De Amicis

Anna De Amicis wurde als Sängerin zwar allseits gepriesen, aber die meisten zeitgenössischen Berichte erschöpfen sich in Floskeln, die von der subjektiven Begeisterung der Hörer zeugen, ohne einen objektiven Eindruck davon zu vermitteln, auf welche Weise die Sängerin ihr Publikum „verzauberte". In diese Kategorien gehören selbst die Aussagen der Mozart-Familie über die Sängerin wie „la sig: Deamicis cantò à meraviglio" (Wolfgang Amadé Mozart, 29. Mai 1770; BD 188), „die *De amicis* singt unvergleichlich" (Wolfgang Amadé Mozart, 5. Juni 1770; BD 189) oder, wie oben bereits zitiert, „die *de Amicis* [...] singt und *agiert* wie ein Engl" (Leopold Mozart, 26. Dezember 1772; BD 272). Nur ein einziges zeitgenössisches Dokument beschreibt in Ansätzen das Besondere an ihrer Stimme und Vortragsweise. In einer Fußnote zu den ersten Auftritten der Anna

De Amicis in London hält Charles Burney in seiner *General History of Music* fest (Bd. 4, S. 479):[15]

> De Amicis was not only the first who introduced *staccato divisions* in singing on our stage, but the first singer that I had ever heard go up to E flat in altissimo, with true, clear, and powerful *real* voice.
>
> Die De Amicis war nicht nur die erste, die Staccato-Läufe beim Singen auf unserer Bühne einführte, sondern auch die erste Sängerin, die ich je gehört hatte, die bis zum höchsten Es mit wahrer, klarer und kräftiger *echter* Stimme hinaufging.

Wir müssen also auf die für Anna De Amicis komponierten Arien zurückgreifen, um daraus ihr Stimmprofil zu erschließen. Diese Aufgabe muss allerdings aus methodischen Gründen unvollständig bleiben. Denn nirgendwo zeigen sich die drei Schritte, die die Produktion eines Kunstwerks in der Kunsttheorie der Aufklärung durchläuft, deutlicher als in der Arie einer Opera seria. Johann Georg Sulzer unterscheidet in seiner *Allgemeinen Theorie der Schönen Künste* in mehreren aufeinander Bezug nehmenden Artikeln die „Erfindung" (oder „Anlage"), die „Ausführung" (oder „Entwurf") und die „Ausarbeitung" eines Kunstwerks.[16] Es ist an dieser Stelle allerdings nicht erforderlich, die zugrunde liegenden Überlegungen im Einzelnen zu referieren. Durch die Erfindung (Anlage) werden die Teile, aus denen das Kunstwerk besteht, bereitgestellt (das heißt im Falle einer Arie die thematischen Ideen); durch die Ausführung (Entwurf) werden diese Teile angeordnet und zu einer Einheit verbunden, wodurch das Werk bereits „vollständig" wird; durch die Ausarbeitung wird alles Akzidentielle der einzelnen Teile nunmehr genau bestimmt, wodurch das Werk schließlich „vollendet" wird. Es liegt auf der Hand, dass die Melodieskizze des Komponisten die Anlage einer Arie umfasst; die Komposition ist aber durch die schriftliche Ausführung im darauffolgenden Partitur-Entwurf noch nicht in allen Details bestimmt; Letztere ergeben sich vielmehr nur in der jeweiligen Aufführung, indem der Sänger die Arie durch seinen Vortrag ausarbeitet. Abweichend von der bildenden Kunst, wo die Ausarbeitung fixiert werden kann, gibt es in der Musik nach dem Verständnis der Zeit keine Gestalt, die von da an für alle künftigen Gelegenheiten gültig wäre. Dies bedeutet, dass das Notenbild nur die Ausführung, das heißt das äußere Gerüst, festhalten kann, während sich das ausgearbeitete musikalische Kunstwerk durch seine Flüchtigkeit im temporalen Sinn vor der Erfindung des Tonträgers nicht adäquat beschreiben oder gar abbilden ließ. Selbst wenn man – wie ein Mitglied der Familie Mozart dies im Falle von Cecilios Arie Nr. 14 „Se a morir mi chiama" selbst

15 Burney erzählt dann, dass er später andere Sänger – Lucrezia Agujari (genannt Bastardella), Franziska Danzi-Le Brun und Elizabeth Ann Sheridan – mit noch höheren Tönen gehört habe, die aber allesamt das *falset* (also die Fistelstimme) oder andere Tricks und nicht die Bruststimme gebrauchten. Auch die Familie Mozart hat die Bastardella im März 1770 in Parma kennengelernt, wo sie, wie durch die Familienbriefe vom 24. März 1770 bezeugt, in Kadenzen bis zum c'''' sang (BD 168 und 170).

16 Johann Georg Sulzer, *Allgemeine Theorie der schönen Künste in einzeln, nach alphabetischer. Ordnung der Kunstwörter auf einander folgenden, Artikeln abgehandelt*, 4 Teile, Leipzig 1771–1774. Reprint der 2., vermehrten Aufl. Leipzig 1792–1794, Hildesheim u.a. 1967.

getan hat[17] – eine ausgezierte Fassung in Noten festhält, bedeutet dies nur eine unter vielen möglichen Realisierungen, die jeweils, wenn sie gelungen sind, aus einem „vollständigen“ ein „vollendetes“, ein perfektes Kunstwerk machen.

In den beiden im ersten Teil dieses Beitrags zitierten Anekdoten wird deutlich, dass Anna De Amicis diese Kunstauffassung grundsätzlich teilte: Sie wollte von Mozart „seine Gedanken, in Betreff ihrer Arien und Scenen“ wissen, und war davon überzeugt, dass „ihr Gesang allenfalls die Schwäche einer Composition verdecken“ könne. Im Duett-Wettstreit mit Pacchierotti waren es nicht die vom Komponisten vorgeschriebenen und für die beiden Protagonisten durchaus vergleichbaren Noten, die den Unterschied ausmachen sollten, sondern die von den Sängern in der Aufführungssituation hinzugefügten „Vorschläge, Mordente, Triller, dramatischen Gesten“ und dergleichen, die eben nicht aus dem Notenbild der musikalischen Quellen ablesbar sind.

Dass dieser Einwand berechtigt ist, zeigt schon der von Burney als Merkmal der Stimme der De Amicis beschriebene Tonumfang bis zum *es‴*. In keiner der beiden Johann-Christian-Bach-Opern, die Burney in London gehört hat, wird dieser Stimmumfang ausgeschöpft: Die Arien begnügen sich in der Regel mit *c‴*, lyrische Stücke verharren gelegentlich bei *b″*, hochdramatische werden bis *d‴* geführt. Den Ton *es‴* hat sich die Sängerin also offenbar für Kadenzen aufgespart; auch dort konnte sie ihn nur bei passenden Tonarten – wie B-Dur, g-Moll, Es-Dur, schwerlich aber in C-Dur oder D-Dur – einsetzen.

Trotz dieser methodischen Einschränkung ist der Versuch, ein Stimmprofil der Sängerin zu entwickeln, nicht von vornherein zum Scheitern verurteilt, denn nach den ästhetischen Gesetzen der Zeit musste die Ausarbeitung dem Entwurf angemessen sein; sie sollte also nur das, was im Entwurf ohnehin schon angelegt war, ausschmücken und konkretisieren.[18] Aus der Untersuchung der Entwürfe, also der schriftlich notierten Opernpartituren, lassen sich demnach wichtige Grundsätze, wenn auch nicht alle Details der Stimme ableiten. Je technisch anspruchsvoller eine Arie ist, desto weniger Spielraum blieb notwendigerweise für die Ausschmückung der Gesangspartie durch den Sänger: Die *arie di bravura*, speziell die *arie agitate*, sind daher für die Untersuchung geeigneter als lyrische Stücke, die in wesentlich stärkerem Maße der Auszierung bedürfen, um die beabsichtigte Wirkung zu erzielen. Diese Aufgabe ist für eine Sängerin wie Anna De Amicis wegen ihrer Mitwirkung an zahlreichen Uraufführungen sogar leichter als für viele „nachschaffende“ Interpretinnen unserer Zeit, denn gute Komponisten wie Mozart arbeiteten darauf hin, „daß die aria einem sänger so accurat angemessen sey, wie ein gutgemachts kleid“ (Brief an den Vater vom 28. Februar 1778; BD 431). Auf diese Weise

17 Vgl. NMA II/5/7, Teilband 2, S. 472–483, und Kritischer Bericht, S. 56–57 mit Faksimile der Aufzeichnung von Maria Anna (Nannerl) Mozart auf S. 158–159.

18 Diesen Fragen sind große Teile von Gesangsschulen des 18. Jahrhunderts gewidmet, so z.B. die Kapitel vom guten Vortrag in Johann Adam Hiller, *Anweisung zum musikalisch-zierlichen Gesang mit hinreichenden Exempeln erläutert*, Leipzig 1780.

steht ein breites Repertoire an Vergleichsstücken zu Mozarts Arien aus *Lucio Silla* zur Verfügung, von denen eine durchaus repräsentative Auswahl seit Kurzem auch in einer Einspielung mit der Sopranistin Teodora Gheorghiu vorliegt.[19]

Für diesen Zweck wurden in erster Linie die Arien aus Johann Christian Bachs *Zanaida* und aus Niccolò Jommellis *Armida abbandonata* ausgewählt (siehe dazu auch Tabelle 1 auf S. 167).[20] Zudem wurden auch die Arien aus Johann Christian Bachs *Orione, o sia Diana vendicata*[21] und die Arien auf der genannten CD mit Teodora Gheorghiu ausgewertet. Ensemble-Nummern bleiben dabei grundsätzlich ausgespart, da diese „neutral", das heißt ohne Rücksicht auf die Besonderheiten der jeweiligen Sänger komponiert wurden, um allen Beteiligten gleiche Chancen im Kampf um die Publikumsgunst einzuräumen. Bach konnte die Stimme der De Amicis in den der Premiere im Mai 1763 vorangehenden Monaten auf das Genaueste studieren; das Werk ist außerhalb Londons im 18. Jahrhundert nicht bekannt geworden, nur eine Auswahl von *Favorite songs* ist seinerzeit im Druck erschienen.[22] Bei Jommellis Oper[23] handelt es sich hingegen um ein Werk, dessen Premiere der junge Mozart mit Anna De Amicis in der Titelrolle gehört hatte. Dabei beschränkte sich seine Kenntnis dieses Werkes nicht auf den einmaligen Besuch einer Aufführung. Vielmehr hatten die Mozarts Gelegenheit, den letzten Proben vor der Premiere beizuwohnen, worüber Wolfgang am 29. Mai 1770 seiner Schwester nach Salzburg berichtete (BD 188). Mozart mag damals vielleicht davon geträumt haben, einmal selbst für diese Sängerin zu schreiben – gewusst hat er dies zu diesem Zeitpunkt nicht.

Die Aufgabe, akustische Phänomene mit Worten zu beschreiben, ist schwierig, wenn man nicht in Allgemeinplätzen verharren will, etwa denjenigen, die Mozart seiner Schwester aus Bologna über Lucrezia Agujari mitteilt: „Zu Parma lernten wir eine Sängerin kennen und hörten sie auch recht schön in ihrem eigenen Hause, nämlich die berühmte *Bastardella*, welche 1°. eine schöne Stimme, 2°. eine galante Gurgel, 3°, eine

19 *Arias for Anna De Amicis.* Teodora Gheorghiu, Les Talens Lyriques unter der Leitung von Christophe Rousset, Aparté AP021, 2011 (Harmonia mundi). Der informative Booklet-Text stammt von Florence Badol-Bertrand.

20 Beide Opern liegen auch in Gesamtaufnahmen vor: Johann Christian Bach, *Zanaida.* Opera Fuoco unter der Leitung von David Stern, Outhere Music, ZZT 314 (2012), bzw. Niccolò Jommeli, *Armida abbandonata.* Les Talens Lyriques unter der Leitung Christophe Rousset, FNAC 1995.

21 Johann Christian Bach, *Orione and Zanaida*, hrsg. von Ernest Warburton (= *Johann Christian Bach. The Collected Works* 4), New York/NY [u. a.] 1989.

22 Eine Auswahl, *The Favourite Songs in the Opera Call'd Zanaida* (London: Walsh, 1763), enthält immerhin alle vier Solonummern der Zanaida. Die heutige Verbreitung dieses Drucks lässt vermuten, dass er im 18. Jahrhundert außerhalb Englands kaum verbreitet war. Allerdings hatten die Mozarts bei ihrem Aufenthalt in London im Prinzip die Gelegenheit, den Druck einzusehen oder sogar zu erwerben. Für Einsicht in das in Privatbesitz befindliche, und derzeit im Bach-Archiv Leipzig deponierte Autograph von *Zanaida* danke ich dem Besitzer, für eine Spartierung, zur Edition vorbereitet von Paul Corneilson, dem Packard Humanities Institute, Los Altos/CA.

23 Niccolò Jommelli, *Armida abbandonata*, Faksimile (mit einem Vorwort von Eric Weimer) nach einer Handschrift aus dem Conservatorio di musica San Pietro a Majella in Neapel (= *Italian Opera 1640–1770*, Bd. 91), New York/NY [u.a.]: Garland, 1983.

unglaubliche Höhe hat." (24. März 1770; BD 168). Immerhin legte Mozart seiner Schwester als Beleg für die Höhe ein Notenbeispiel bei.

Auch ohne alle Noten und Takte zu zählen oder die Tonhöhen zu vermessen, um Mittelwerte und Varianzen mit wissenschaftlicher Genauigkeit zu bestimmen, lassen sich anhand der beiden Vergleichsopern Grundmuster herauslesen:

1. Anna De Amicis bevorzugte die höheren Lagen ab *c"*, die Spitzentöne *b"*, *c'''* und seltener *d'''* werden meist stufenweise erreicht und nur kurzzeitig berührt. Länger gehaltene Töne kommen nur bis *a"* vor.
2. Im Gegenzug bleibt die tiefe Lage fast völlig ausgespart, Töne unter *b'* sind selten, nur gelegentlich werden Töne wie *f'* oder *es'* erreicht und zwar meist in Sekundschritten von oben und nur ausnahmsweise durch einen Quartsprung.
3. In ihrer Mittellage konnte die Sängerin auch mit Haltetönen aufwarten; dies wird am Beginn des Mittelteils oder eines neuen Abschnitts einer Arie gerne als Kontrastmittel eingesetzt.
4. Die meisten Arien sind zurückhaltend instrumentiert; häufig genügen die Streicher allein, gelegentlich werden (solistische) Holzbläser hinzugefügt.
5. Die *prima donna* liebte Skalenläufe in der hohen Lage: Diese kommen gelegentlich im Legato vor, häufiger sind sie unbezeichnet (nach dem Verständnis der Zeit also portato zu singen) oder sind ausdrücklich als Staccato ausgewiesen. Letztere Variante machte die De Amicis nach Burneys Zeugnis berühmt.
6. Die Sängerin konnte Dreiklangsbrechungen zweifellos singen; sie bevorzugte hier aber Figuren mit Tonwiederholungen und Terz- oder Quartvorschlägen.
7. Die für Anna De Amicis geschriebenen Arien sind nicht mit Trillern verbrämt; im Vergleich zu anderen Arien der jeweiligen Opern sind sogar nur wenige Triller – z.B. in Schlusskadenzen – notiert; allerdings kommen häufig ausnotierte („vogelhafte") Trillerfiguren mit Appoggiaturen und Nachschlägen vor.
8. An Abschnittsenden werden oft Triolen eingesetzt.
9. Beliebt sind auch Koloraturfiguren und Skalen mit Echowirkung.
10. Bei ausgedehnten Koloratur-Passagen wird eine luftige, mit Pausen durchsetzte Faktur angestrebt; auf besonders elegante Weise geschieht dies, wenn ein Dialog mit einem obligaten Blasinstrument dargeboten wird.
11. Die mit Pausen durchsetzte Faktur ist aber auch in den thematischen Teilen der Arien anzutreffen, vor allem in den *arie agitate*, wo sie einen „atemlosen" Eindruck hinterlässt.
12. Auffallend ist, dass auf das beliebte Gestaltungsmittel der Synkopierung fast vollständig verzichtet wird.
13. Die Sängerin verfügte über eine sichere Intonation: Chromatische Läufe und alterierte Nebennoten bedeuteten für sie keine Schwierigkeit; im Artikel „Amicis (Anna de)" in Gerbers *Lexikon der Tonkünstler* wird ausdrücklich ihre Fähigkeit im Blattlesen gerühmt.
14. Die Sängerin scheint kürzere Arien bevorzugt zu haben.

Die Notenbeispiele, die einen Teil dieser Gestaltungsmittel – ohne Anspruch auf Vollständigkeit – zeigen, stammen aus zwei Allegro-Arien, „Tortorella abbandonata" aus Bachs *Zanaida* (Notenbeispiel 1; siehe S. 169) und „Odio, furor, dispetto" aus Jommellis *Armida abbandonata* (Notenbeispiel 2; siehe S. 169). Es fällt nicht schwer, die genannten Mittel auch in den Arien, die Mozart für Anna De Amicis in seiner Oper *Lucio Silla* geschrieben hat, wiederzufinden. Besonders auffällig sind die Beziehungen zwischen Jommellis Arie „Odio, furor, dispetto" Mozarts Arie Nr. 16 „Parto, m'affretto" (Notenbeispiel 3; siehe S. 170). Hier wie dort finden wir den Verzicht auf das Orchester-Ritornell; zum Ausgleich ist der Arie jeweils ein Accompagnato-Rezitativ vorangestellt; die Idee, das Accompagnato dadurch zu gestalten, dass dieselbe thematische Idee des Orchesters auf mehreren Tonstufen erklingt, ist bei Jommelli schon vorgebildet. Auch der zerrissene Deklamationsstil am Anfang der Teile stimmt genau überein; der nervöse Streichersatz mit den luftigen Basstupfern scheint selbständig neben der Singstimme zu verlaufen anstatt sie zu stützen. In den Koloraturen finden wir jene Staccato-Passagen bis in die höchsten Lagen, für die die Sängerin berühmt war. Auch wenn bei Mozart, anders als bei Jommelli, in der Singstimme die Staccato-Striche fehlen (siehe zum Beispiel T. 60ff.), sind sie doch intendiert, wie aus der Notation der Streicherstimmen eindeutig hervorgeht. Die Übereinstimmungen in der Faktur sind so deutlich, dass geradezu davon gesprochen werden kann, dass Mozart Jommellis zwei Jahre ältere Arie als Modell benutzt hat, wohl wissend, dass Anna De Amicis die Arie kaum ablehnen konnte, wenn sie mit Jommellis Arie zufrieden gewesen war.[24]

Trotz aller Ansprüche, die Mozart sehr wohl bewusst waren, bleibt die Arie konventionell.[25] Alle technischen Details lassen sich mit einer einzigen Ausnahme im Vergleichsrepertoire leicht ermitteln: Die langen Schlussnoten in den Kadenzen, die die Zieltonarten abschließend bekräftigen (T. 79–84 bzw. T. 158–162), scheinen vom Stimmduktus her eher für eine kräftige Sängerin gedacht zu sein und dürften der De Amicis am Schluss der Arie kaum entgegengekommen sein.

Reizvoller ist es aber, bei Mozart gerade nach solchen Elementen Ausschau zu halten, die von der „üblichen" Gestaltungsweise abweichen. Bemerkenswert ist in dieser Hinsicht schon Giunias Auftrittsarie Nr. 4 „Dalla sponda tenebrosa" mit den lang gehaltenen Tönen, die aus der Mittellage sofort in tiefe, bei anderen Komponisten nicht zu beobachtende Lagen geführt werden. Mit *des'* und *c'* unterschreitet Mozart die untere Begrenzung bei Bach oder Jommelli deutlich. Wie in anderen lyrischen Stücken bleibt der Umfang hier aber in der Höhe auf *b''* beschränkt.

In der Arie Nr. 11 „Ah se il crudel periglio" erfordert der unerwartete Einsatz der Singstimme bei der zweiten Textstrophe in Takt 49 in D-Dur nach dem vorangehenden Uni-

24 Zu einem ähnlichen Fall, der Vorbildwirkung von Gasparinis „Se di lauri il crine adorno" auf Mozarts endgültige Vertonung der Auftrittsarie des Mitridate vgl. den in Anm. 2 angeführten Aufsatz von Harrison James Wignall.

25 Zu formalen Besonderheiten dieser Arie siehe hingegen den Beitrag von Manfred Hermann Schmid im vorliegenden Band.

sono-Abschluss in B-Dur mit Generalpause eine intonationssichere Sängerin; bezeichnenderweise wird der Einsatz im A'-Teil der Arie merklich entschärft, indem die Musik nach den B-Dur-Klängen nun in Es-Dur ansetzt. Die ausgedehnten Koloraturen dieser Arie (vor allem T. 56–70 und T. 163–176) lassen wenig Raum zum Atmen, teilweise folgen bis zu sechs Takte lang schnelle Noten ohne eine einzige Pause – bei Jommelli und Bach bilden meist vier Takte eine Grenze.

Der Andante-Teil der Arie Nr. 22 „Fra i pensier più funesti", der in tiefer Lage (auf *g'*) mit langen Tönen ansetzt und dort mehrere Takte verharrt, dürfte für die Sängerin kaum bequem gelegen haben.[26] Auch im Allegro-Abschnitt wird immer wieder, wenn auch meist in Sekundbewegungen, *es'*, einmal sogar *d'* eingesetzt. Umgekehrt wird der Stimmumfang in der Höhe nicht genutzt: Der höchste Ton ist hier *as"* – ein ähnlicher tiefer Spitzenton kommt in den Vergleichsstücken nicht vor.

So effekt- und anspruchsvoll die Arien für Anna De Amicis in Mozarts *Lucio Silla* auch sind, so bleiben doch gewisse Zweifel, ob sie das Potenzial der Sängerin optimal zur Geltung gebracht haben. Durch ihre arrogante „Intrige" hatte sich die *prima donna* selbst um die Gelegenheit gebracht, die Arien vom Komponisten genau zuschneiden und anpassen zu lassen. Sie hatte ihn dadurch vielmehr gezwungen, für eine Idealstimme mit geradezu unbeschränktem Umfang, völlig gleichwertigen Registern und uneingeschränkter Beweglichkeit zu schreiben.[27] Nachdem sie dem jungen Komponisten erklärt hatte, dass sie etwas ganz Besonderes war, konnte sie sich bei der Übergabe der Noten keine Blöße geben und etwa behaupten, dass ihr die Stücke zu schwer seien – schon gar nicht in der Situation einer Probe, bei der zahlreiche andere Profimusiker anwesend waren. Auch wenn sie mit den Arien am Schluss tatsächlich „außerordentlich zufrieden" und dabei höchst vergnügt gewesen sein sollte, weil „der Wolfgang sie unvergleichlich bedient hat", wie es in den eingangs zitierten Briefen nach Salzburg heißt, dürfte die Affäre beim jungen Komponisten doch ihre Spuren hinterlassen haben. Vielleicht hat Anna De Amicis damit – unbewusst – den Boden für die Katastrophe im Umgang mit Aloysia Weber bereitet: Wolfgang hat „der Weberin" 1777/78 in Mannheim die Arien aus *Lucio Silla* mit großem, auch emotionalem Aufwand beigebracht: Vielleicht hat er in ihr seine zweite Giunia gesehen, nachdem ihn seine erste Giunia so schnöde zurückgewiesen hatte.

26 Dass Mozart sich dieser Unbequemlichkeit bewusst war, zeigen einige Stellen, wo der Sängerin Alternativnoten im Oktavabstand angeboten werden (Arie Nr. 11 „Ah se il crudel periglio", T. 105–106, bzw. Terzetto Nr. 18 „Quel'orgoglioso sdegno", T. 103–106). Da die Spitzentöne an diesen Stellen *b"* nicht überschreiten, also keineswegs unsingbar waren, dürfte klar sein, dass Mozart hier die tiefe Lage intendierte und die obere Oktave nur die erleichterte Variante ist.

27 Unter den vorliegenden Vergleichsstücken geht nur Pasquale Cafaro in der Arie „Se balena" der Berenice aus *Antigono* (Neapel 1770) noch über die technischen Anforderungen in Mozarts „Se il crudel periglio" hinaus. Die Koloraturen sind noch waghalsiger und ausgedehnter, die Arie erreicht dabei – auch ohne das vorangehende Accompagnato – eine Ausdehnung von mehr als zehn Minuten.

Tabelle 1: Solonummern der Anna De Amicis

Johann Christian Bach, *Zanaida* (London 1763)

Akt/Szene	*Titel*	*Tonart, Taktart Tempobezeichnung*	*Besetzung*	*Spitzenton*
I/5	Aria „Tortorella abbandonata“	C-Dur, 4/4 Allegro moderato	Streicher	*d'''*
II/5	Cavata „Mentre volgo intorno il piede“	B-Dur, 3/4 Andantino	Oboe solo, Fagotte, Streicher	*d'''*
II/8	Aria „Parto, addio“	f-Moll, 2/4 Larghetto	Streicher	*c'''*
III/3	Aria „Chi pietà non sente al core“ (mit Recitativo accompagnato „Zanaida mora“)	Es-Dur, 2/4 Andante	Streicher, Klarinetten, Hörner	*b''*

Niccolò Jommelli, *Armida abbandonata* (Neapel 1770)

Akt/Szene	*Titel*	*Tonart, Taktart Tempobezeichnung*	*Besetzung*	*Spitzenton*
I/8	Aria „Se la pietà l'amore“	B-Dur, 4/4 Allegro spiritoso	Streicher	*c'''*
II/5	Aria „Ah ti sento mio povero core“ (mit Recitativo accompagnato „Misera me“)	g-Moll, 6/8 Adagio	Streicher	*b''*
II/12	Aria „Odio, furor, dispetto“ (mit Recitativo accompagnato „Misera Armida“)	C-Dur, 4/4 Allegro assai	Oboen, Hörner, Streicher	*c'''*
III/6	Cavatina „Ah non ferir! t'arresta“	Es-Dur, 3/4 Un poco adagio	Streicher	*b''*

Wolfgang Amadé Mozart, *Lucio Silla* (Mailand 1772)

Akt/Szene	*Titel*	*Tonart, Taktart Tempobezeichnung*	*Besetzung*	*Spitzenton*
I/5	Aria „Dalla sponda tenebrosa“	Es-Dur, 2/2 – 4/4 – 2/2 – 4/4 Andante ma adagio – Allegro – Adagio – Allegro	Oboen, Hörner, Trompeten, Streicher	*b”*
II/5	Aria „Ah se il crudel periglio“ (mit Recitativo accompagnato „Vanne. T'affretta...“)	B-Dur, 4/4 Allegro	Oboen, Hörner, Trompeten, Streicher	*d'''*
II/11	Aria „Parto, m'affretto“ (mit Recitativo accompagnato „In un istante oh come“)	C-Dur, 4/4 Allegro assai	Streicher	*d'''*
III/5	Aria „Fra i pensier più funesti di morte“ (mit Recitativo accompagnato „Sposo... mia vita... Ah dove“)	c-Moll, 2/2 Andante – Allegro	Flöten, Oboen, Fagotte, Streicher	*as”*

Notenbeispiel 1:

Notenbeispiel 2:

Notenbeispiel 3a:

Notenbeispiel 3b:

Peter Rinderle

MUSIK UND MORAL IN MOZARTS OPERN

1. Einleitung: Philosophie der Kunst und Mozarts Opern

In der Philosophie der Kunst analytischer Provenienz gibt es seit einiger Zeit eine intensive Diskussion der Frage, ob und, wenn ja, auf welche Art und Weise die moralischen Qualitäten eines Kunstwerks dessen ästhetischen Wert beeinflussen. Diese Diskussion möchte ich hier vorstellen und einige ihrer Ergebnisse auf Mozarts Opern anwenden: Meine Frage lautet, ob und wie die moralischen Qualitäten dieser Werke zu deren ästhetischem oder künstlerischem Wert beitragen können.

Mozarts Opern eignen sich in meinen Augen besonders gut für ein Vorhaben, allgemeine Fragen zur Interaktion von Ethik und Ästhetik mit spezielleren Problemen der Interpretation von Werken eines besonderen Komponisten zu verknüpfen. Insbesondere sind sie ein schönes Beispiel für meine These, dass es vielfältige Interaktionen zwischen den moralischen und den ästhetischen Dimensionen von Musik gibt. Den Begriff „ästhetisch" verwende ich dabei in einem neuen und etwas ungewöhnlichen Sinne, der von der Tradition abweicht: Er bezeichnet nicht eine besondere Klasse begriffsloser Sinneseindrücke, sondern bezieht sich in erster Linie allgemein auf die Erfahrung von Kunstwerken, die eine Zuschreibung bestimmter Inhalte oder Gedanken nicht ausschließt.

Zu meinem Vorgehen: Im zweiten Abschnitt stelle ich den sogenannten Autonomismus vor, der eine Interaktion von Ethik und Ästhetik ablehnt. Diese Position kann mit guten Gründen zurückgewiesen werden; auch scheint sie mir nicht für eine angemessene Wertschätzung von Mozarts Opern geeignet zu sein. Im Anschluss daran präsentiere ich im dritten Abschnitt eine moralistische Gegenposition und verteidige sie mit zwei Argumenten. In einem vierten Abschnitt möchte ich den Versuch unternehmen, einige ethische und ästhetische Besonderheiten der Opern Mozarts anzusprechen – und zwar anhand gerade der Begriffe und Argumente, die für den Moralismus charakteristisch sind.

Anschließend wende ich mich im fünften Abschnitt einer jüngeren Debatte um den sogenannten Immoralismus zu und werfe die Frage des ästhetischen Werts unmoralischer Kunstwerke auf: Dabei möchte ich zunächst die allgemeine Frage beantworten, ob auch die unmoralischen Qualitäten eines Werks ästhetisch wertvoll sein können, und anschließend dem Problem nachgehen, ob man einigen Opern Mozarts eventuell unmoralische Qualitäten zuschreiben kann. In meinem Fazit gehe ich kurz noch auf die Schönheit und den philosophischen Gehalt von Mozarts Opern ein.

2. Die Trennung von Ethik und Musikästhetik

Machen wir einen ersten Schritt und wenden uns einer Auffassung zu, die gerade in der Musikästhetik sehr einflussreich war und in manchen Kreisen heute noch einflussreich ist: Die Vertreter einer autonomistischen Position bestreiten die Möglichkeit einer Interaktion von ethischen und ästhetischen Dimensionen von Kunst (und vor allem von reiner, absoluter Musik) und plädieren für eine strikte Separation dieser beiden Reiche. Dabei kann man zwei Varianten unterscheiden. Der *radikale* Autonomist stellt grundsätzlich die Möglichkeit einer moralischen Interpretation von Kunst in Frage: Die Rede von einem moralischen Werk sei ein Widerspruch in sich; und wer von den moralischen Inhalten eines Kunstwerks spreche, begehe einen Kategorienfehler. Ein *moderater* Autonomist räumt dagegen die Möglichkeit einer moralischen Interpretation von Kunst ein, leugnet jedoch nach wie vor die Möglichkeit einer Interaktion zwischen den ethischen und ästhetischen Dimensionen eines Kunstwerks.[1]

Dem Autonomisten kommt nun unbestreitbar das Verdienst zu, auf einige Unzulänglichkeiten des traditionellen, radikalen Moralismus aufmerksam zu machen: Entgegen der Annahme von radikalen, traditionellen Moralisten wie Platon oder Tolstoi hängt der ästhetische Wert eines Kunstwerks sicher nicht *allein* und *ausschließlich* von dessen moralischen Inhalten ab; außerdem müssen nicht alle Kunstwerke moralische Inhalte haben. Zweifelsohne gibt es eine von praktischen Zwecken befreite Dimension des Spiels und des Vergnügens, die zur Grundlage der ästhetischen Wertschätzung eines Kunstwerks werden kann. Trotz dieser Verdienste lässt sich die autonomistische Position in meinen Augen nicht halten.

Richten wir unser Augenmerk zunächst auf den radikalen Autonomismus. Ein Vertreter dieser Position würde es ablehnen, Mozarts *Zauberflöte* oder *La clemenza di Tito* als moralisch bzw. *Don Giovanni* oder *Così fan tutte* als unmoralisch zu bezeichnen. Man mag sich natürlich darüber streiten, ob *Don Giovanni* oder *Così fan tutte* tatsächlich unmoralische Werke sind. Ein sinnvoller Streit über die moralischen Qualitäten von Kunstwerken setzt jedoch voraus, dass solche Zuschreibungen überhaupt möglich sind. Ein moralisches Kunstwerk ist dabei nach meiner Auffassung ein mit bestimmten Materialien und Formen organisierter Akt der Kommunikation, der eine Haltung des Respekts gegenüber Personen an den Tag legt; und ein unmoralisches Kunstwerk zeichnet sich durch eine Haltung aus, der dieser Respekt abgeht.

1 Zu dieser Terminologie vgl. Berys Gaut, *Art, Emotion and Ethics*, Oxford 2007, S. 67ff., und Noël Carroll, *Art in Three Dimensions*, Oxford 2010, S. 235ff.

Ein radikaler Autonomist formuliert folgenden Einwand gegen eine moralische Beschreibung und Bewertung von Kunstwerken: Kunstwerke sind keine Personen und können nicht handeln. Und da nur die Handlungen von Personen einer moralischen Bewertung unterliegen, können Kunstwerke auch nicht moralisch bewertet werden. Diesen Einwand möchte ich nun mit dem Charakter-Argument entkräften, das sich auf zwei Annahmen stützt.[2] Erstens: Kunstwerke können eine Haltung, eine bestimmte Einstellung gegenüber Personen oder Ereignissen einnehmen. Man könnte ein Kunstwerk daher auch mit einer Person vergleichen und von seinem Charakter sprechen. (Insofern von dieser Haltung eine Einladung zu einer emotionalen Reaktion an den Rezipienten ausgeht, kann man sogar von der Handlung eines Werks sprechen: Sophokles' Tragödie *Ödipus* lädt uns etwa zum Mitleid gegenüber ihrem Helden ein; und Mozarts Oper *Lucio Silla* lädt uns zur Bewunderung der großzügigen Geste eines Herrschers ein.) Zweitens: Diese Haltung kann moralisch bewertet werden. Daraus folgt: Kunstwerke können tatsächlich moralisch bewertet werden; sie können also moralisch oder unmoralisch sein.

Der Autonomist mag darauf replizieren, die erste Annahme gelte nur für die darstellende, nicht jedoch für abstrakte Kunst wie etwa die absolute Musik. Er zieht sich damit auf die Position eines *partiellen* Autonomismus zurück, der das Postulat der Trennung von Ethik und Ästhetik auf bestimmte Kunstgattungen begrenzt. Darauf kann man zweierlei erwidern: Zum einen ist die Haltung eines Kunstwerks nicht von der Haltung eines seiner Protagonisten abhängig oder mit dieser identisch. Auch allein durch den Ausdruck von Emotionen kann ein Werk eine bestimmte moralische Haltung einnehmen; und allein durch ihre expressiven Qualitäten können uns daher auch abstrakte Kunstwerke (und insbesondere absolute Musik) zu einer emotionalen Reaktion auffordern.[3] Zum anderen räumt der Autonomist mit dieser Replik jedenfalls ein, dass zumindest manche Werke der gegenständlichen Kunst eine moralische Haltung haben können. Für meine Zwecke ist dieses letztere Zugeständnis ausreichend. Selbst wenn also ein Werk der reinen, absoluten Musik nicht moralisch sein könnte, würden immer noch Mozarts Opern als Kandidaten für eine moralische Bewertung übrig bleiben.

Eine nur allzu berechtigte Frage ist jedoch, ob mit diesem Zugeständnis schon etwas für den ästhetischen Wert von Kunstwerken gewonnen ist. Der Autonomist könnte nämlich die radikale Position räumen, sich auf eine *moderate* Position zurückziehen und die Möglichkeit einer moralischen Bewertung von Kunst konzedieren, weiterhin aber an der Irrelevanz der Haltung eines Werks für dessen ästhetischen Wert festhalten. Nach wie vor offen ist ja doch die Frage: Besteht die ästhetische Erfahrung nicht wesentlich in einem desinteressierten Wohlgefallen der abstrakten, von (moralischen) Inhalten ganz freien Schönheit von – um bei der Musik zu bleiben – tönend bewegten Formen? Was also spricht dafür, eine ästhetische Relevanz der moralischen Inhalte anzunehmen? Bevor ich mich diesen Fragen zuwende, möchte ich kurz noch auf eine – gerade für unser Thema relevante – autonomistische Position in der aktuellen Musikästhetik eingehen.

2 Siehe auch Carroll, Art in Three Dimensions (wie Anm. 1), S. 191ff.
3 Siehe ausführlich Peter Rinderle, *Die Expressivität von Musik*, Paderborn 2010.

In vielen Schriften vertritt Peter Kivy die These, dass Werke der Instrumentalmusik vollkommen ungeeignet seien, bestimmte Sachverhalte zu repräsentieren.[4] Aus diesem Grund könne man der Instrumentalmusik auch keine moralische Haltung zuschreiben. Auf dem Gebiet der reinen Musik ist Kivy ein radikaler Autonomist. Gleichzeitig lässt er jedoch moralistische Auffassungen in Bezug auf gegenständliche Künste wie die Literatur gelten und räumt auch die Möglichkeit eines repräsentativen Potenzials von Vokalmusik ein. Nun würde man Opern natürlich eher zu den gegenständlichen Künsten zählen, doch Kivy vertritt überraschenderweise eine autonomistische Lesart einiger Opern Mozarts: Ihr ästhetischer Wert habe nichts mit ihren moralischen Inhalten zu tun.

Sich auf eine berühmte Briefstelle Mozarts stützend behauptet er zunächst ganz allgemein, in Opern komme der Musik immer ein Vorrang gegenüber dem Text zu.[5] Opern, so Kivy, seien deshalb in erster Linie musikalische und nicht literarische Werke. Zur Charakterisierung bestimmter Personen sei die Musik ohnehin ganz und gar ungeeignet. Die Libretti von Opern wie *Don Giovanni* und vor allem von *Così fan tutte* besäßen außerdem vergleichsweise bescheidene literarische Qualitäten. In seinem jüngsten Buch *Sounding Off* schreibt Kivy sogar, dass Opern im Allgemeinen keinen Inhalt hätten und dass sie uns in der Regel auch keine wichtigen Gedanken zu moralischen, philosophischen, politischen, soziologischen und psychologischen Sachverhalten vermitteln würden.[6]

Doch die Abwesenheit eines Inhalts und das literarische Defizit etwa des Librettos der Oper *Così fan tutte* seien, so Kivy weiter, gar keine gravierenden ästhetischen Mängel. Im Gegenteil, allein aufgrund ihrer musikalischen Qualitäten weise gerade *Così fan tutte* einen besonders hohen ästhetischen Wert auf. Gerade die nur oberflächlich charakterisierten Protagonisten böten der Musik einen weiten Spielraum für formale Permutationen und Kombinationen. Eine moralische Bedeutung kann dem Handlungsstrang der Oper in dieser Lesart natürlich nicht mehr zukommen! Weit entfernt also davon, unter verschiedenen psychologischen Unzulänglichkeiten zu leiden, sei *Così* gerade ein gelungenes Beispiel für eine Oper, das ein bestimmtes Drama rein innermusikalischen Zwecken unterordne.

3. Interaktionen von Ethik und Musikästhetik

Kehren wir nach diesem kleinen Exkurs zu unserem grundsätzlichen Problem zurück: Aus welchem Grund können wir überhaupt eine ästhetische Relevanz der moralischen Inhalte eines Kunstwerks annehmen? Warum dürfen wir von einer Interaktion zwischen den ethischen und den ästhetischen Dimensionen von Kunst sprechen? Wie wir gesehen haben, reicht dafür der Nachweis, dass ein Kunstwerk eine moralische Haltung einnehmen kann, noch nicht aus. Wollen wir eine moralistische Position vertreten, müssen wir

4 Vgl. zum Beispiel Peter Kivy, *Antithetical Arts. On the Ancient Quarrel Between Literature and Music*, Oxford 2009.
5 Vgl. ebenda, S. 16.
6 Peter Kivy, *Sounding Off. Eleven Essays in the Philosophy of Music*, Oxford 2012, S. 105.

vielmehr zeigen können, dass diese Haltung in einem Zusammenhang mit unserer ästhetischen Wertschätzung des betreffenden Werks steht. Wir müssen dabei nicht zeigen, dass der ästhetische Wert eines Kunstwerks *ausschließlich* von moralischen Inhalten abhängt; und vor allem müssen wir nicht zeigen, dass *alle* Kunstwerke moralisch bewertet werden können. Das Ziel besteht allein in einer Begründung der These, dass der Wert wenigstens *einiger* Kunstwerke *unter anderem* auch von ihrer moralischen Haltung beeinflusst werden kann. Der Moralist hat zwei Hauptargumente für seine These: ein kognitives Argument und das Argument der verdienten emotionalen Antwort.

Zunächst zum kognitiven Argument. Seine erste Prämisse lautet: Wir können von manchen Kunstwerken in moralischer Hinsicht etwas lernen; Kunstwerke können uns den Schmerz, aber auch die Freude und das Glück mancher Personen erfahrbar machen und auf diese Weise unser praktisches Wissen erweitern. Und seine zweite Prämisse besagt: Dieser kognitive Vorteil wirkt sich positiv auf den ästhetischen Wert des Kunstwerks aus. Daraus können wir den Schluss ziehen: Die Moral eines Werks kann auch einen ästhetischen Vorzug begründen helfen.

Um dieses Argument zu entkräften, verweisen Autonomisten gerne auf die angebliche Trivialität oder Banalität der moralischen Einsichten von Kunst: Um etwa die Erfahrung zu machen, dass viele Menschen trotz ihrer Tugend leiden, seien wir schließlich nicht auf Tragödien angewiesen. Vor allem gelte das für die Erkenntnisse, die wir aus der Musik gewinnen könnten. Die Psychologie und die Soziologie könnten uns viel präzisere Erkenntnisse über das Unglück von Personen in bestimmten Umständen vermitteln. Außerdem besäßen diese Wissenschaften den Vorzug, ihre Erkenntnisse auf harte, empirische Daten und nicht nur auf weiche, willkürliche Imaginationen stützen zu können.

Ich denke, man kann diesen Einwand zurückweisen:[7] Viele Einsichten, die uns Kunstwerke zur Verfügung stellen, sind weder trivial noch unbegründet. Wir sind schließlich nicht nur an einem propositionalen Wissen interessiert – wie zum Beispiel dass die soziale Hierarchie von großer Bedeutung für ein gutes Leben oder dass der Herrscher eines Gemeinwesens von Gott eingesetzt wurde. Wir sind vielmehr auch an einem Verstehen bestimmter Zusammenhänge, an einer Artikulation und Klärung etwa unseres Selbst- und Weltverständnisses, an der Einübung und Kräftigung emotionaler Kompetenzen sowie an den affektiven Qualitäten bestimmter Einsichten interessiert, die man nicht direkt in Worte fassen kann.[8] Außerdem sind wir nicht nur an empirischem Tatsachenwissen interessiert. Die Innenperspektive von Personen ist etwa einer empirischen Beobachtung ohnehin grundsätzlich entzogen; sie setzt viel eher die Fähigkeit zu einer einfühlenden Imagination voraus. Auf diesen Wissensfeldern wird die Kunst gegenüber allen objektivierenden Wissenschaften daher immer im Vorteil bleiben.

7 Vgl. Carroll, Art in Three Dimensions (wie Anm. 1), S. 238ff.
8 Zum kognitiven Wert der Musik siehe insbesondere Jerrold Levinson, *Contemplating Art. Essays in Aesthetics*, Oxford 2006, S. 188ff.

Ein zweites Argument für eine moralistische Position findet sich schon bei David Hume. Kunstwerke, so Hume, laden uns oft zu Emotionen ein. Wenn diese Einladung nicht gelinge, so führe das zu einem ästhetischen Mangel des betreffenden Werks. Hume schreibt in seinem Essay *Über den Maßstab des Geschmacks*: „Wenn [...] lasterhafte Sitten dargestellt werden, ohne gehörig mit Zeichen der Missbilligung und des Tadels markiert zu sein, dann muß dies eine Dichtung verunstalten und als etwas wirklich Hässliches anerkannt werden. In eine solche Empfindung kann ich mich nicht und sollte ich mich nicht versetzen. [...] Schicksale und Gefühle solch ungesitteter Helden interessieren uns nicht."[9] Berys Gaut verwendet in seinem Buch *Art, Emotion and Ethics* eine ähnliche Überlegung und spricht von einem „Argument der verdienten Antwort"[10]. Die erste Prämisse dieses Arguments knüpft direkt an der moralischen Haltung eines Werks an. Wir haben bereits gesehen, ein Kunstwerk kann selbst eine Bewertung seines Helden vornehmen. Und die zweite Prämisse lautet: Der ästhetische Erfolg eines Werks hängt auch davon ab, ob diese emotionale Einladung verdient ist und gelingt. Daraus zieht Gaut den Schluss: Immer wenn diese Einladung in ästhetischer Hinsicht relevant und verdient ist, trägt sie zum ästhetischen Wert bei; und immer wenn sie unverdient ist, schmälert sie den ästhetischen Wert des Werks.

Sich auf eine lange Tradition stützend führt Gaut noch ein drittes, apriorisches Argument für die Möglichkeit einer Interaktion von Ethik und Ästhetik ins Feld:[11] Da die Tugend einer Person schön erscheinen könne, ein Kunstwerk aber einen moralischen Charakter aufweise, ergebe sich auch die Möglichkeit einer unmittelbaren Identifikation von ethischen und ästhetischen Dimensionen eines Kunstwerks. Es gebe nicht nur eine auf äußerliche Formen bezogene Schönheit, sondern darüber hinaus eine *innere*, *moralische* Schönheit. Umgekehrt könne man dem Laster einer Person dann neben dem moralischen Defizit auch ein ästhetisches Defizit zuschreiben. („Nichts ist so hässlich als die Rache...", heißt es auch im finalen Chor der *Entführung aus dem Serail*.) Da es allerdings von einem fragwürdigen, umstrittenen Begriff der Schönheit abhängt, überzeugt mich dieses Argument nicht. Sicherlich wird man die Schönheit als eine wichtige Quelle der Wertschätzung eines Kunstwerks anerkennen. Doch in erster Linie sind damit sinnlich wahrnehmbare Eigenschaften („ästhetische" Qualitäten in einem engen, traditionellen Sinn des Begriffs) gemeint. Verwendet man einen solchen Begriff der Schönheit, spricht nichts gegen die plausible Möglichkeit, dass dann das Laster und das Böse uns unter Umständen auch schön erscheinen können.

Ziehen wir ein Zwischenfazit und wenden uns damit dann Mozarts Opern zu: Die Haltung von Kunstwerken macht grundsätzlich eine moralische Bewertung möglich; kognitive sowie emotionale Elemente stützen zusätzlich die Annahme einer ästhetischen Relevanz dieser moralischen Dimension von Kunst.

---

9 David Hume, *Vom schwachen Trost der Philosophie. Essays*, übersetzt von Jens Kulenkampff, Göttingen 1990, S. 100.

10 Gaut, Art, Emotion and Ethics (wie Anm. 1), S. 227ff.; vgl. auch Peter Rinderle, *Musik, Emotionen und Ethik*, Freiburg 2011, S. 83ff.

11 Gaut, Art, Emotion and Ethics (wie Anm. 1), S. 127ff.

4. Zur Ethik und Ästhetik von Mozarts Opern

Welche moralische Haltung kann man nun Mozarts Opern zuschreiben? Und auf welche Weise ist diese Haltung mit dem ästhetischen Wert dieser Werke verschränkt? (Bei meiner moralischen Interpretation dieser Werke kann ich mich übrigens auch auf zahlreiche Beiträge aus den Musikwissenschaften stützen.[12])

Was ganz allgemein ihre moralische Haltung angeht, kann man Mozarts Opern als Ausdruck einiger Werte der Aufklärung (wie Freiheit, Gleichheit und Solidarität) verstehen.[13] Und ihr ästhetischer Wert gründet unter anderem darin, dass sie eine imaginative Exploration dieser Werte ermöglichen und darüber hinaus eine attraktive und überzeugende Einladung aussprechen, sich mit bestimmten Protagonisten zu identifizieren. Mit der imaginativen Exploration von Werten ist eine eher *kognitive* Dimension der Opern Mozarts angesprochen; und mit der Identifikation des Rezipienten mit einem Protagonisten ist ihre *emotionale* Qualität bezeichnet. Soviel erst einmal zur allgemeinen Haltung der Opern Mozarts. Wie ist diese Haltung in einzelnen Werken ausgeprägt, und auf welche Weise trägt sie zum ästhetischen Wert einzelner Werke bei? Bei meiner Antwort möchte ich mich an einigen zentralen Themen der Opern Mozarts orientieren.

Ein erstes zentrales Thema sind die vielfältigen moralischen Probleme, die mit den Beziehungen zwischen den Geschlechtern einhergehen. Insbesondere die unmoralische Behandlung von Frauen durch sozial privilegierte Männer ist ein häufig wiederkehrendes Thema vieler Opere buffe. In *Le nozze di Figaro* stellt der Graf Almaviva dem Dienstmädchen seiner Gattin nach; in der *Entführung aus dem Serail* versucht Selim Bassa die Liebe seiner Gefangenen Konstanze zu gewinnen; in *La finta giardiniera* hat sich der Podestà in die (fingierte) Gärtnerin Sandrina verliebt und setzt sie unter Druck, und in *Don Giovanni* hofft der Titelheld auf ein amouröses Abenteuer mit der hübschen Bäuerin Zerlina. Auch in vielen Opere serie (wie etwa im *Lucio Silla*) trifft man auf ähnliche Konstellationen. Durch den *plot* und auch durch die Musik werden die Zuschauer zum durchaus angemessenen Mitleid für die leidenden Heldinnen eingeladen. Und meistens nehmen sowohl Mozarts Opere buffe als auch seine Opere serie ein *happy end*, ein *lieto fine*: Der Zuschauer kann sich mit den Protagonisten über den Sieg der Liebe und der Tugend über die Gefühlskälte und die Ungerechtigkeit freuen.

Auch bei einem zweiten zentralen Thema kann man von einer Verschränkung von Moral und Musik vor allem in der Seria sprechen. Der Herrscher eines Gemeinwesens wird zum Opfer einer Intrige, wobei diese Intrigen oft durch eigennützige Gefühle wie Rache oder auch Liebe motiviert sind. Doch er stellt seine persönliche Tugend durch die Rela-

12 Siehe zum Beispiel Nicholas Till, *Mozart and the Enlightenment. Truth, Virtue and Beauty in Mozart's Operas*, New York/NY 1993; Mary Hunter, *The Culture of Opera Buffa in Mozart's Vienna*, Princeton/NJ 1999; und Jessica Waldoff, *Recognition in Mozart's Operas*, Oxford 2006.

13 Vgl. Ekkehart Krippendorff, *Die Kunst, nicht regiert zu werden. Ethische Politik von Sokrates bis Mozart*, Frankfurt a. M. 1999, S. 434ff., und Waldoff, Recognition (wie Anm. 12), S. 44.

tivierung seines Eigeninteresses und großmütiges Verzeihen unter Beweis. Das beste Beispiel dafür ist *La clemenza di Tito*, und auch *Lucio Silla* oder die *Entführung aus dem Serail* kann man als Belege für diese Haltung anführen. Die Opern wecken jeweils Sympathien für den gerechten Herrscher; und *unter der Bedingung* jedenfalls, dass diese Sympathien verdient sind, kann man auch von einer gelungenen Verschränkung von Moral und Musik sprechen, die wiederum einen Teil des ästhetischen Werts der betreffenden Werke ausmachen kann. (Wir werden gleich sehen, dass sich die Geister an der Frage scheiden, ob diese Bedingung in allen Opern Mozarts tatsächlich erfüllt ist.)

Während man also die Einladung zur Sympathie mit bewundernswerten bzw. leidenden Menschen als eine der vorherrschenden Haltungen praktisch aller Opern Mozarts ansehen kann, spielt darüber hinaus der Wert der individuellen Freiheit und der Selbstentfaltung eine zentrale Rolle vor allem in den späteren Opern Mozarts. Darin unterscheiden sich viele Opern der Aufklärung von der antiken Tragödie, in der Herkunft und Schicksal die Identität des Individuums ein für allemal festlegen. Der Held der antiken Tragödie konnte nur eine vorgegebene Identität entdecken; in der Moderne besteht plötzlich die Möglichkeit, seine eigene Identität zu wählen und zu gestalten.[14] Diese Wertschätzung der individuellen Freiheit geht bei Mozart allerdings mit der Ablehnung einer radikalen sozialen Gleichheit einher, denn die hierarchische Struktur der Gesellschaft wird in seinen Opern schließlich nicht infrage gestellt. Kritisch wird vielmehr nur der Versuch betrachtet, die soziale Stellung zur Erlangung privater Vorteile zu missbrauchen. Als Aufforderung zur Revolution wird man also weder Mozarts Opere buffe[15] noch seine Opere serie verstehen können. Bestenfalls wird man bei ihnen die für die josephinische Aufklärung typische Vision eines liberalen, aufgeklärten Absolutismus vorfinden, der die Unterschiede zwischen den sozialen Klassen nicht nur nicht antastet, sondern sogar zur Voraussetzung des guten Lebens aller Menschen macht.

Ganz allgemein zeichnen sich die Opern Mozarts in moralischer Hinsicht also dadurch aus, dass sie sich für die Gerechtigkeit im Verhältnis zwischen den Geschlechtern und für Großzügigkeit im Verhältnis zwischen Herrschern und Untertanen einsetzen. Und während die moralische Wertschätzung der Solidarität und der individuellen Freiheit in ästhetischer Hinsicht überzeugend realisiert wird, kann man auch einige Defizite der politischen Ethik vor allem von Mozarts Opere serie ausmachen, die nicht ohne Folgen für ihren ästhetischen Wert bleiben.

Sehen wir uns die politische Ethik von Mozarts Opere serie etwas näher an. Eine der Hauptfragen der Ethik ist neben der Frage nach der Gerechtigkeit die Frage nach der politischen Legitimität, nach den Gründen für ein Recht auf politische Herrschaft.[16] In

14 Siehe dazu Waldoff, Recognition (wie Anm. 12), S. 75 und 311.

15 Siehe insbesondere Hunter, Culture of Opera Buffa (wie Anm. 12).

16 Vgl. Peter Rinderle, *Der Zweifel des Anarchisten. Für eine neue Theorie von politischer Verpflichtung und staatlicher Legitimität*, Frankfurt a. M. 2005.

vielen Opere serie trifft man nun auf die Haltung, dass es die persönlichen Tugenden eines Herrschers sind, die seinen Autoritätsanspruch begründen. Vor allem die Selbstlosigkeit und Großzügigkeit werden dort oft als Tugenden des Fürsten propagiert. Ein kritisches Potential gegenüber den faktischen Machthabern des 18. Jahrhunderts kommt einer solchen Position zweifelsohne insofern zu, als sie sich vom Legitimationsprinzip der Erbfolge absetzt.[17] Ein Machthaber erwirbt sein Herrschaftsrecht nicht durch eine besondere Abstammung, er muss dieses Recht vielmehr durch besondere persönliche Qualitäten und Leistungen unter Beweis stellen. Und genau diese moralische Haltung kann man in vielen Opere serie von Mozart antreffen: In kognitiver Hinsicht können wir also lernen, dass sich politische Herrschaft durch die Tugend der Großzügigkeit legitimiert; in emotionaler Hinsicht werden wir zur Bewunderung des tugendhaften Herrschers und der Dankbarkeit für seine Gnade aufgefordert.

Ist das aber eine richtige Auffassung, und ist die emotionale Antwort, zu der wir aufgefordert werden, auch verdient? Etwas prägnanter ausgedrückt: Kann ein Demokrat tatsächlich an Werken Gefallen finden, die seiner moralischen Überzeugung widersprechen und etwa die politischen Werte des Absolutismus propagieren? Und kann ein überzeugter Anhänger der Gleichheit ein Werk schätzen, das ja doch für eine inegalitäre, hierarchische Form des sozialen Zusammenlebens Partei ergreift? Kann man die Großzügigkeit des Herrschers als guten Grund für seine politische Legitimität ansehen? Sollte er sich nicht viel eher an das Gesetz halten und fair und gerecht handeln, und sollten die Bürger nicht ein Recht zur Mitsprache erhalten? Ja sind personale Tugenden überhaupt ein Grund für die Legitimität von Herrschaft? Verdienen Mozarts Herrscherfiguren also die Bewunderung, zu der uns gerade seine Opere serie einladen?

Hinzu kommt: Neben der inhaltlichen Überzeugungskraft der moralischen Haltung eines Werks ist auch die narrative Realisierung bzw. Plausibilität dieser Haltung von Bedeutung für den ästhetischen Wert eines Kunstwerks. In der einschlägigen Literatur sind vielfach Vorbehalte an der Darstellung des Kaisers Titus aus *La clemenza di Tito* geäußert worden: Er besitze einen relativ steifen, vorhersehbaren Charakter; als Mensch mit tiefen Zweifeln trete er im Rahmen von Mozarts Oper jedenfalls nicht in Erscheinung.[18] Ohnehin sei es höchst fragwürdig, die Rücksicht auf die eigene Tugend und den Ruhm über das Gesetz bzw. die Beschlüsse des Senats zu stellen. Damit steht diese Oper in einem Spannungsverhältnis zu einem Postulat der Aufklärung – dass nämlich das Gesetz auch über dem Herrscher stehe und eben nicht die persönliche Willkür, aus der ja jeder Akt der Gnade letztlich entspringt, regieren solle.

Vor allem Mozarts frühe Oper *Lucio Silla* ist solchen Zweifeln ausgesetzt. Aus recht heiterem Himmel sieht sich der die längste Zeit ausschließlich selbstsüchtig agierende Diktator

17 Vgl. Waldoff, Recognition (wie Anm. 12), S. 273f., und allgemein zur politischen Bedeutung der Opera seria Martha Feldman, *Opera and Sovereignty. Transforming Myths in Eighteenth-Century Italy*, Chicago/IL 2007.
18 Vgl. Mary Hunter, *Mozart's Operas. A Companion*, New Haven/CT 2008, S. 72f.

dazu veranlasst, Gnade zu gewähren. Unabhängig also von ihrer fragwürdigen moralischen Perspektive erscheint es in diesem Fall fraglich, ob ihre moralische Haltung auf ästhetisch relevante Art und Weise realisiert wird.[19]

Ich muss hier keine abschließende Antwort auf diese moralischen und ästhetischen Fragen geben und begnüge mich mit einer kleinen Randbemerkung: Denn sie sind einer Art von Fragen sehr ähnlich, die seit Kurzem in der philosophischen Ästhetik aufgeworfen werden: Einige Autoren fragen sich heute nämlich, ob und auf welche Weise ein Atheist ein religiöses Kunstwerk wie etwa Bachs *h-Moll-Messe* schätzen und genießen kann? Oder ob ein Atheist dieses Werk nicht eher gering schätzen muss? Denn das Werk sinnt ihm Emotionen an, die er nicht verstehen bzw. nicht als richtig oder angemessen empfinden kann.[20]

5. Über den ästhetischen Wert unmoralischer Kunstwerke

Kehren wir noch einmal zu unserer allgemeinen Ausgangsfrage nach dem Verhältnis von Ethik und Ästhetik zurück. Während der Autonomist die Interaktionsthese verwirft, nimmt der Moralist die Möglichkeit einer Wechselwirkung an. Doch die Entgegensetzung Autonomismus versus Moralismus schöpft das Spektrum der Möglichkeiten noch nicht vollständig aus. Insbesondere die Vertreter des sogenannten Immoralismus deuten die Interaktion von Ethik und Ästhetik auf eine neue Art und Weise: Ein Kunstwerk könne gerade aufgrund seiner unmoralischen Qualitäten einen besonderen ästhetischen Wert haben.

Was genau sind unmoralische Kunstwerke, welche Beispiele kann man anführen, und mit welchen Argumenten kann man diese Position stützen? Ein unmoralisches Kunstwerk ist nach meinem Verständnis ein Akt der Kommunikation, der eine rücksichtslose Haltung gegenüber Personen an den Tag legt. Die Darstellung unmoralischer Personen ist dabei nicht entscheidend; es kommt wieder lediglich auf die Art und Weise ihrer Darstellung an! Als Beispiele für unmoralische Kunst kann man auf Mozarts Opern *Don Giovanni* und *Così fan tutte*, aber auch auf de Sades Roman *Histoire de Juliette, ou les Prospérités du Vice*, auf Leni Riefenstahls Film *Triumph des Willens* oder Quentin Tarantinos Film *Kill Bill* verweisen. Zur Verteidigung ihrer Position stützten sich Immoralisten häufig auf einen ästhetischen Kognitivismus.[21] Das Argument lautet: Da unmoralische Kunstwerke unser praktisches Wissen erweitern können und der kognitive Wert eines

19 Julian Rushton schreibt über *Lucio Silla*: „its plot is turgid and its denouement unconvincing" (Julian Rushton, *The New Grove Guide to Mozart and His Operas*, Oxford 2007, S. 43); und Stefan Kunze meint, die Musik habe an der Lösung der Verwicklungen dieser Oper „keinen Anteil" (Stefan Kunze, *Mozarts Opern*, Stuttgart 1984, S. 95).

20 Siehe Alex Neill und Aaron Ridley, „Religious Music for Godless Ears"; in: *Mind* 119 (2010), S. 999–1023, und Kivy, Sounding Off (wie Anm. 4), S. 131ff.

21 Vgl. zum Beispiel Matthew Kieran, „Forbidden Knowledge. The Challenge of Immoralism"; in: José Luis Bermudez und Sebastian Gardner (Hrsg.), *Art and Morality*, London 2003, S. 56–73.

Kunstwerks einen Beitrag zum ästhetischen Wert dieses Werks leisten kann, können auch unmoralische Qualitäten eines Werks ästhetisch wertvoll sein.

Berys Gaut scheint mir mit seiner Kritik insbesondere der ersten Annahme dieses Arguments ins Schwarze zu treffen:[22] Unser kognitives Interesse ist zwar auf die Darstellung unmoralischer Personen, nicht aber auf eine unmoralische Haltung des Kunstwerks angewiesen. Denn bei der Darstellung von Schurken muss ein moralisches Werk einem unmoralischen Werk in keiner Weise nachstehen. Während also ein moralisches Kunstwerk die Unmoral genauso eindringlich wie ein unmoralisches Werk darstellen und somit unser kognitives Interesse befriedigen kann, kommt dem moralischen Werk zusätzlich der Vorzug zu, eine *richtige* Bewertung des Schurken vorzunehmen. Von einem unmoralischen Kunstwerk werden wir dagegen nur auf eine falsche Fährte gelockt. Allein aufgrund seiner unmoralischen Haltung kann ein Werk also keinen kognitiven Wert haben. Gaut weist also tatsächlich auf eine gravierende Schwäche der immoralistischen Position hin. Gleichwohl meine ich, dass er einen kleinen, aber wichtigen Punkt übersehen hat. Ein unmoralisches Werk könnte neben seiner unmoralischen Haltung nämlich Qualitäten aufweisen, die in kognitiver und emotionaler Hinsicht durchaus wertvoll sind. Und in diesem Fall würde unmoralische Kunst über Vorzüge verfügen, die auch einen ästhetischen Vorzug begründen könnten. Die unmoralische Dimension des Werks wäre dann gleichsam der Preis, den wir für besondere kognitive und emotionale Vorzüge bezahlen müssten. Das ist die moderate, abgeschwächte Variante des Immoralismus, die ich jetzt mit zwei Argumenten verteidigen möchte, die uns bereits bekannt sind.[23]

Das erste, kognitive Argument lautet: Wir können aus unmoralischen Werken in praktischer Hinsicht etwas lernen – und dieser Gewinn ist zudem ästhetisch relevant. Doch allein der Umstand, dass ein Kunstwerk unmoralisch ist, bietet dafür noch keine Gewähr. Das Kunstwerk muss uns *andere* Einsichten jenseits der bloßen Unmoral eröffnen oder uns zu *anderen* Emotionen einladen. Es könnte uns Einblicke in neue Formen des guten Lebens und des Glücks bieten, die mit der Moral in einem unauflösbaren Widerstreit stehen; es könnte uns die Erkenntnis vermitteln, dass es gute Gründe dafür gibt, unser Glück selbst dann anzustreben, wenn dieses Streben in einen Konflikt mit der Moral gerät; nicht zuletzt könnte es eine (unmoralische) Affirmation der Freiheit und der Lust enthalten. Gerade Mozarts Musik sympathisiert ja etwa mit dem Titelhelden Don Giovanni, und diese Sympathie macht auch einen Teil ihres besonderen ästhetischen Werts aus.

Der ästhetische Wert resultiert in einem solchen Fall aber nicht direkt aus den unmoralischen Qualitäten eines Werks, er ist vielmehr eine Folge *anderer* Qualitäten. Und es sind nur diese anderen Qualitäten, die mit dem ästhetischen Wert des Werks interagieren – nicht die betreffende unmoralische Qualität selbst. Als Beispiel könnte man auch auf Mozarts *Così fan tutte* verweisen. Stark vereinfacht könnte ihre ethische Einsicht lauten:

22 Gaut, Art, Emotion and Ethics (wie Anm. 1), S. 184ff.
23 Siehe ausführlich auch Rinderle, Musik, Emotionen und Ethik (wie Anm. 10), S. 116ff.

Die Liebe und die Lust geraten manchmal in einen Widerstreit mit der Moral; und dennoch kann es in solchen Fällen gute Gründe geben, sich für das Glück und gegen die Moral zu entscheiden.[24]

Das zweite, emotionale Argument für meine moderate Variante des Immoralismus knüpft wieder an Gauts Argument der verdienten Antwort an: In einer prägnanten Fassung lautet es, dass ein Kunstwerk auch die Einladung zu unmoralischen Emotionen verdienen kann, dass also die Sympathien, die es für den Schurken oder für den Verräter weckt, berechtigt und gut begründet sein können. Dorabella und Fiordiligi, die Heldinnen von Mozarts *Così fan tutte* brechen ja ihre Versprechen und verraten ihre Verlobten. Dennoch: Die Haltung der Musik ist von großer Sympathie geprägt, die Protagonisten werden nicht verurteilt, der Betrachter wird vielmehr zum Mitgefühl eingeladen. Und trotz dieser Immoralität scheint die musikalisch so überzeugend ausgesprochene Einladung verdient.

6. Fazit: Schönheit und philosophischer Gehalt von Mozarts Opern

Ziehen wir ein Fazit: Ich habe hier den Versuch unternommen, eine philosophische Debatte zur Interaktion von Ethik und Ästhetik zu skizzieren. Und ich habe gleichzeitig das Ziel verfolgt, diese Debatte für eine Interpretation der Opern Mozarts fruchtbar zu machen. Diese beiden Ziele sind eng miteinander verschränkt: Denn die Opern Mozarts eignen sich gut für die Zurückweisung des Autonomismus und die Verteidigung einer moderaten Variante der moralistischen Interaktionsthese: Denn die außerordentliche Schönheit (zumindest einiger Passagen) dieser Werke kann zur eigenständigen Quelle deren ästhetischen Werts werden. Und über ihre moralischen Qualitäten und über ihre Schönheit hinaus besitzen einige Opern Mozarts sogar eine philosophische Qualität:[25] Denn sie werfen einige Grundfragen der Ethik auf und machen die Freude an der Kunst selbst zu ihrem Thema.

Mozart und seine Librettisten ergreifen mit ihren Werken Partei für einige Werte der Aufklärung, sie sympathisieren vor allem mit der Freiheit der Menschen, die von der Vernunft, aber auch von ihren individuellen Gefühlen bestimmt werden. Ihre kognitiven und emotionalen Vorzüge begründen heute noch einen wichtigen Teil für ein angemessenes Verständnis und die ästhetische Wertschätzung von Mozarts Opern. Gleichzeitig habe ich auch auf einige moralische und damit einhergehende ästhetische Defizite seiner Opere serie hingewiesen.

Über die Moral hinaus ist auch die reine Schönheit ein unüberhörbares Merkmal sowohl der Instrumental- als auch der Vokalmusik Mozarts.[26] Man denke nur an das Duett „Ah

24 Zu *Così fan tutte* vgl. insbesondere auch Bernhard Williams, *On Opera*, New Haven/CT 2006, S. 43ff.
25 Vgl. allgemein Levinson, Contemplating Art (wie Anm. 8), S. 209ff.
26 Vgl. insbesondere Gustav H.-H. Falke, *Mozart oder Über das Schöne*, Berlin 2006.

perdona al primo affetto“ und die Servilia-Arie „S’altro che lagrime“ aus dem *Tito*, an die Arie des Cecilio „Pupille amate“ aus *Lucio Silla* sowie das Trio „Soave sia il vento“ aus der *Così fan tutte*. Ein Vertreter des *moderaten* Moralismus lässt aber den ästhetischen Wert von Kunst ohnehin nicht in deren moralischen Qualitäten aufgehen und kann separate Quellen des ästhetischen Werts neben der Moral akzeptieren. Interessant ist dabei, dass die Schönheit immer auch in einen Konflikt mit der moralischen Haltung geraten kann. Dennoch: Mozart weiß zwar um die Verführungskraft des Schönen, stellt die Schönheit aber nicht unter einen pauschalen Verdacht. Die Freude an schöner Musik bleibt Teil des guten Lebens, auch wenn sie der Gefahr des Missbrauchs ausgesetzt bleibt und dabei in einen Konflikt mit den Forderungen der Moral geraten kann.

Mozarts Opern weisen aber nicht nur besondere moralische und ästhetische Qualitäten auf, sie reflektieren diese Qualitäten selbst noch einmal und fordern den Zuschauer zur Selbstreflexion auf: Was ist der Stellenwert des Wissens und der Vernunft in unserem Leben? Und welche Bedeutung kommt darin der Lust, den Gefühlen und vor allem dem ästhetischen Vergnügen an der Kunst zu? Welche Rolle spielen darin die Moral, die Gerechtigkeit und die Großzügigkeit? In welchem Verhältnis stehen die Vernunft und die Gefühle des Menschen? Können wir etwa auch durch Emotionen etwas lernen, und lassen sich Emotionen umgekehrt durch die Vernunft lenken und steuern?

Mozarts Opern bestätigen meine Hauptthese einer engen Verschränkung von Musik und Moral nicht zuletzt dadurch, dass sie selbst die kognitiven und emotionalen Dimensionen unserer Existenz beleuchten und mit der tiefen Einsicht einer engen Verknüpfung von Verstand und Herz zur Vertiefung unseres Selbstverständnisses beitragen können. Mit einer für seine Musik charakteristischen Mischung aus Freude, Heiterkeit und tiefer Trauer, aus Sympathie, Wohlwollen und skeptischer Ironie fordern uns seine Werke dazu auf, die Komplexität und die Widersprüche des menschlichen Lebens nicht aus den Augen zu verlieren. Nicht zuletzt sind es diese philosophischen Qualitäten seiner Opern, die bis in unsere Gegenwart hinein einen großen Teil ihres ästhetischen Werts ausmachen.

Thomas Gainsborough, *Johann Christian Bach*
Öl auf Leinwand, 1776

THE OPERATIC BACH: J.C. BACH IN MILAN, MANNHEIM, AND LONDON

Round Table during the *Mozartwoche* 2013
Salzburg, 1 February 2013

Moderator: **Ulrich Leisinger**
Participants: **Karl Böhmer, Mainz; Paul Corneilson, Cambridge/MA; Stephen Roe, London**

Ulrich Leisinger: Ladies and Gentlemen! This *Mozartwoche* 2013 is not exclusively dedicated to, but strongly centered on Mozart's youthful opera *Lucio Silla*. Many of you have seen the performance in the *Haus für Mozart* already or you may have tickets for tonight's show [1 February 2013]. We are very proud that this splendid, historically informed but by no means retrospective performance is not an isolated event. Rather we are in the fortunate position to provide a context for this fascinating piece. On Monday night [28 January 2013] we have heard excerpts from Pasquale Anfossi's parallel setting composed two years later than Mozart's. Tomorrow morning [2 February 2013] we will present Johann Christian Bach's version of the piece–and that's the reason why we are meeting here. Ivor Bolton, the conductor of the performance, sends you his regards. He would have liked to attend this round table, but the schedule of the *Mozartwoche* is just too tight.

Of the great number of composers in the Bach family, Johann Christian Bach, the youngest of the four musical sons of Johann Sebastian Bach, is the only one from whose pen any operas have come down to us. If this were a Bach symposium this would already be a good reason to look deeper into the topic "The Operatic Bach"–but for Salzburg we need a little more, and we find it in Wolfgang Amadé Mozart's letter to his father of 10 April 1782 (BD 667): "You have probably already heard that the English Bach is dead? What a pity for the musical world."

Without exaggeration there is no other 18th-century composer–not even Joseph Haydn or Christoph Willibald Gluck–who was so close to Mozart. I am talking about their musical language in the first place. J.C. Bach was undoubtedly a model for Mozart from as early as 1764 until at least the end of Wolfgang's Salzburg years. But I would also dare arguing that in their addiction to opera Mozart and J.C. Bach were almost identical twins.

To discuss this topic I have invited three specialists: Dr. Stephen Roe from London, Dr. Karl Böhmer from Mainz, and Dr. Paul Corneilson from the Cambridge Office of The Packard Humanities Institute. Please welcome them and I think Paul Corneilson deserves special applause for he agreed to edit the music for tomorrow's performance from the single surviving source, an 18th-century manuscript score in the *Universitäts- und Landesbibliothek Darmstadt*.

During the past few years the four of us have met several times to attend performances of operas by Johann Christian Bach: In June 2011 we enjoyed the opera *Zanaida*, composed for London in 1763, in the historic, truly baroque garden theatre of Bad Lauchstädt during the Leipzig *Bachfest*, and last year we suffered through the strange fantasies of the director in a performance of *Temistocle*, like *Lucio Silla* a Mannheim work of the operatic Bach. I would like to ask my colleagues to introduce themselves and explain their personal relationship to Johann Christian or John Christian Bach. The philosopher Friedrich Nietzsche once wrote: "It is possible to give a picture of a person by three anecdotes." Let's assume that Nietzsche is right, Stephen. What is your professional and private relationship to J.C. Bach and do you have a favorite story to tell?

Stephen Roe: I am Stephen Roe from London. I have been working on J.C. Bach since 1974 and I did a dissertation on his keyboard works.[1] I also work at Sotheby's, the auction house, and for many years have been doing music there. My relationship to J.C. Bach is perhaps best described by the following story: Once I was in a warehouse in London full of manuscripts of music. I came back after lunch–after a good lunch–and just put my hand idly onto a score, opened it–and there inside this book bound in was an autograph by J.C. Bach without any mention of its name. I hadn't seen that piece before and no one knew about it. So I feel my relationship with J.C. Bach is that he is perhaps like a spirit guide and that he pushed me in that direction. The anecdote I have describes the relationship to his elder brother Carl Philipp Emanuel.

Johann Christian Bach famously, and humorously, defined the difference between himself and his strict half-brother: "He [Emanuel] lives to compose, but I compose to live." This nonchalant statement is contradicted by much evidence which suggests that Christian Bach was an extremely fastidious and hardworking composer, as much a perfectionist as any of the other members of his distinguished family.

Paul Corneilson: I am Paul Corneilson from Cambridge/Massachusetts. I first became interested in J.C. Bach's operas, when I took a seminar in graduate school on aria structure in the 18th century and happened to choose *La clemenza di Scipione* by Bach as an opera to study. I later wrote my dissertation on "Opera at Mannheim, 1770–1778" (University of North Carolina, Chapel Hill, 1992), and got to know the two operas Bach wrote for that court, *Temistocle* (1772) and *Lucio Silla* (1775).

The anecdote I want to tell you relates directly to our discussion: When Mozart visited Mannheim in 1777–78 he learned that J.C. Bach had written a version of *Lucio Silla*,

1 Stephen Roe, *The Solo and Ensemble Keyboard Music of J.C. Bach (1735–82): Source Problems and Stylistic Development*, New York: Garland, 1989.

which he had set for Milan in 1772. In early November 1777, soon after his arrival, he borrowed a copy of *Lucio Silla* from Abbé Georg Joseph Vogler, and described the encounter to his father: [2]

> *Bach* hat hier 2 *opern* geschrieben, wofon die erste [*Temistocle*] besser gefallen als die 2:te. Die 2:te war *lucio Silla*; weil ich nun die nehmliche zu Maÿland geschrieben habe, so wollte ich sie sehen. ich wuste vom holzbauer daß sie vogler hat. ich begehrte sie von ihm. vom herzen gern, Morgen werde ich sie ihnen gleich schicken. sie werden aber nicht viell gescheütes sehen. etliche täg darauf, als er mich sah, sagte er zu mir ganz spöttisch. Nu, haben sie was schöns gesehen, haben sie was daraus gelernt? – – eine *aria* ist gar schön – – wie heist der text, fragte er einen der neben ihm stund – – was fürein aria? – – Nu, die abscheüliche *aria* vom *Bach*, die Sauereÿ – – ja, *Pupille amate*. die hat er gewis in Puntsch rausch geschrieben. ich habe geglaubt, ich müste ihn beÿm schopf nehmen; ich that aber als wen ich es nicht gehört hätte, sagte nichts und gieng wek.
>
> Bach has written two operas here, the first [*Temistocle*] of which pleased better than the second, *Lucio Silla*. Since I had written this particular opera for Milan, I wanted to see it. I learned from Holzbauer that Vogler had a copy. I asked him for it. "Delighted," [he said], "tomorrow I will send it to you. But you will not see much of any value." When he saw me a few days later, he said to me in an entirely mocking way: "Now, have you found anything beautiful? Have you learned anything from it? One aria is very fine. What is the text?" he asked some one standing next to him. "What sort of aria?" [asked his companion] "Why, of course, that ridiculous aria by Bach, that filthy piece–yes, 'Pupille amate,' which he certainly wrote in a state of intoxication." I thought I should have to take him by the hair; but I pretended that I hadn't heard him, said nothing and walked away.

Perhaps Mozart used Vogler as inspiration for another music teacher and intriguer: Don Basilio in *Le nozze di Figaro*.

Karl Böhmer: My name is Karl Böhmer; I am from Mainz in Germany where I work at the *Villa Musica*. As a musicologist, I am not a "J.C. Bach expert" in the same sense as Stephen who is the leading expert on J.C. Bach autographs or Paul who knows his Mannheim operas by heart and who is the perfect editor for this score. I regard myself rather as a historian of Italian opera in the 18th century. When I wrote my dissertation on Mozart's *Idomeneo*[3] I became more and more fascinated by the operas of those composers who did influence Mozart strongly in the style of *opera seria* like the German J.C. Bach, the Bohemian Josef Mysliveček, or the Italians Antonio Sacchini and Niccolò Piccinni. They were all born in the 1730s, so-to-speak one generation before Mozart.

2 BD no. 370, 2:120.

3 Karl Böhmer, *W.A. Mozarts* Idomeneo *und die Tradition der Karnevalsopern in München*, Tutzing: Schneider, 1999.

Nevertheless, some of their arias sound so familiar that we would spontaneously think them to be by Mozart himself. And I think they made Mozart's music possible by their achievements.

As an anecdote from the lives of both J.C. Bach and Mozart, I want to tell you a little story from my hometown Mainz. When the Mozart family arrived there in early August 1763, almost at the beginning of their Grand Tour through Western Europe, they checked in at the most prominent hotel in town, the *Gasthof zum König von England*. The first foreigner whom they met there was the young Italian soprano Anna De Amicis. She had just come back from England, from her first season as *prima donna* of *opera seria*. She had sung in J.C. Bach's first two operas for London, *Orione* and *Zanaida*. In fact, it was the young Bach who had recognized her extraordinary talent and voice, and who had persuaded her to embark on a career as *prima donna* in *opera seria*. Before returning to Italy, where she became *prima donna assoluta* in the course of the following decade, she befriended the Mozart family in Mainz. I imagine how she sang some of her arias from *Zanaida* to them and how young Mozart recalled this experience almost ten years later when he came to write for her the part of Giunia in his Milan opera *Lucio Silla*. Thus, in the summer of 1763, Mainz was a crossroad of the musical careers of three geniuses of opera.

Ulrich Leisinger: Stephen, in what sense is J.C. Bach a typical member of the family?

Stephen Roe: I think that Johann Christian Bach was different from all the other Bachs. He virtually abandoned almost all those features generally associated with the Bach family: Protestantism, counterpoint, church music, and fugue. He travelled further geographically and musically than any of his brothers. In his 46 years, he was not just the Milan, London, Mannheim or Paris Bach, but the international Bach, the cosmopolitan Bach, the opera Bach. His music of course was published in the Old World, but even reached the New World at the end of his life: it was known, played and performed from Sweden to Sicily and from Dublin to St Petersburg. No other Bach was so widely known in his day. He was also probably the Bach son least influenced by his father, who died when he was 14.

Ulrich Leisinger: We should indeed briefly look into Johann Christian Bach's education. He was born in Leipzig on 5 September 1735. In all likelihood he received keyboard lessons by his ailing father; at the age of 13 he was already an accomplished pianist as can be seen from a printed copy of one of the partitas from *Clavier-Übung I* that carries his initials and the date 1748. When J.S. Bach passed away in 1750, J.C. Bach was not yet 15 years old and he had to move to Berlin where he was hosted and trained by Carl Philipp Emanuel Bach, his half-brother, 21 years his senior. We know little about his years in Berlin and the most interesting piece of information is found in the so-called "Genealogy of the Bach Family" that C.P.E. Bach sent to Johann Nikolaus Forkel in 1775. This genealogy covers a period of almost two hundred years; it was compiled by Johann Sebastian Bach around the time of J.C. Bach's birth. J.S. Bach could rely, however, on a model from the 17th century, which started with "Veit Bach, a white-bread baker in Hungary" who had to flee Hungary in the 16th century on account of his Lutheran religion; he finally settled in Wechmar, Thuringia. The official entry–by J.S. Bach–on J.C. Bach is among the last and reads: "Joh. Christian Bach, sixth son of Joh. Seb. Bach born in 1735 on the 5th of September." To this biographical information C.P.E. Bach added: "Went, after our late father's death, to his brother C.P.E. Bach in Berlin, who gave him his upbringing and his education. Journeyed in 1754 to Italy." I drop a line of text and close with C.P.E. Bach's postscriptum: "Between us, he has managed differently from honest Veit." What does C.P.E. Bach want to tell us here, Karl?

Karl Böhmer: Of course, C.P.E. Bach's remark refers to the most prominent turn in the biography of his youngest half brother: Christian did not remain a Lutheran, like his ancestor Veit Bach and all the other members of the family, but became a Roman Catholic, during his years of apprenticeship and early fame in Italy.

Ulrich Leisinger: Perhaps I may add that J.C. Bach did not travel all by himself, but that he accompanied a female singer, on her way back to Italy. So C.P.E. Bach was perhaps thinking about a saying from the Bible, from the book Ecclesiasticus (chapter 9, verse 4): "Use not the company of a woman that is a singer, lest haply you be caught by her attempts." Or to put it a little more colloquial: "Keep away from female singers, otherwise you will be caught by their charms." If J.C. Bach knew that proverb from the Bible, he didn't really care about it. In or around 1773, he married a singer, the soprano Cecilia Grassi who had come to London in 1766. We learn about her a little bit from an early-19th-century fashion magazine: "Cecilia Grassi afterwards Mrs Bach was inanimate on the stage and very far from beautiful, but there was a plaintive sweetness in her voice that ever gave pleasure to her hearers."[4] But, C.P.E. Bach was neither a paragon of virtue throughout his life. Otherwise he probably never would have met his wife, who was the daughter of a Berlin wine merchant. But let us get back to J.C. Bach in Italy!

Karl Böhmer: When J.C. Bach came to Italy as a lonely, young musician from abroad he had to seek for protection, protection in society and in music. He entered the service of Count Agostino Litta, one of the most influential noblemen in Milan. Litta became his patron for the next six or seven years and–first of all–sent him to study with the most famous teacher of composition in Italy, Padre Martini. Giambattista Martini was a Franciscan monk who lived in Bologna. Everybody–including young Mozart several years later–went to see him and learn the secrets of counterpoint and how to compose church music in its proper style. You probably know that Mozart later passed the exam to become a member of the *Accademia filarmonica di Bologna* by writing a piece of music in the *stile antico*. In some sense J.C. Bach had done the same although he never took the exam and thus never became a member of the Academy. After he had left Bologna he still sought the advice of Padre Martini for almost every new piece he wrote. In their

4 *La Belle Assemblée, being Bell's Court and Fashionable Magazine* (no. 127, Sept. 1819, 101).

letters the Italian master and his German pupil intensively discussed questions of strict counterpoint in the style of Palestrina. These letters and those that his patron, Count Litta, wrote to Padre Martini are the most important source for our knowledge of Bach's Italian years. It might seem strange that Christian Bach, a son of great Johann Sebastian, should have needed to seek advice in questions of counterpoint from an Italian. However, the old system of the church modes was still intact in Italy, and in Leipzig Christian's interest in counterpoint was considerably less developed than in Italy where he showed genuine fascination by the music of Palestrina.

In the eyes of his brother Carl Philipp Emanuel, Christian had chosen the easiest way: through his conversion to Catholicism, he pragmatically paid tribute to his living and working conditions in Italy, instead of leaving the country for the sake of his faith. In fact, that is what George Frideric Handel had done–exactly half a century before the youngest Bach son. Handel arrived in Rome in late 1706. Christian Bach came to Milan fifty years later most probably in 1755 (and definitely not in 1754 as C.P.E. Bach wrote in the "Genealogy"), around the time when Mozart was born in Salzburg, and stayed there for seven years until June 1762 when he was invited to London. As it turned out to be, Catholic church music became the most important field of J.C. Bach's creative activities during his first years in Italy. Just as the 22-year-old Handel, who had gained recognition in Rome through his monumental *Dixit Dominus* and other psalms in Latin for the Carmelites and for the Colonna family, Christian celebrated his first major success through his *Dies irae*, when he was not quite 22 years old. This monumental, half-hour long version of the sequence from the Requiem was performed in summer 1757 by a huge orchestra and chorus of 64 performers and was rewarded with universal applause. As an immediate consequence, Christian started composing choral music on the grandest scale for Vespers and Holy Mass for the most important churches in Milan.

Bach carefully worked on his career during these years; he wanted to become an organist. He could, however, not be appointed as an organist or church musician as a Lutheran. Handel's career in Italy stopped at this very point when he had to make the decision whether or not to convert to Catholicism as had been strongly suggested to him by several cardinals. Handel refused to convert, J.C. Bach did not. Thus the Lutheran J.C. Bach, the son of Johann Sebastian Bach, became "Giovanni Bacchi" or "Giovanni Baccho."

Bach slowly but gradually evolved as a composer during the period of seven years; he moved from church music to music for the *accademia* and finally to opera. In the long run, it was not his capacity to write fugues and movements based on Gregorian or Ambrosian chant that made "Giovanni Bacchi" famous in Milan; it were his melodic gift and his innovative orchestral style, both of which are manifest already in the wonderful arias of his church pieces. These church arias were written for the leading opera singers in Milan which were invited by Bach's patron, Count Agostino Litta, to appear in his palazzo. These performances not only included the public dress rehearsal of the *Dies irae*, but also the regular, weekly academies of the Count. Just like Handel in the service of

Marchese Ruspoli in Rome, Bach earned his spurs by conducting the weekly concerts of his patron, and by composing symphonies and concertos for them. Also the one or other operatic aria by Bach must surely have been performed in the beautiful Palazzo Litta.

Then, in Carnival 1759, Bach celebrated his first major success on the operatic stage when Count Litta ordered his aria "Misero pargoletto" to be included in the first Carnival opera of that season at the Regio Ducal Teatro, since Bach's insertion aria was much more impressive and adequate to the castrato's voice than the original one by Antonio Ferradini. As a result he was soon invited to write his first full opera. His *Artaserse* for the new and fashionable Teatro Regio in Turin turned out to be a major success. In 1761 Bach finally received a double *scrittura* from the most important operatic stage in Italy, the Teatro San Carlo in Naples. If you got a commission from there you had really made it; you were very likely also to get commissions from elsewhere and particularly also from North of the Alps. His *Catone in Utica* was performed in Naples in November 1761, his *Alessandro nell'Indie* during Carnival 1762. Obviously, Bach enjoyed the freedom of theatrical life and his fame as the rising star of *opera seria*. The sojourns in Italy's operatic centers might have been a relief from the more provincial musical life in Milan, a city under Austrian rule and decidedly conservative in its musical taste. Nevertheless, he obeyed to his patron, Count Litta, when he was called back to Milan in the spring of 1762. After a last visit in Bologna where he met his teacher Padre Martini again, he resumed his duties in Milan. Two months later, however, he reported very briefly to Padre Martini that he had been invited to London – and off he was to England in June 1762. He never returned to Italy.

Ulrich Leisinger: You have said that *Artaserse* was already a major success; strictly speaking the young Bach had to overcome some reservations. *Artaserse* was premiered in Turin on 26 December 1760 and received only seven performances, the lowest number of any opera at the Teatro Regio in Turin in the 18th century. The first opera could thus have almost been the end of his career as an opera composer. But *Catone in Utica* turned the tide to his favor. This opera, premiered in November 1761 in Naples, was a real success. The opera was revived in Milan in 1762, in Pavia, Perugia and Parma in 1763, played again in Naples in 1764 and even made it to Germany, where it was staged in Wolfenbüttel in 1768. *Alessandro nell'Indie* of 1762 was similarly successful and gave his career a decisive turn, namely, an invitation to London.

Stephen Roe: Let me add a footnote on what Karl has said and then I want to shed more light on how J.C. Bach became the opera Bach and how he established himself in London. In Italy Bach got to know lots of singers many of which he met again in London. The most famous of all was the tenor Anton Raaff who had performed in both his operas for Naples, *Catone in Utica* and *Alessandro nell'Indie*. He later went on to be the first *Temistocle* and *Lucio Silla* in Mannheim. In fact, Raaff appeared in more operas by Bach in the 18th century than any other singer. Later Raaff met the Mozarts in Mannheim and, in 1781, created the title role in Mozart's *Idomeneo* as is well known.

Bach's acquaintance with opera dates back to his years in Germany. At Sebastian's death J.C. Bach was taken by Wilhelm Friedemann to Berlin, where he studied with Carl Philipp Emanuel and developed into an accomplished keyboard performer, wrote his first compositions of significance and–most importantly–encountered Italianate opera, at least the variety enjoyed by Frederick the Great. He seized the opportunity to hear opera at its source when he left for Italy in 1755. There he found a rich and cultured patron in Count Agostino Litta in Milan; a teacher in Padre Martini in Bologna, who later was to give lessons to Mozart, too; and fame as a musician throughout the land, in the opera house, in the aristocratic salon and concert hall. In doing so, he became internationally known, publishing music in Paris, writing symphonies, sonatas and chamber works, as well as an important group of church works, his last music in this genre. The three *opere serie*–*Artaserse* (for Turin, 1760), *Catone in Utica* (Naples, 1761) and *Alessandro nell'Indie* (Naples, 1762)–are all settings of libretti by Pietro Metastasio and completely Italian in style and taste, comprising strings of long, mostly *da capo* arias, with elaborate coloratura, interconnected by long recitatives. J.C. Bach sometimes reused material from his three early operas in London and some of these arias became famous throughout Europe. So, from Bach's early immersion in the Italian operatic style, he emerged, from the chrysalis of his Milan years, a fully-formed operatic composer, commanding stages across Europe.

In 1762, he was almost certainly head-hunted by operatic scouts from London, where he settled. The King's Theatre in London was one of the richest in Europe. J.C. Bach evidently became the wealthiest of the Bachs at this time. The opera, a satellite of the court, was a magnet for the rich and powerful and attracted the greatest performers at the highest salaries in Europe. Bach composed five three-act operas for London. These are all tailored to London taste: the amount of recitatives, where they survive, is much reduced compared to his Italian or Mannheim operas; there is a greater variety in the forms of the aria: he relies much less on the *da capo* than in his operas for Italy and Mannheim, and there is more use of ensembles and choruses than one would normally expect in an Italian *opera seria*.

Bach certainly knew the music of Christoph Willibald Gluck at this time as well and he almost certainly encountered him personally in Paris. The influence of Gluck on Bach has yet to be explored. But Bach certainly was acquainted with *Orfeo ed Euridice*, for he composed extra arias for the London revival in 1771 thereby undoing most of its reform aspects which were evidently not to local taste. It is possible that Bach might have been inspired to write an *Orfeo* himself; when he was commissioned to write an opera for Naples in 1774 he didn't decline the offer–although he was unable to write a new opera at this point–but rather sent his adaption of Gluck's *Orfeo*. In Bach's London works, particularly his last opera *La clemenza di Scipione*, there is evidence that he was influenced by the snappier, more dramatic theatre of Gluck, even within the boundaries of *opera seria*. *Lucio Silla* is also one of the operas in which Bach shows the influence of Gluck and of *Orfeo* in particular in the wonderful scene in Act I with the C-minor chorus "Fuor di queste urne dolenti" and Giunia's contrasting mourning aria.

In London, Bach encountered singers that he had already met in Italy. One such was Anna Lucia De Amicis. She had performed with brilliance in his first two London operas, *Orione* and *Zanaida*, and would go on to win the admiration of both Leopold and Wolfgang Mozart and wowed the audiences in Mozart's *Lucio Silla* in Milan in the 1772–73 season singing the role of Giunia. The vocal writing of Bach's arias for Anna De Amicis in *Zanaida* is exceedingly florid and challenging and Mozart was able to exploit such virtuosity in his opera, too.

Ulrich Leisinger: You have heard some of the arias that Mozart wrote for Anna De Amicis in the performances of *Lucio Silla*. Listening to one of the arias from Bach's *Zanaida* will make for an interesting comparison.

Music Example 1: J.C. Bach, "Tortorella abbandonata" from Zanaida. *Teodora Gheorgiu, Sopran. Les Talens Lyriques, Christophe Rousset (Aparté AP021; 2011).*

We should spend a little bit of time on this young singer[5] when she came to London and I would like to refer you to a report from Charles Burney's *History of Music*:

> November 18th 1762 the Opera house opened with the comic opera of *Il Tutore e la Pupilla*[,] a Pasticcio in which Anna De Amicis captivated the public in various ways. Her figure and gestures were in the highest degree elegant and graceful; her countenance though not perfectly beautiful, was extremely highbred and interesting; and her voice and manner of singing, exquisitely polished and sweet. She had not a motion that did not charm the eye, or a tone but what delighted the ear.

This aria gives us a vivid impression how Anna De Amicis sang and we can derive further pieces of information on her voice from other pieces that were explicitly written for her, including the arias from Mozart's *Lucio Silla*. She obviously had a very high range and a very versatile voice from the beginning of her career. Karl, would you be willing to explain us what the aria "Tortorella abbandonata" from *Zanaida* reveals with respect to J.C. Bach's personal style of writing? How much J.C. Bach do we find in this early piece and which aspects are we going to encounter again tomorrow in his mature opera *Lucio Silla*?

Karl Böhmer: You may still have in mind how J.C. Bach begins the piece with the strings alone and how this theme is taken on when the singer smoothly enters showing that this way of composing is perfectly suited for the voice. Furthermore we have heard the coloring with the oboes, which is quite unusual; this is something that Charles Burney also pointed out in his report on Bach's early operas in his *General History of Music*,

5 Cf. Ulrich Leisinger, "Anna Lucia De Amicis Buonsollazi – Mozarts erste Giunia", in the present volume.

namely, that the use of the woodwinds to add color to the orchestration was something fundamentally new for London. This hadn't been done by any other composer before. I think the melodic invention and the orchestration are two things that prepare the stage for Mozart and we will hear more of it tomorrow in Bach's *Lucio Silla*.

Stephen Roe: London, when Bach lived there, was the largest city in Europe and the most vibrant he had hitherto experienced. The lively musical life was dominated by foreigners, mostly Italians and Germans, but peppered also with French and Bohemian musicians. He became friends with Carl Friedrich Abel, the viol da gamba player, and they lodged together for a number of years in Soho, a short walk from the King's Theatre. By 1764 Bach and Abel had collaborated on a concert and in the following year established the celebrated series of concerts that bore both their names. These were the most important and fashionable concerts in the capital.

By the end of 1763 Bach cemented his connections with the English court: he became music master to the Queen and a chamber musician at court. His duties involved accompanying the Queen's singing and coaching her. These responsibilities were later extended to the many Royal Princes and Princesses who came along in quick succession in the 1760s and 1770s.

Bach and Abel were members of the intellectual circles of England and France. Both were art collectors and friends with many of the prominent artists, writers and musicians. Thomas Gainsborough made wonderful portraits of Bach and Abel and painted murals for the Hanover Square Concert Rooms, which Bach and Abel opened in 1775. Bach's two operas for Mannheim conform to the local taste and are brilliantly orchestrated in line with the court orchestra he found there. But it is still possible that they were written mainly in London. The likely mastermind behind Bach's Mannheim adventures was Johann Baptist Wendling, flautist at the court of the Elector. His wife Dorothea, later Mozart's first Ilia in *Idomeneo*, sang in all of the major works of Bach performed in Mannheim, as did Wendling's sister-in-law Elisabeth, the first Elettra in *Idomeneo*. Wendling himself was very much associated with Bach's music, having appeared at Bach's concerts in London in 1771; his name is frequently mentioned in Bach's bank accounts, indicating a close business and artistic partnership. Bach wrote lots of works for the flute during the time of Wendling's London visits, the Op. 11 quintets being dedicated to the Elector Palatine in 1774. There is also a romantic interest here. Bach was enamored with Wendling's daughter Gustl, Elisabeth Augusta, also a singer, and apparently proposed marriage to her in 1772. But she evidently had bigger fish to fry in the person of the Elector and spurned him. But perhaps she was "spoiled goods" and J.C. Bach could not have married her anyway.[6]

6 Paul Corneilson, "A Context for Mozart's French Ariettes: The Wendling Family and Friedrich Schiller's Kabale und Liebe," in: *Current Musicology*, no. 81 (2006): 53–72.

We know that part of the score of Bach's *Lucio Silla* went missing on route between London and Mannheim; therefore the premier performance had been postponed from 1774 to 1775. Paul Corneilson will discuss this point in more detail. As we have already heard the autograph manuscript of *Lucio Silla* has not survived, but two acts, acts I and III to be precise, of his previous work for Mannheim, the lovely opera *Temistocle*, exist in autograph, primarily written on paper from London, suggesting that he may at least have begun writing it in his lodgings in Soho or his cottage in Richmond, Surrey. There is no convincing evidence from the paper in any of the surviving autographs of J.C. Bach's operas that recitatives were written first and arias later, for recitatives often begin on the same page as an aria, so the recitatives and arias were never separate. Mozart's contract for his *Lucio Silla*, however, specified that the recitatives should be supplied beforehand and the arias written when he arrived in Milan so that he could take into account the abilities of the singers. Since Bach knew the main singers for the cast of his *Lucio Silla* because they had already participated in his *Temistocle*, he probably felt he could write for them from memory in London, making any alterations when he got to the Palatinate. For *Lucio Silla*, there is evidence that Bach did not leave London until relatively late: his bank account records activity up to early October 1775, for the premiere on 5 November.

Paul Corneilson: I can follow up on the dating of the piece which has posed some problems, at least regarding the premiere performance. Bach's first Mannheim opera, *Temistocle*, written in 1772, was a success, and–as we have just heard–Bach dedicated his woodwind quintets, Op. 11, to the Elector Palatine Carl Theodor. The surviving sources for *Lucio Silla* provide inconclusive or contradictory evidence: the Italian libretto is not dated; a printed German translation has the date 1774; but the only surviving manuscript copy (the copy Mozart borrowed from Vogler, which is now in Darmstadt) is dated "1775–1776." For a long time the only documentary evidence that had come to light was a diary listing a single performance on 20 November 1776 in conjunction with the name day of the Electress. This record was cited by the theater historian Friedrich Walter in 1898.[7] Thus, in the first half of the twentieth century, the date of the premiere was given as November 1776. Later the printed German libretto was rediscovered, and the date has since been given as November 1774.[8]

In 1991 I discovered the surprising resolution of this problem when I examined the reports of the Saxon envoy Andreas von Riaucour from Mannheim to Dresden which have been preserved in the Hauptstaatsarchiv in Dresden. On 22 October 1774, he noted:

7 Friedrich Walter, *Geschichte des Theaters und der Musik am kurpfälzischen Hofe*, Leipzig: Breitkopf & Härtel 1898, 141, 339.

8 Charles Sanford Terry, *Johann Christian Bach*, London 1929, 130; Edward O. Downes, "The Operas of J.C. Bach as a Reflection of Trends in Opera," 3 vols. (Ph.D. dissertation, Harvard University, 1958), 2: 388–90; Ernest Warburton, Introduction to *Lucio Silla*, in: *The Collected Works of J.C. Bach*, vol. 8 (New York: Garland, 1985), vi. The background and dating of the opera is discussed in Paul Corneilson, "The Case of J.C. Bach's *Lucio Silla*", in: *Journal of Musicology* 12 (1994): 206–218.

> Le Maître de Chapelle de la Reine d'Angleterre, Bach, avoit été chargé de la Composition de l'Opéra qui devoit être donné à l'occasion du jour de leur nom, mais par un Concours de circonstances une partie de cet Opéra se trouve égarée et comme c'est la faute du Comte de Has[s]lang, Ministre Palatin à Londes, on lui en a fait de vives reproches. On tâchera d'y suppléer par des Opérettes accompagnées de grand Ballets.
>
> The chapel master of the Queen of England, [J.C.] Bach, had been commissioned to compose an opera which was to have been performed on the name day of the Elector, but by a combination of circumstances a part of this opera was lost and as it is the fault of Count Hasslang, minister Palatinate at London, they censured him. They will attempt to substitute a comic opera with a grand ballet.

According to Riaucour's report of November, Antonio Salieri's *La secchia rapita* was given instead.

> Aujourd'hui on donne une nouvelle Operette intitulée: La secchia rapita. Demain il y aura Academie de musique.
>
> Today a new operetta with the title *La secchia rapita* will be given. Tomorrow there will be a musical academy.

After the premiere of Salieri's comic opera Bach's new opera had to be postponed; Carl Theodor made his first trip to Rome, leaving on 7 November, and returned in early March 1775.[9] (By the way, he heard Mozart's *La finta giardiniera* in Munich on his way back to Mannheim.) Coincidentally, Bach was also invited to write an opera for Naples that was to have had its premiere during November 1774. Bach was unable to supply a new opera, and instead sent–as we have already heard–his arrangement of Gluck's *Orfeo* which was performed in Italy for the first time.[10]

One year later, on 7 November 1775, Riaucour describes the long-anticipated premiere of *Lucio Silla*:

> Samedi dernier, jour du nom de Monseigneur L'Electeur Palatin, il y eut grand galla. [...] Le spectacle représentant Lucio Sylla, étoit de la plus grande magnificence, tant pour les décorations que pour les habits des acteurs, et des Ballets, et la musique de la Composition du célèbre Bach a été fort applaudie; mais on voyait, combien L. A. S. E$^{les.}$ souffroient, d'être obligées de prendre part à ce divertissement, s'attendant à tout moment à recevoir la nouvelle de la mort du Duc [Christian IV de Deux-Ponts].

9 See Theodor Hänlein, "Carl Theodors erster Aufenthalt in Rom 1774/75," in: *Mannheimer Geschichtsblätter* 34 (1933), cols. 17–26, 41–58. Carl Theodor spent a few days at Munich on his way back to Mannheim. There he heard of the success of Mozart's *La finta giardiniera*. The elector referred to this work when he met Mozart over two years later in Mannheim. See Mozart's letter of 8 November 1777; BD no. 366, 2:110.

10 These documents are cited by H.C. Robbins Landon in the corrigenda to Charles Sanford Terry, *John Christian Bach*, second edition, London: Oxford University Press, 1967, xlvi.

> Last Saturday, the name day of the Elector, there was grand feast. [...] The spectacle presented, *Lucio Silla*, was of the most grand magnificence as much for the decorations as for the costumes of the actors and of the ballets, and the music composed by the celebrated Bach has been strongly applauded; but we saw how much his Exalted Highness the Elector suffered from having to take part in this entertainment, expecting at any moment to receive the news of the death of the Duke [Christian IV of Zweibrücken].

The "but" seems to be particularly significant, and the untimely death of the Duke of Zweibrücken, a close relative of the Elector, provides a possible explanation for the relative lack of success for the opera. Nevertheless, on 21 November 1775, Riaucour reported on a second performance of *Lucio Silla*; the German Singspiel *Alceste* by Wieland and Schweitzer was also performed in conjunction with the festivities for the name day of the Electress.[11] Although no further performances were mentioned by Riaucour, it is likely that *Lucio Silla* continued to be performed throughout Carnival 1776. And, as Walter had already discovered, it was also revived in the following November. Thus the date ("1775–1776") on the manuscript score in Darmstadt is entirely correct.

It seems to me that Mozart exaggerated in his letter which we have heard before about the lack of success of Bach's *Lucio Silla*. The evidence suggests that *Lucio Silla* was performed almost as often as *Temistocle*. Certainly the death of Christian IV just before the first performance put a damper on the event, and the inauguration of the Nationaltheater in January 1777, along with the revival of serious German opera at Mannheim, had a negative impact on the reception of Bach's second Italian opera for Mannheim. Vogler, a strong advocate of German opera, probably used his influence to encourage Carl Theodor to commission serious operas in German. After the premiere of Holzbauer's *Günther von Schwarzburg*, on 5 January 1777, no other Italian *opere serie* were performed at the court theater in Mannheim; indeed, Bach's *Lucio Silla* was the last one commissioned before the Elector moved his court to Munich in 1778. Carl Theodor tried to bring serious German opera to Munich, but the locals did not like Schweitzer's *Alceste* in 1779, and so Italian *opera seria* resumed there in 1780.[12]

Mozart's *Idomeneo*, written for Munich in 1781, is a combination of Mannheim and Munich opera, and it certainly follows in the footsteps of *Temistocle* and *Lucio Silla*, as well as *Günther von Schwarzburg*. *Idomeneo* featured some of the same singers, including the famous tenor Anton Raaff, the *prima donna* Dorothea Wendling, and *seconda donna* Elisabeth Wendling.

11 Ce jour de nom [de Madame l'Electrice] a été celebré avec beaucoup de magnificence dimanche dernier, et de la même façon, que celui de Msgr. L'Electeur, dont j'ai fait de détail dans mon très humble rapport du I. D. C. Hier on donna la seconde représentation de l'opéra de [Lucio] Silla. Aujourd'hui il y a Académie de musique, et demain les spectacles finiront par la représentation de l'Opéra allemand, Alceste."

12 Cf. Böhmer, Mozarts Idomeneo (see fn. 3), *passim*.

Ulrich Leisinger: We want to address the question how the settings of *Lucio Silla* by Bach and Mozart compare. For this purpose it is helpful to quickly recapitulate where and when the two composers actually met.

Stephen Roe: We know that Mozart and Bach only met in two places, though they might have encountered each other several times. They were introduced to each other in London in 1764 when Mozart was eight and Bach 29. The opera house, the court and the concert hall were the centre of Bach's existence in London.[13] As such any important musical visitor to the city would have entered into his orbit: the Mozarts in 1764–65 and the Wendlings in 1771, and indeed any major singer, composer or performer. There can be no doubt of the close relations between Bach and Abel and the Mozarts when they came to London. There are numerous contemporary accounts of Bach and the young Mozart playing the keyboard together, Mozart reading the score of an opera by Bach, *Zanaida*, and pointing out an error in the manuscript while reading it upside down. But Bach was also close to Leopold Mozart: they were both freemasons, as was Abel – indeed many musicians of the time seemed to have been. Bach gave Leopold the only surviving autograph manuscript of a keyboard sonata. This is housed now here in the library of the Salzburg Museum (formerly Museum Carolino Augusteum, shelf mark: *Hs 1789*). The young Mozart was influenced by both Bach and Abel: He copied out of a symphony by Abel which confused Köchel who considered it to be a work written by Wolfgang in London and assigned it the number 18 in his thematic catalogue of 1862. The music Mozart published in London, the six sonatas K. 10–15, were printed and published by Bach's engraver for the fonts and style in these sonatas by Mozart are very similar to those in Bach's contemporary Op. 2 set. Mozart sonatas set surpassed Bach's with pull-out pages to avoid awkward page-turns. Christian Bach's name is mentioned in the lavish dedication to Queen Charlotte, almost certainly written by Leopold rather than his prodigy son:

> With [Queen Charlotte's] help, I shall become as famous as any of my great countrymen, I shall become immortal like Handel and Hasse, and my name will be as famous as that of Bach.

Mozart probably studied the keyboard sonata that Bach gave to his father; we know that Mozart played Bach's music in London; we know that he knew at least three of Bach's piano sonatas published in 1766 after the Mozarts had left London, because he later arranged them as piano concertos in or around 1772 (K. 107); it appears that he was also acquainted with Bach's later symphonies. Except individual arias on texts by Metastasio the only libretto they have in common is *Lucio Silla*, Mozart's setting preceding Bach's by two years.

13 On the date of J.C. Bach's journey to Italy see the articles by Hans-Joachim Schulze, "Wann begann die 'italienische Reise' des jüngsten Bach-Sohnes?", in: *Bach-Jahrbuch* 1983, 119–122 and "Noch einmal: Wann begann die 'italienische Reise' des jüngsten Bach-Sohnes?", in: *Bach-Jahrbuch* 1983, 235–36.

Long after their first encounter the two composers met each other again–in Paris in 1778, when Mozart was 22 and Bach 43; and Mozart probably learned that Bach was to write a French opera, *Amadis de Gaule*, to be performed in Paris in 1779. On his way to Paris via Mannheim–as we said–Mozart sought to inspect the early manuscript copy of *Lucio Silla*.

And yet, how often when one listens to Bach's music does one get echoes or at least pre-echoes of Mozart. Often it is the mature Mozart one hears reminiscences of Bach, not only in the early works. I feel that these later echoes are probably mostly accidental. However, the influence of Bach does pervade Mozart's early Vienna works: the aria "Martern aller Arten" from *Die Entführung aus dem Serail* is similar in scale, in scoring and in texture to an aria from *La clemenza di Scipione*, "Infelice, in van m'affano," composed in 1778, the year when Mozart encountered Bach in Paris.

There can be no doubt that Mozart was strongly influenced by Bach's melodious style, by the sharply-etched orchestral contrasts, and colorful woodwind writing, by the combination of Italian opera melody with the German symphonic manner, the so-called *singing allegro*. As Théodore Wyzewa and Georges de Saint-Foix identified, the two London symphonies, K. 16 and 19 are largely indistinguishable from their models and J.C. Bach's idiom formed the basis of Mozart's mature musical style. And Mozart paid the greatest compliment of all; on Bach's death he described it as a loss to the musical world.

Ulrich Leisinger: We have heard about the personal relationships between Mozart and Bach, we have learned that Mozart, who had composed his *Lucio Silla* first, took the opportunity to study Bach's score. On the other hand, how did Bach get to know the subject of *Lucio Silla*? This topic has been discussed several times in the past and some authors, including Christian Esch in the *Almanach* of the *Mozartwoche* 2013, referred to what they regarded as striking similarities between the two settings arguing that Bach must have known Mozart's score. We would like to present one example from the second act that may shed some light on this question, Cecilio's aria "Se a morir mi chiama." We are extremely grateful that Paul Corneilson and I were allowed to make a recording at the rehearsal yesterday evening and we thank Lydia Teuscher, the Mozarteum Orchester, and Ivor Bolton for the permission to make this live recording of Bach's aria available to you.

Music Example 2: Johann Christian Bach, "Se a morir mi chiama" from Lucio Silla.

Let us immediately listen to Mozart's setting of the same text, in a recording with Edita Gruberova, accompanied by the Concentus Musicus Wien under the direction of Nikolaus Harnoncourt.

Music Example 3: Wolfgang Amadé Mozart, "Se a morir mi chiama" from Lucio Silla.

This is perhaps a question for Karl. Are these arias just similar or are they strikingly similar?

Karl Böhmer: In the course of an *opera seria*, no matter whether in Italy, in England or in Germany the *primo uomo* had to be given an "air pathétique," one very long aria. This aria was usually sung to the *prima donna* in the moment when he has to take leave, but it takes forever to say farewell where he could simply have gone off the stage. Such an aria lasted at least eight minutes and it was always set in E-flat major. Only if the castrato had a particularly high range it might have been in F major instead. So in the end, the only choice the composer had was whether to set this aria in 4/4 or in 3/4. The way how the orchestra was used, the violin gestures or the woodwinds, was also prefixed. As nice as Mozart's aria from *Lucio Silla* may appear it could easily be replaced by any "air pathétique" by Antonio Sacchini, Josef Mysliveček or by any other talented composer of *opera seria* around 1770, because they all sound similar up to point that even the main melody is almost the same.

J.C. Bach's aria is different, however. You may have felt that there is a special atmosphere in the orchestral ritornello; like in the slow movement of Mozart's late piano concertos this ritornello is full of romanticism and colors. So, J.C. Bach has more to say than young Mozart. Of course, overall they are similar because they adhere to the same tradition, but still J.C. Bach shows clearly more individuality than Mozart–and most importantly he was certainly not dependent on Mozart as a model.

Ulrich Leisinger: The same case could probably also be made for Cecilio's "Pupille amate" in act III. Both settings are in A major, the meter is 3/8, the singer is accompanied by the strings alone. But we find this extraordinary choral scene in act I. Both are set in C Minor. Could this chorus help the argument?

Paul Corneilson: I think we can almost definitively say that Bach did not know Mozart's score at the time when he wrote his setting of *Lucio Silla*. There is also a strong tradition for choruses of this type and C minor was practically the only key in which it could have been set. Mozart cannot even be credited for the special form of this scene, because this was entirely De Gamerra's invention. Anyway, Mozart's opera did not circulate widely; we are aware of one single copy outside Italy and the Habsburg empire, an early copy for the court in Lisbon. And even if Mozart had some arias from *Lucio Silla* with him on the trip to Mannheim and Paris, this was two years after J.C. Bach's opera had been done.

Ulrich Leisinger: To summarize this argument: Even if we find the same key in almost one fourth of all numbers of the two settings of *Lucio Silla* this is not yet a proof that one setting was modeled after the other. Opera seria consisted to a large degree of standardized situations which required arias that adhered to specific types and traditions. I think that the text of J.C. Bach's opera shows clearly that a score of Mozart's *Lucio Silla* would not have been sufficient to give Bach's setting the shape it received by the Mannheim court poet Mattia Verazi.

Paul Corneilson: Yes, I can talk about these text changes at least in general. When the libretto came to Mannheim, Verazi made some changes to account for the different cast.

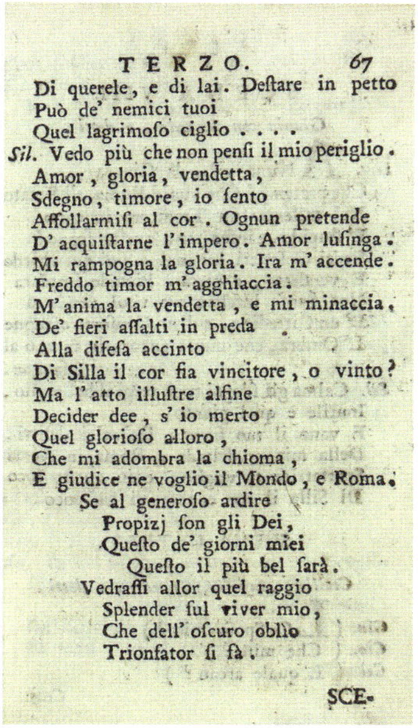
TERZO. 67
Di querele, e di lai. Deſtare in petto
Può de' nemici tuoi
Quel lagrimoſo ciglio . . . .
Sil. Vedo più che non penſi il mio periglio.
Amor, gloria, vendetta,
Sdegno, timore, io ſento
Affollarmiſi al cor. Ognun pretende
D' acquiſtarne l' impero. Amor luſinga.
Mi rampogna la gloria. Ira m' accende.
Freddo timor m' agghiaccia.
M' anima la vendetta, e mi minaccia,
De' fieri aſſalti in preda
Alla difeſa accinto
Di Silla il cor ſia vincitore, o vinto?
Ma l' atto illuſtre alfine
Decider dee, s' io merto
Quel glorioſo alloro,
Che mi adombra la chioma,
E giudice ne voglio il Mondo, e Roma.
Se al generoſo ardire
Propizj ſon gli Dei,
Queſto de' giorni miei
Queſto il più bel ſarà.
Vedraſſi allor quel raggio
Splender ſul viver mio,
Che dell' oſcuro oblìo
Trionfator ſi fà.
SCE-

Giovanni De Gamerra/Wolfgang Amadé Mozart, *Lucio Silla*
Libretto-Druck, Mailand 1773. *Scena III/7*

One thing we should keep in mind is the role of Silla. You are certainly familiar with the fact that the singer of the main role was a last minute substitute. Leopold says that he was a "church singer from Lodi" and that he had never appeared on a major stage. Since he arrived late Mozart only composed two of the four arias that had been planned for him. In Mannheim they had one of the most famous tenors of his day. It was towards the end of his career, but Anton Raaff was one of the best singers of the 18th century. In the present production of Mozart's *Lucio Silla* they have actually borrowed one aria from J.C. Bach's setting to help to round down this character.

Ulrich Leisinger: Bach could not have composed this aria if he had known Mozart's score, since Mozart did not the text of "Se al generoso ardire" to music. The text is, however, included in the printed libretto in the layout of an aria text although it was definitively not sung as an aria at the premiere performance. The Milan libretto, not Mozart's score must therefore be regarded as the most important model for the Mannheim version of the story.

Paul Corneilson: Verazi made other changes to the text. Approximately two thirds, perhaps close to three quarters of the aria texts are the same; but Verazi substituted some of them. The biggest changes are found in act II which is much tighter than in De Gamerra's original, I think to the benefit of the piece.[14]

14 See the synopsis on pp. 225–229.

Ulrich Leisinger : It is interesting to see that in "our" production of Mozart's *Lucio Silla*, act II is the place where the conductor and the director have made most of their cuts. There is obviously a problem in the dramaturgy of the second act: there are too many attempts to get rid of the tyrant–without ever trying hard.

The question came up when we met before this round table and we have not come to a conclusion: Which opera is better: Mozart's or Bach's? On behalf of the house and during the *Mozartwoche* I have to take Mozart's part. But I got the feeling that Karl has some objections.

Karl Böhmer: Not really, but Mozart when he got the *scrittura* to write an *opera seria* for Milan as an extremely young composer, had to met the expectations to a much higher degree than the mature Johann Christian Bach. The court in Mannheim asked the composer for unusual things, for things that had never been done before and to write for a cast that was not the usual standard. Mozart had Anna De Amicis as the *prima donna* and Venanzio Rauzzini as *primo uomo* who had to be served exactly according to their needs. J.C. Bach had three excellent singers at his disposition: the famous tenor Anton Raaff as Lucio Silla and the two Wendling sisters-in-law Dorothea and Elisabeth. All three of them later participated in Mozart's *Idomeneo*, Anton Raaff (J.C. Bach's Silla) was Mozart's Idomeneo, Dorothea (Bach's Giunia) became Mozart's Ilia, and Elisabeth (Bach's Celia) became Mozart's Elettra.[15] And in the same way as these singers were to inspire Mozart to the extraordinary arias in *Idomeneo* they also inspired J.C. Bach to write some absolutely unusual music for them in *Lucio Silla*. This was definitely much more than a sixteen-year-old composer could try for a typical cast at the theatre in Milan.

Stephen Roe: I have also asked myself: How does J.C. Bach's opera match up with Mozart's? Writing for Mannheim, Bach had the opportunity to compose for one of the finest ensembles in Europe. Thus his string parts, occasionally with divided violas, and woodwind parts are imaginatively and expertly crafted. But it is an opera of individual numbers and of a somewhat old-fashioned sensibility. Mozart's is more dramatic, more personal: in a handful of chords he evokes a searching humanity unknown to Bach's musical vocabulary. Not least in the sixteen-year-old Mozart's achievement is his ability to invest real feeling into cardboard *opera seria* characters. In this sense, his *Lucio Silla* is an important milestone on the road to *Idomeneo*; Bach's work is the crowning of a lesser, though notable, operatic achievement.

Paul Corneilson: Like Karl I would give J.C. Bach's *Lucio Silla* a slight edge over Mozart's. First of all, Bach had more experience: in 1775 he was 40 years old, in the prime of his career; Mozart was only sixteen in 1772, and though in *Lucio Silla* he surpassed his earlier operas for Milan, *Mitridate* and *Ascanio in Alba*, he had not reached full maturity.

15 See Table 1.

Table 1: Cast of Three Operas by W.A. Mozart and J.C. Bach

W.A. Mozart's *Lucio Silla* Milan, 1772	**J.C. Bach's *Lucio Silla*** Mannheim, 1775	**W.A. Mozart's *Idomeneo*** Munich 1781
LUCIO SILLA, Bassano Morgnoni (tenor)	LUCIO SILLA, Anton Raaff (tenor)	IDOMENEO, Anton Raaff (tenor)
GIUNIA, Anna De Amicis Buonsollazzi (soprano)	GIUNIA, Dorothea Wendling (soprano)	ILIA, Dorothea Wendling (soprano)
CECILIO, Venanzio Rauzzini (soprano castrato)	CECILIO, Francesco Roncaglia (soprano castrato)	IDAMANTE, Vincenzo Dal Prato (tenor; originally conceived for a soprano castrato)
CELIA, Daniella Mienci (soprano)	CELIA, Elisabeth Wendling (soprano)	ELETTRA, Elisabeth Wendling (soprano)
LUCIO CINNA, Felicita Suardi (soprano) (bass)	LUCIO CINNA, Giovanni Battista Zonca (tenor)	ARBACE, Domenico De' Panzacchi (tenor)
AUFIDIO, Giuseppe Onofrio (tenor)	AUFIDIO, Pietro Paulo Carnoli (tenor)	GRAN SACERDOTE DI NETTUNO, Giovanni Valesi (tenor) LA VOCE, N.N. (bass)

Second, Bach was writing for a better orchestra in Mannheim than the one in Milan. Several of Bach's arias have obbligato winds, including solo flute (Giunia's no. 14), three clarinetti d'amore (Silla's no. 9), and solo oboe, bassoon, and horn (Silla's no. 21). Mozart later had the opportunity to write *Idomeneo* for basically the same orchestra and took full advantage of it. Bach also had more variety in his cast (Bach: three sopranos, two tenors, one bass; Mozart: four sopranos and two tenors), and overall stronger singers, with the exception of De Amicis and Rauzzini.

Ulrich Leisinger: Perhaps we should leave this question to the broader audience and as far as I have seen, they have already made their choice: in favor of Johann Christian Bach. The one aria "Se al generoso ardire" that was inserted from J.C. Bach's setting into Mozart's opera received by far the greatest applause. Let's pretend that this applause was inspired by musical quality alone!

Copy editors: Ulrich Leisinger and Paul Corneilson

SYLLA,

PIECE DRAMATIQUE,

Mise en Vers Italiens, pour l'accommoder au goût de la Musique, & qui paraîtra à Berlin, sur le Théatre du Roi, le 27 Mars, jour de Naissance de SA MAJESTÉ LA REINE MERE.

AVEC PRIVILEGE DU ROI.

A BERLIN,
Chez ETIENNE DE BORDEAUX,
Libraire du Roi & de la Cour.
M. DCC. LIII.

Ulrich Leisinger

Zur Stellung von Lucio Silla in der Musikgeschichte*

I.

Mit *Lucio Silla* hat Wolfgang Amadé Mozart erstmals die Geschichte der europäischen Oper geprägt. Nicht, dass seine Erstlingswerke – *Bastien und Bastienne*, *La finta semplice*, *Mitridate re di Ponto*, *Ascanio in Alba*, *Il sogno di Scipione* und mit gattungsbedingten Einschränkungen auch das Oratorium *Betulia liberata* – an musikalischer Qualität gänzlich hinter der am 26. Dezember 1772 erstmals aufgeführten Opera seria *Lucio Silla* zurückständen; sie haben aber aus unterschiedlichen Gründen im 18. Jahrhundert keine oder allenfalls lokale Aufmerksamkeit erfahren: *La finta semplice* und *Betulia liberata* wurden, soweit wir wissen, an den Orten, für die sie komponiert wurden (Wien beziehungsweise Padua), nie aufgeführt; die Serenata *Il sogno di Scipione* war ausschließlich für Salzburg bestimmt – ob sie dort angesichts des unerwarteten Todes von Fürsterzbischof Sigismund von Schrattenbach überhaupt erklungen ist, entzieht sich unserer Kenntnis; die Vorbereitungen und Aufführungen von *Mitridate* in Mailand litten im Winter 1770/71 unter massiven Vorbehalten der Sänger, die Quirino Gasparinis Komposition von 1767, aus der das Libretto nahezu unverändert übernommen worden war, dem Werk des 14-Jährigen vorzogen. Allein die Serenata *Ascanio in Alba*, die Mozart als Auftragswerk anlässlich der Hochzeit von Erzherzog Ferdinand mit Maria Ricciarda Beatrice d'Este, die am 15. Oktober 1771 in Mailand gefeiert wurde, geschrieben hatte, kann ohne Einschränkungen als ein Erfolg gewertet werden. Wie Leopold Mozart am 19. Oktober, zwei Tage nach der Premiere, nach Salzburg berichtete, hatte Mozarts Serenata sogar dem Alterswerk *Ruggiero* des großen Johann Adolf Hasse den Rang abgelaufen: „mir ist Leid, die *Serenata* des Wolfg: hat die opera von Hasse so niedergeschlagen, daß ich es nicht beschreiben kan̄." (BD 250). Freilich dürfen wir dabei nicht übersehen, dass dies nicht die private Meinung eines Unbeteiligten war, sondern dass Leopold die Briefe nach Salzburg geschickt zur Eigenwerbung für sich und seinen Sohn zu nutzen wusste.

Mit *Lucio Silla* ändert sich die Situation: Erstmals reagierte der junge Mozart nicht nur auf seine musikalische Umwelt, sondern beeinflusste sie selbst nachhaltig. Das eigens für Mozart geschaffene Libretto wurde in den folgenden sieben Jahren von drei weiteren, durchaus renommierten Komponisten – Pasquale Anfossi (Venedig 1774), Johann Chris-

* Der Essay stellt eine Zusammenfassung verschiedener Beiträge dar, die in Zusammenhang mit dem Symposium *Mozartopern multiperspektivisch* im Herbst 2012 und der Mozartwoche 2013 vorbereitet wurden. Die inhaltliche Gewichtung wurde verändert, damit der Text als Abrundung des vorliegenden Bandes dienen kann.

Friedrich II. von Preußen, *Sylla*
Text-Druck, Berlin 1753. Titelseite

tian Bach (Mannheim 1775) und Michele Mortellari (Turin 1779) – mit jeweils situationsspezifischen Änderungen erneut vertont. Damit ergibt sich eine musikhistorisch faszinierende Situation: Wir stehen nicht einfach ratlos vor dem „Wunder […], welches Gott in Salzburg hat lassen gebohren werden", wie Leopold Mozart dies selbst am 30. Juli 1768 beschrieb, sondern haben die Möglichkeit, uns ein Bild davon zu machen, wie sich das Werk des jungen Mozart in den zeitgeschichtlichen Kontext einordnet. Die Mozartwoche 2013 bot die einmalige Gelegenheit, nicht nur jugendlich frische Musik Mozarts zu genießen, sondern sein musikdramatisches Talent durch den unmittelbaren Vergleich mit Bach und Anfossi besser einschätzen zu lernen.

II.

Die Wahl des Stoffes für Mozarts zweite Opera seria oblag dem Hausdichter des Regio Ducal Teatro in Mailand, Giovanni De Gamerra. Mit *Lucio Silla* hatte er ein vergleichsweise selten bearbeitetes Sujet vorgesehen.[1] 1683 war in Venedig eine Oper mit dem Titel *Silla* von Andrea Rossini und Domenico Freschi gegeben worden (Sartori 22014). 1695, vielleicht auch noch einmal 1710, wurde sie auch in Vicenza, wo Freschi seit 1656 als Opernkapellmeister wirkte, aufgeführt; denkbar erscheint, dass sich auch Aufführungen im Teatro Mantica in Udine im Jahr 1699 auf dieses Werk beziehen (Sartori 22015, Sartori 22018, Sartori 22016). 1703 wurde Rossinis Libretto von Francesco Mancini für Neapel erneut vertont (Sartori 22017). Die Musik von Freschi und Mancini ist offenbar verloren; das Libretto von Rossini ist aber in vielen Exemplaren überliefert und erlaubt den Schluss, dass es für De Gamerra, wenn es ihm überhaupt bekannt war, keine inhaltlichen Anregungen bot. Gleiches gilt auch für Händels Oper *L. C. Silla* HWV 10 auf ein Libretto von Giacomo Rossi, die zu Lebzeiten des Komponisten wahrscheinlich nur ein einziges Mal – wohl am 2. Juni 1713 – in einem Privatkonzert aufgeführt wurde. Dass diese Oper oder auch nur ihr Libretto, von dem sich nur ein einziges Exemplar in der Huntington Library, San Marino/California, erhalten hat (nicht bei Sartori), im 18. Jahrhundert außerhalb Englands bekannt geworden wäre, erscheint höchst unwahrscheinlich. Händel dürfte nämlich die weitere Verbreitung des Werkes unterbunden haben, nachdem er fast die Hälfte der Nummern in seine folgende Oper, *Amadigi di Gaula* HWV 11, übernommen hatte. Dass der Name Celia auch bei Händel auftaucht, sollte man nicht überbewerten, denn sie ist hier als Tochter eines Offiziers nur eines der Objekte von Sillas vergeblichem Liebeswerben und nicht die Schwester des Tyrannen. Zum wichtigsten Gegenspieler wird in dieser Oper Sillas Ehefrau Metella, die die Pläne ihres untreuen Mannes, den sie dennoch liebt, durchkreuzt, indem sie sowohl Lepidus, den eingekerkerten Ehemann der Flavia, als auch Claudius, den Verlobten der Celia, aus dem Gefängnis befreit. Gleichfalls nur spärliche Verbreitung fand das Libretto zu *Silla dittatore* von Leonardo Vinci (Neapel 1723; Sartori 22023), das seinerseits auf

1 Zu den Librettodrucken vergleiche Sartori und die am Schluss des Beitrages angeführten Quellen.

dem Libretto *Il tiranno eroe* basiert, das Vincenzo Cassiani für Tomaso Albinoni verfertigt hatte (Venedig 1710; Sartori 23185).[2]

1753 wurde auf Anordnung Friedrich des Großen die Oper *Silla* von Carl Heinrich Graun anlässlich des 66. Geburtstages der verwitweten preußischen Königin, Sophie Dorothea von Braunschweig-Lüneburg, in Berlin aufgeführt; das Textbuch stammte vom Hofpoeten Giampietro Tagliazucchi.

Andrea Rossini hatte 1683 die *res gestae* des Lucius Cornelius Sulla im *Argomento* ausgiebig nach Plutarch referiert und mit dem – allerdings alogischen – Verweis geschlossen, dass die Oper den Rücktritt Sullas als *lieto fine* nutze, weswegen er sein unwürdiges, von Läusen zerfressenes Ende dem Leser lieber verschweigen wolle. Tagliazucchi begnügt sich hingegen in seinen Worten „An den Leser“ mit der Bemerkung:[3]

> Da die von dem Lucius Cornelius Silla unvermutet und freiwillig geschehene Niederlegung der Diktatur als der Hauptgrund zu diesem Singespiele in der Welt berühmt genug und einem jeden, der nur ein wenig Unterricht von der Römischen Historie hat, sattsam bekannt ist; so darf ich ohne Bedenken die Mühe sparen, selbige zu beschreiben, und dem Leser eine überflüßige Erzählung davon zu machen.

Damit stellt sich unmittelbar die Frage, wie viel an historischer Kenntnis von Leben und Taten des Sulla der Textdichter um die Mitte des 18. Jahrhunderts bei seinem Publikum voraussetzen konnte. Waren die Geschichte der Jugurthinischen Kriege oder die Feindschaft des Marius mit Sulla wirklich Allgemeingut? Man möchte es fast bezweifeln, wenn man die Wikipedia des 18. Jahrhunderts, das 64-bändige *Universal-Lexikon* von Johann Heinrich Zedler (Leipzig 1732–1754) mit seinen 284.000 Lemmata, darunter 120.000 biografischen Einträgen, zum Maßstab nimmt! Sollte der Leser vom Titel des Librettos verleitet werden, das Stichwort „Silla“ aufzuschlagen, so wird er zwar in Spalte 1315 des 37. Bandes fündig, aber schwerlich im von ihm erhofften Sinne: „Silla“ ist nämlich entweder „eine stille See“ in Indien, „worinne [...] alles, was auf selbige kommt, in den Abgrund versincket“, die wie an der zugehörigen Verweisstelle (Bd. 37, Sp. 955) ausgeführt bei antiken Geschichtsschreibern auch „Siden“ oder „Sila“ genannt wird, oder gemäß dem 2. Buch der Könige (Kapitel 12, Vers 20), ein Wall „bey der Burg Sion, da König Joas von den Knechten erschlagen ward“. Ein Eintrag zur Person des Lucius Cornelius Sulla Felix befindet sich aber in Band 18 unter „Lucius Cornelius Sylla“ mit dem Zusatz „oder, welches den alten Manuscriptis oder monumentis ähnlicher ist, Sulla“.

2 Die Uraufführung fand am Hof zu Neapel anlässlich des Geburtstags von Karl VI. statt, der als Kaiser des Heiligen Römischen Reichs Deutscher Nation von 1713 bis 1735 auch König von Neapel war. Zu *Silla dittatore* vgl. Kurt Sven Markstrom, *The Operas of Leonardo Vinci, Napoletano*, Hillsdale/NY 2007, S. 50–60.

3 Zitate aus den Librettodrucken werden stillschweigend modernisiert und standardisiert. Alle deutschsprachigen Übersetzungen, die nicht offenkundig auf historischen Vorlagen basieren, wurden im Rahmen der *Digitalen Mozart-Edition*, einem Editionsprojekt der Stiftung Mozarteum Salzburg und des Packard Humanities Institute, Los Altos/CA, erstellt.

Auch dieser Artikel ist wenig geeignet, dem Leser ein Bild von dem erfolgreichen Feldherrn und späteren Diktator zu machen, denn er beschränkt sich weitgehend darauf, den Namen „Sulla" zu erklären, einmal – auf Spalte 732 nach Sueton – mit den gelben (also blonden) Haaren und einmal – auf Spalte 733 – durch sein „rothes Gesicht [...], welches mit weissen Flecken untermenget war". Ebendort erfahren wir auch, dass er sich in seiner Jugend ganz der „Wollust" überlassen habe und sowohl von einer „unzüchtigen Weibs=Person" als auch von seiner Stiefmutter ein großes Vermögen ererbt hatte. Ferner sei er ein „besonderer Liebhaber von lustigen Leuten und Possenreisern" gewesen, der einen unausgeglichenen Charakter gehabt habe: „Er nahm dem einen etwas, und gab dem andern ohne Ursache; er ließ die grösten Missethaten ungeahndet, und strafte die geringsten Fehler auf eine grausame Weise; er war grausam und rachgierig". Nur seinen Soldaten begegnete er mit Achtung. Er sei, wie es am Ende des Artikels heißt, „nicht nur bereit, sondern auch allezeit froh [gewesen], wenn er ihnen Geld leihen konnte, ohne solches iemahls wieder zu fodern". Von den Proskriptionen, denen aberhunderte von Bürgern zum Opfer fielen und deren eingezogene Güter der Staatskasse geschätzte 350 Millionen Sesterzen einbrachten (zu Zeiten, da der Tageslohn eines Legionärs bei 10 Sesterzen lag), ist jedenfalls nicht die Rede.

Zur Ehrenrettung des Zedler-Lexikons sei gesagt, dass es dort (ohne Verweis auf den Artikel im 18. Band) noch einen zweiten, weit ausführlicheren Artikel unter dem Stichwort „Sylla, oder Sulla (Cornelius Lucius)[,] Bürgermeister und Dictator zu Rom" gibt (Bd. 41, Sp. 558–574), der fundiert auf Plutarch und andere historische Quellen rekurriert. Die auch von De Gamerra im *Argomento* geschilderten Fakten muss man sich aus dem Artikel oder vergleichbarer Literatur mühsam herausziehen: Sie beschränken sich letztlich auf Sullas Abfall von Marius, auf sein auch im Alter nicht nachlassendes Interesse an fremden Frauen und auf seinen Rückzug aus dem öffentlichen Leben kurze Zeit vor seinem Tod. Immerhin konnte jeder Textdichter dem möglichen Einwand gegen das *lieto fine* im Falle Sillas leicht begegnen, denn die so unwahrscheinlich wirkende Wandlung vom Tyrannen, der zwischen Liebesglut und Mordlust schwankt, zum altersmilden Privatmann, der das von ihm begangene Unrecht widerruft und sich freiwillig aus allen politischen Ämtern zurückzieht, ist geschichtlich verbürgt.

Tagliazucchi schreibt sich am Libretto von Grauns *Silla* nur eine gänzlich untergeordnete Rolle zu:

> Ich will mich demnach bloß dahin einschräncken, zu melden, daß ich an diesem Singespiele keinen andern Antheil nehme, als solches in Verse gebracht zu haben. Es ist eine glückliche Geburt eines sowohl in den ernsthaften Ueberlegungen, kriegerischen Unternehmungen und philosophischen Betrachtungen, als in den angenehmen Gedancken der schönen Musen, mit gleicher Stärcke geübten, erhabenen und großen Geistes. Gedachtes Singespiel wurde mir in einer vortrefflichen Französischen Schreibart eingehändigt, und meine Schuldigkeit erfordete es, selbigem die Zierde der Italiänischen theatralischen Dichtkunst zu geben, damit es füglich der Music fähig seyn möchte.

Die Bescheidenheit erklärt sich daraus, dass der namentlich nicht genannte Verfasser der französischen Vorlage niemand Geringeres als der Preußenkönig Friedrich II. war. Das Libretto bildet darin keinen Einzelfall: Auch Grauns Oper *Montezuma* geht auf eine französische Prosavorlage Friedrichs des Großen zurück, die Tagliazucchi in ein italienisches Opernlibretto verwandelte. Friedrich nannte seinen *Sylla* im Originaldruck der französischen Prosafassung von 1753 eine „pièce dramatique" und umging damit geschickt die Gattungsfrage, denn trotz der Standespersonen handelt es sich angesichts des *lieto fine* nicht um eine Tragödie. Vielmehr dürfte Friedrich, der besser französisch als deutsch sprach, die Weiterverwendung als Opernlibretto von Anfang an im Auge gehabt haben; hierauf deutet schon die dreiaktige Anlage, die von der Tradition der französischen fünfaktigen Tragödie abweicht. *Sylla* erwies sich als ein bemerkenswert erfolgreiches Stück: Die französische Prosafassung[4] wurde bereits 1753 als „a dramatic entertainment" ins Englische übersetzt, wobei es dem Übersetzer nicht schwerfiel, die Andeutungen über den Autor im Vorwort richtig aufzulösen; das aus ihr hervorgegangene italienische Libretto erschien im gleichen Jahr in Parallelausgaben mit französischer und deutscher Übersetzung (Sartori 22019, Sartori 22020).

Auch im Falle Tagliazucchis wird man auf weite Strecken zunächst nur an ein zufälliges Aufgreifen des gleichen, später auch von De Gamerra und Mozart behandelten Sujets denken. Hauptfiguren sind neben Silla Octavia, die Postumius versprochen ist, und deren Mutter Fulvia, die sich dem Schicksal ergibt und ihre Tochter zur Ehe mit Silla überreden will. Daneben treten gleich zwei Berater Sillas auf: Metellus, der ihm treu ergeben ist, aber stets zu Besonnenheit rät, und Chrysogonus, ein Grieche, der Silla dazu verleiten will, seine unbeschränkten Machtansprüche und Liebesgelüste auszuleben. Das Stück gleicht, wie Tagliazucchi im Vorwort mit Recht andeutet, zuweilen eher einer philosophischen Abhandlung als einem Drama. Von Sillas sprichwörtlicher Grausamkeit ist wenig zu spüren; wo er sich in Verfehlungen verstrickt, geschieht dies – so die Suggestion Friedrichs des Großen – unter dem verhängnisvollen Einfluss des charakter- und vaterlandlosen Chrysogonus.

Im ersten Akt wird geschildert, dass Silla von Octavias Schönheit und Charakter fasziniert ist. Er will Postumius, Anhänger des Marius und als Octavias Verlobter Sillas Nebenbuhler, durch eine List außer Landes bringen, indem er ihm vor dem Senat die Statthalterschaft über Sizilien anträgt. Postumius weigert sich öffentlich, die Belohnung anzunehmen. Friedrich zeichnet ihn in der Folge als Sillas Gegenspieler, der aber in erster Linie aus persönlichen Gründen Rache nehmen will; die Befreiung des Vaterlandes vom Joch des Tyrannen tritt hinter der verletzten Ehre als Motiv deutlich zurück. Octavia, deren Vater in der Verbannung ums Leben gekommen (Silla bezichtigt sich in einem Monolog im zehnten Auftritt des ersten Aktes selbst der Anstiftung zum Mord) und deren

4 Trotz des Vermerks „mise en Vers Italiens, pour l'accommoder au goût de la Musique" handelt es sich bei der von Tagliazucchi 1753 bei Étienne Bordeaux herausgegebenen Fassung von Friedrichs *Sylla, Pièce Dramatique* nur um den originalen französischen Prosatext.

Bruder gleichfalls des Landes verwiesen ist, ist den Werbungen Sillas ausgeliefert, da sich auch ihre Mutter Fulvia, durch Chrysogonus gedrängt, auf die Seite des Diktators schlägt. Dennoch beteuert sie mehrfach ihre Liebe bis in den Tod zu Postumius.

Im zweiten Akt lässt Silla Octavia durch Chrysogonus entführen; Postumius will Octavia verteidigen, wird aber durch den treuen Freund Lentulus abgehalten, der angesichts der Horde von Bewaffneten, die Chrysogonus versammelt hat, die Aussichtslosigkeit einer Verteidigung Octavias erkennt: Nur der Tyrann als der eigentlich Schuldige solle sterben. Am Ende des zweiten Aktes gelingt es Postumius zwar, Silla zu stellen, der genaue Ausgang der Auseinandersetzung bleibt aber ungewiss.

Parallelen zu Giovanni De Gamerras Libretto drängen sich bei den beiden ersten Akten kaum auf; dies ändert sich aber schlagartig mit dem dritten Akt. Octavia bekräftigt ihre Liebe zu Postumius; Lentulus berichtet ihr über die Auseinandersetzung mit Silla, kann ihr aber über das Schicksal des Postumius keine Auskunft geben. Die entsetzte Octavia malt sich in Gedanken den Tod des Liebsten aus (III/3), in bemerkenswerter Parallele zu Giunias Auftritt im dritten Akt von *Lucio Silla*:

Parmi… Ah no!… Purtroppo, o dio! fra la polve e il caldo sangue vedo esangue – l'idol mio!…	Es scheint… Ach! Nein… O Himmel! Es ist nur allzu wahr, dass ich meinen Abgott… auf der Erde und in seinem noch warmen Blute, entseelt sehe.
Ah spirando… odo che dice: „Cara, addio, moro per te." E il dolore un'infelice anche uccidere non sa?	Ach! Ich höre, dass er sterbend sagt: „Meine Geliebte, lebe wohl, ich sterbe für dich!" Und doch ist der Schmerz noch nicht vermögend, eine Unglückselige zu töten?
Venga pure, e ardita e forte incontrar saprò la morte,	Wenn doch der Tod käme; ich wollte ihm standhaft und unerschrocken entgegen gehen.
e fia dolce sul pensiero che quest'anima fugace là fra l'ombre alfin di pace l'ombra cara aggiungerà.	Er sollte mir süß und höchst angenehm sein, weil ich gewiss versichert wäre, dass alsdenn diese flüchtige Seele dort in dem stillen Reiche der Ruhe den geliebten Geist wiederfinden würde.

Der unerwartete Sinneswandel des Silla wird bei Tagliazucchi (wie später bei De Gamerra) überzeugend motiviert: Der Tyrann erkennt, dass Metellus, der ihn sowohl im ersten wie im zweiten Akt zur Besinnung und zur Pflichterfüllung aufgefordert hatte, anstatt sich von Frauen betören zu lassen (ein Gedanke, der dem misogynen Preußenkönig aus der Seele sprach), mit seinen Mahnungen Recht hatte und er sich nur von

Chrysogonus zum Unrecht hatte verleiten lassen. Silla gibt Chrysogonus nach diesem Monolog den Auftrag, seinen triumphalen Auftritt auf dem Kapitol vorzubereiten, wendet sich dann aber noch einmal mit einer Da-capo-Arie an den aufmerksamen Zuhörer:

Sia questo giorno altero	Dieser edle Tag
il più felice e lieto	müsse für Rom und für die Welt
a Roma, al mondo intero,	der glücklichste und fröhlichste,
e il più sereno a me.	für mich aber der allerheiterste sein.
Duri al durar degli anni	Es müsse das glückselige Reich
temuto e venerato	bis in die spätesten Zeiten
l'impero fortunato	von diesem Volke
di questo popol re.	geliebt und verehrt werden.

Bei De Gamerra findet sich derselbe Gedanke an entsprechender Stelle. Auf ein monologisierendes Rezitativ folgt dort die Arie „Se al generoso ardire" des Silla:

Se al generoso ardire	Wenn die Götter der großmütigen,
propizi son gli dèi,	doch kühnen Tat wohlgesonnen sind,
questo de' giorni miei,	wird dieser Tag der schönste
questo il più bel sarà.	meines Lebens sein.
Vedrassi allor quel raggio	Dann wird man den neuen Glanz
splender sul viver mio,	auf meinem Dasein strahlen sehen,
che dell'oscuro obblio	der über das dunkle Vergessen
trionfator si fa.	triumphieren wird.

Mozart hat diesen Arientext nach der Absage von Arcangelo Cortoni als Silla – zum Schaden des Stücks – bekanntlich nicht vertont. Der Tenor Bassano Morgnoni konnte die Rolle des Herrschers nicht adäquat ausfüllen. Als gelerntem Kirchensänger fehlte ihm die Bühnenpräsenz; auch traf er – unverschuldet – so spät in Mailand ein, dass seine Rolle von vier auf zwei Arien reduziert werden musste. Auch wenn die Argumentation De Gamerras bei Mozart im Secco-Rezitativ wiedergegeben wird, fehlt es an der Reflexion, die – nach dem Verständnis der Zeit – nur die Arie, in der die Handlung und damit die Zeit still steht, ermöglicht.

Als verblüffend erweist sich auch die Übereinstimmung zweier zentraler Gedanken in der *scena ultima*:

1. Es ist bei De Gamerra nicht der Rücktritt des Silla allein, sondern der damit verbundene Wunsch, wieder in den Kreis der Bürger Roms aufgenommen zu werden, der seinem sonst problematischen Charakter menschliche Größe verleiht:

Romani, amici,	Freunde, Römer!
dal capo mio si tolga	Von meinem Haupte nehme man
il rispettato alloro e trionfale:	den sieggewohnten, ehrenvollen Lorbeer.
più dittator non son,	Nicht Herrscher bin ich mehr,
son vostro uguale.	ich bin euresgleichen.

Fast wörtlich klingt dies bereits bei Tagliazucchi an, wo es heißt:

Il supremo poter tutto abbandono:	So verlasse ich die höchste Gewalt völlig.
son vostro ugual, più dittator non sono.	Ich bin euresgleichen, ich bin nicht mehr der Diktator.

2. Die Quintessenz des Stücks wird bei Tagliazucchi und De Gamerra ebenfalls gleichartig formuliert: Tagliazucchi legt Metellus unmittelbar vor dem obligatorischen Schlusschor den Satz, „D'ogni vittoria la vittoria maggiore è il saper trionfar del proprio core." („Das ist der größte von allen Siegen, wenn man über sein eigenes Herz zu triumphieren weiß."), in den Mund, dem bei De Gamerra die von Silla und dem bekehrten Bösewicht Aufidio im Couplet vorgetragene rhetorische Frage, „Il trofeo sul proprio core qual trionfo uguaglierà?" („Das eigene Herz zu überwinden, welcher Sieg kommt diesem gleich?"), im Schlusschor entspricht.

Die gehäufte Übereinstimmung substanzieller Gedanken im dritten Akt legt – was meines Wissens bislang übersehen wurde – den Verdacht nahe, dass De Gamerra tatsächlich das Libretto zu Grauns Oper *Silla* als Vorlage benutzt hat. De Gamerras Giunia entspricht also Tagliazucchis Octavia, Cecilio dem Postumius, Cinna dem Lentulus und Aufidio dem Chrysogonus. Zweifellos hat De Gamerra dramatisches Talent bewiesen, indem er die Handlung verdichtet hat: Giunia ist eben nicht einfach die Tochter eines Verbannten, sondern die Tochter von Sillas Todfeind Gaius Marius. Die intrigante Mutter Fulvia ist für De Gamerra entbehrlich, da sie auch bei Tagliazucchi keinen Einfluss auf die standhafte Octavia ausüben, sondern nur mit pragmatischen moralischen Gemeinplätzen aushelfen kann. Bei De Gamerra ist sie durch Sillas Schwester Celia ersetzt, die ernsthaft, wenn auch nicht selbstlos bemüht ist, zwischen Silla und Giunia zu vermitteln. Die Rolle des weisen Metellus wird ganz geopfert, sodass der Sinneswandel des Silla als dessen eigene Leistung und nicht nur als Resultat von Metellus' Appell an Sillas Vernunft erscheint. Cecilio ist bereits verbannt und kehrt heimlich und unter Lebensgefahr mit der Zielsetzung, Silla zu beseitigen, nach Rom zurück, wohingegen Postumius erst im Laufe des Dramas durch Brüskierung des Tyrannen sein Leben aufs Spiel setzt, aber nie als ein zum Wohle Roms planend Handelnder wirkt. Wahrscheinlich hatte der aufgeklärte Despot Friedrich überhaupt kein Interesse daran, die Verstrickungen und inneren Widersprüche des lebendigen Menschen detailliert darzustellen; er verabscheute List und Verstellung, sodass sich kein komplexes Intrigengebäude (das dem als Textdichter noch unerfahrenen De Gamerra im zweiten Akt seines Librettos durchaus aus dem

Ruder lief) einstellt. Verrat am Herrscher aus niederen Motiven wird von Friedrich dem Großen bestraft: Chrysogonus wird am Schluss von der Amnestie ausdrücklich ausgenommen.

Friedrichs „pièce dramatique" *Sylla* bleibt – als Drama beim Wort genommen – flach und vielleicht sogar literaturgeschichtlich unbedeutend; aber es dürfte auch nie als eigenständiges Stück gemeint gewesen sein. Tagliazucchis Aufgabe war es, dem rational nachvollziehbaren Handlungsstrang Leben einzuhauchen, den Figuren nicht nur pure Vernunft zuzuweisen, sondern menschliche Affekte anzudichten. In welchem Umfang Tagliazucchi in die Vorlage eingegriffen hat, machen die genannten Stellen im dritten Akt deutlich. Auch wenn Friedrich Octavia nach ihrem Monolog im dritten Akt ein Air zugesteht, so spricht aus ihr ausschließlich ein nüchtern-distanziertes vernunftbegabtes Wesen:

> Dans ma douleur amère, je ne vois point de remède; si mon tendre amant s'est perdu par le vif amour qu'il avait pour moi, je n'ai de remède que la mort. Que cette mort me sera douce, quand je songe que mon âme fugitive le rejoindra dans l'Élysée!
>
> In meinem bitteren Schmerz sehe ich keine Abhilfe. Wenn mein zärtlicher Geliebter durch die lebendige Liebe, die er für mich hatte, verloren ist, gibt es für mich kein anderes Heilmittel als den Tod. Ach, dass doch dieser Tod für mich süß sein möge, wenn ich davon träume, dass meine flüchtige Seele im Elysium wieder auf ihn stoßen wird!

Die Umwandlung in eine Ombra-Szene, die damit verbundenen Todesahnungen, das Ausmalen des Todes des Geliebten, ihr Stammeln, seine imaginierten letzten Worte – alles, was De Gamerra in Giunias *scena* dankbar aufgriff, ist ausschließlich Tagliazucchis Verdienst, der Friedrichs originale Gedanken in den B-Teil der Arie verlagerte. Das gilt entsprechend für Sillas demokratisches Bekenntnis, „Ich bin einer von euch", das in der Prosavorlage gänzlich fehlt. Nur das Sprichwort, „Der schönste Sieg ist der Sieg über sich selbst", das sich wohl in allen Kulturen findet, steht bereits bei Friedrich dem Großen in der französischen Vorlage: „Il est plus beau de se vaincre soi-même que de remporter des victoires."

III.

Zurück zur Situation Mailand 1772: Die Verpflichtung des jungen Komponisten war für das Opernhaus ein kalkulierbares Risiko gewesen. Mozart hatte in Mailand nicht nur den Achtungserfolg des *Mitridate* errungen, sondern im Herbst 1771 bei der Hochzeit von Erzherzog Ferdinand mit Maria Ricciarda Beatrice d'Este mit *Ascanio in Alba* erneut Aufsehen erregt, sodass es kein großes Wagnis war, ihm erneut eine Oper anzuvertrauen. Das Publikumsinteresse konzentrierte sich gewöhnlich ohnehin auf die zweite Oper der Karnevalssaison, die demnach einem erfahreneren Komponisten, hier Giovanni Paisiello, überlassen wurde. Dass dessen Oper *Il Sismano nel Mogol* gänzlich in Vergessenheit geraten ist, erinnert uns an die Kurzlebigkeit des Musiktheaters. Umgekehrt hat Mozarts Jugendwerk die Erwartungen des Publikums deutlich übertroffen: Das Werk wurde in der Opernsaison 1772/73 insgesamt 26 Mal gegeben; man verschob deswegen sogar die Premiere von Paisiellos Werk um eine Woche. Ob dies allein dem Interesse an Mozarts Musik geschuldet war oder ob auch bei den Vorbereitungen für Paisiellos Oper manches nicht nach Plan verlief, verrät Leopold Mozart – unser einziger Gewährsmann für die Ereignisse während der Karnevalssaison 1772/73 – in seinen Briefen nach Salzburg naheliegenderweise nicht.

Mozarts Oper *Lucio Silla* gehört auch heute zu den Exoten, die sich nur vereinzelt auf die Bühne verirren – und dann meist den Exzessen des Regietheaters unterworfen wird. Dies kommt vielleicht daher, dass wir heute unsere liebe Not mit der Opera seria als Gattung haben und ihr die Opera buffa vorziehen. Dieses Ungleichgewicht in der Wertschätzung ist insofern erstaunlich, da auf dem Gebiet des Schauspiels das Gegenteil zu gelten scheint: Hier ringen uns die meisten Lustspiele des 18. Jahrhunderts nur noch ein müdes Lächeln ab, während die Tragödie – Lessings *Emilia Galotti*, Goethes *Faust* oder Schillers *Kabale und Liebe* – durchaus noch zu fesseln vermag.

Zwei Dinge sind an dieser gegenüber dem 18. Jahrhundert geänderten Sichtweise schuld: zum einen ein ganz grundsätzlicher Wandel im Kunstverständnis, der von uns heute nur noch rational erfasst, aber nicht mehr erlebt werden kann. Unsere Vorstellung von „natürlich" steht nämlich dem Naturbegriff des Barockzeitalters, dessen musikalische Hauptform die Opera seria ist, diametral entgegen: Als „natürlich" galt nicht das, was naturbelassen war, sondern das, was die Weltordnung widerspiegelte. Aufgabe der Kunst war es, alles Zufällige am Naturschönen zu beseitigen und die Natur dadurch schöner zu machen, als sie im realen Leben erschien. Dieses Paradoxon können wir für uns nicht mehr auflösen, aber wir können es intuitiv erfassen, wenn wir den scheinbar ungeordneten englischen Landschaftsgarten, der das neue Naturverständnis vertritt, mit dem symmetrisch und bis in alle Details gestalteten französischen Schlossgarten vergleichen: Beide erheben sie, wenn auch in unterschiedlichen ästhetischen Systemen, den Anspruch, „natürlich" zu sein.

Der andere Grund für das Desinteresse an der Opera seria ist Mozart selbst, der in seiner Wiener Zeit das strenge Kalkül der Opera seria durch seine Opere buffe überwunden hat. Mozart hat wesentlichen Anteil daran, dass sich die Opernhandlung aus den Rezitativen in die geschlossenen Nummern verlagert. Hierzu bedarf es aber des Ensembles, da sich nur dort eine Handlung als Kommunikation zwischen mehreren Personen zwanglos entfalten kann. Die barocke Oper kannte diese Möglichkeit nicht, da die geschlossenen Nummern nach der herrschenden Ästhetik nur einen einzigen Affekt ausdrücken sollten (Freude, Schmerz, Furcht, Rache), sodass die Arie notwendigerweise inhaltlich und musikalisch in sich kreiste und keinen Handlungs-„Fortschritt" erzielen konnte. Mozarts *Lucio Silla* bedeutet einen großen Schritt in die neue Richtung. Dies ist aber nicht ausschließlich das Verdienst des jungen Komponisten, sondern auch das seines ambitionierten Librettisten Giovanni De Gamerra. Dieser hat in seinem Textbuch Traditionen der Opera seria aufgebrochen und es dabei geschickt verstanden, sich der Bestätigung des damaligen Opern-„Papstes", des kaiserlichen Hofdichters Pietro Metastasio, zu versichern: Das traditionelle Duett der beiden Hauptpersonen – hier Cecilio und Giunia – rückte er aus dem zweiten in den ersten Akt und schuf damit Raum für ein Terzett am Höhepunkt des zweiten Aktes, wo das Liebespaar unbeeindruckt vom Rasen des Diktators Silla seine Treue bis in den – hier ganz wörtlich zu verstehenden – Tod bekennt. De Gamerra hat – weit über das mutmaßliche Modell Tagliazucchis hinausgehend – dem Chor in Anspielung auf die antike Tragödie wieder wichtige Aufgaben zugebilligt, die Mozart dankbar wahrgenommen hat.

De Gamerra war – man darf dies fast schon als krankhaft bezeichnen – ein Anhänger der dunklen Farben; der junge Mozart hat sie in Giunias Arien, die er der offenbar faszinierenden Anna De Amicis auf den Leib geschrieben hat, ausgekostet. Auch Mozarts Faible für das Accompagnato-Rezitativ, das hier fast schon mit Obsession und ohne konsequente Berücksichtigung der üblichen Hierarchie der Akteure eingesetzt wird, dürfte De Gamerras bildreicher (und als Poesie eher sperriger) Dichtung geschuldet sein. Mozart hat diesen düster-dramatischen Tönen aber auch lebendig leuchtende Farben als Kontrast gegenübergestellt, vor allem in der Figur der Celia, die er auffällig liebevoll bedacht hat, auch wenn der Name der zugehörigen Sängerin, Daniella Mienci, ganz aus dem Bewusstsein der Mozart-Forschung verschwunden ist. Der Sänger des Cecilio, der Kastrat Venanzio Rauzzini, war gleichfalls eine Topbesetzung – seine außergewöhnlichen Fähigkeiten sind allen Mozart-Liebhabern durch die Motette „Exsultate, jubilate" KV 165, die er – drei Wochen nach der Opernpremiere – am 17. Januar 1773 in der Mailänder Theatinerkirche zum ersten Mal „produzierte", geläufig. Wie nur wäre Mozarts Oper ausgefallen, wenn der gefeierte Tenor Arcangelo Cortoni die Rolle des Silla wie geplant hätte übernehmen können?

IV.

Die eingangs aufgestellte Behauptung, Mozarts Oper *Lucio Silla* habe einen prägenden Eindruck auf die europäische Musikkultur hinterlassen, bedarf in der Gesamtschau der Relativierung: Obwohl von Mozarts *Lucio Silla* bemerkenswert viele frühe Partiturkopien erhalten sind, ist das Werk nach der Karnevalssaison 1772/73 nirgendwo übernommen worden. Die Parallelvertonungen von *Lucio Silla* durch Johann Christian Bach und Pasquale Anfossi stärken diese Einschätzung. Das Mannheimer Libretto für Johann Christian Bach beruht, wie schon die wiederhergestellte Arie des Silla im dritten Akt eindeutig belegt, nicht auf Mozarts Vertonung, sondern auf dem originalen, ungekürzten Libretto. Mortellaris Textdichter greift für Turin 1779 trotz räumlicher Nähe zu Mailand auf Verazis Überarbeitung für Johann Christian Bach in Mannheim zurück. Und auch Anfossis Vertonung von 1774 für das Teatro San Samuele in Venedig kommt wohl ohne das Bin-

LUCIO SILLA
DRAMMA PER MUSICA
da rappresentarsi
NEL NOBILISSIMO TEATRO
DI S. SAMUELE
La Fiera dell' Ascensione
dell' Anno 1774.
IN VENEZIA
dalle Stampe del Graziosi
Con Privilegio.

Giovanni De Gamerra/Pasquale Anfossi, *Lucio Silla*
Libretto-Druck, Venedig 1774. Titelseite

deglied Mozart aus. Das Libretto wurde massiv gekürzt; mit einer einzigen Ausnahme wurden alle geschlossenen Nummern neu textiert, weisen also schon aus diesem Grund keine engeren Verbindungen zu Mozart auf. Es ist also nicht Mozarts Vertonung an sich, die sie zwingend in das Zentrum der Musikgeschichte rücken würde; es ist unsere – notgedrungen verengende – Weltsicht, die Mozarts *Lucio Silla* zum Fokus nimmt, um die Geschichte der in Auflösung befindlichen Opera seria vermitteln zu können.

Wenn wir uns – wie in der Mozartwoche 2013 geschehen – auf *Lucio Silla* einlassen, können wir uns unserem „Wissen" um Mozarts Entwicklung nicht entziehen: Der erfahrene Operngänger wird ohnehin kaum umhin kommen, schon beim ersten Accompagnato-Rezitativ der Oper, Cecilios „Dunque sperar poss'io", an Susannas „Giunse alfin il momento" vor der „Rosenarie" in *Le nozze die Figaro* oder beim Schlusschor an den entsprechenden Satz aus *Idomeneo* und die großartige Ciaccona aus der zugehörigen Ballettmusik zu denken. – Und er wird sich dann fragen, ob diese Ähnlichkeiten beabsichtigt sind und, wenn ja, was sie denn zu besagen haben. Mozart selbst hat seinen *Lucio Silla* sehr geschätzt. Noch auf der Reise nach Mannheim und Paris hat er mit seiner Liebe Aloysia Weber die schwierigsten Arien der Giunia einstudiert, einzelne Stücke scheint er – wie ein Prager Überlieferungsstrang suggeriert – auch Josefa Duschek zur Verfügung gestellt zu haben. Auch die in Salzburg entstandene Auszierung von Cecilios Arie Nr. 14 „Se a morir mi chiama" belegt Mozarts Bewusstsein, hier etwas Bedeutendes, Exemplarisches geschaffen zu haben. Selbst in der Wiener Zeit hat er Einzelarien aus *Lucio Silla* bei Konzertveranstaltungen ins Programm genommen. Bemerkenswerterweise handelt es sich bei diesen Stücken um jene Arien und Szenen, die auch heute noch den größten Anklang finden. Bei einer dieser Abschriften, eine Kopie von Cecilios Arie Nr. 21 „Pupille amate" aus Leopold Mozarts Besitz, die sich heute als Teil der sogenannten Algarotti-Sammlung in Zagreb befindet, wurde die originale Datierung ausradiert und in Leopolds Hand in „Carnevale 1786" verändert. Dies ist aber gerade jene Zeit, zu der Mozart den *Idomeneo* für eine Privataufführung beim Fürsten Auersperg in Wien überarbeitete und *Le nozze di Figaro* abschloss. Es sieht ganz danach aus, als habe er sich zu diesem Zeitpunkt auch seinen inzwischen mehr als ein dutzend Jahre alten *Lucio Silla* noch einmal vorgenommen. Es dürfte daher eben doch kein reiner Zufall sein, wenn Susannas „Giunse alfin il momento" eine Wendung aus Mozarts Mailänder Zeit aufgreift. Ohne Übertreibung kommt *Lucio Silla* in der Entwicklung von Mozarts Opernschaffen eine wichtige Rolle zu. Auch ohne diese teleologische Prespektive darf man diesem Stück – auf weite Strecken – den Rang eines Meisterwerks einräumen. Dies ändert aber nichts daran, dass es *Lucio Silla* nach menschlichem Ermessen nicht mehr gelingen wird, in die Phalanx der „sieben großen" Opern Mozarts einzudringen. Doch seien wir ehrlich: deren Zahl reduziert sich in der Praxis ohnehin rasch auf vier oder fünf. Die Opera seria tut sich trotz aller musikalischer Brillanz in der Publikumsgunst schwer, und so wird *Lucio Silla* – wie *Idomeneo* und *La clemenza di Tito* – wohl immer ein verkanntes Meisterwerk bleiben.

Quellen (in chronologischer Reihenfolge)

Andrea Rossini, *Silla[.]Drama da rappresentarsi nel Teatro di Sant'Angelo. L'anno M.DC.LXXXIII.*, Venedig: Nicolini, 1683. Digitalisat (nach dem Exemplar des Deutschen Historischen Instituts in Rom): http://daten.digitale-sammlungen.de/~db/0004/bsb00048418/images/

L. C. Silla. Drama per musica consecrato all'alta Eccelenza di Lodovico D'Aumont di Rochebaron, Duca d'Aumont, London 1713. Wiedergabe in: *George Fridric Handel, Silla. Opera in Three Acts. Libretto by Giacomo Rossi* (London 1713), The London Handel Orchestra unter Leitung von Denys Darlow, SOMM Recordings (CD 227-8), Thames Ditton/Surrey, 2000.

Silla dittatore. Drama per musica da rappresentarsi nel Real Palazzo di questa città festeggiandosi il felicissimo giorno natalizio […] *di Carlo VI, Imperador Regnante*, Neapel: Ricciardo, 1723. Digitalisat nach dem Exemplar der Biblioteca Braidense Mailand: http://www.braidense.it/rd/03517.pdf.

Friedrich der Große, *Sylla, Pièce Dramatique, mise en Vers Italiens, pour l'accommoder au goût de la Musique, & qui paraîtra à Berlin, sur le Théatre du Roi, le 27 Mars, jour de Naissance De Sa Majesté la Reine Mere*, hrsg. von Giampietro Tagliazucchi, Berlin: Bourdeaux, 1753. [Eingesehenes Exemplar: Stiftung Mozarteum Salzburg, *Rara Lib Syll 1*]. Wiederabdruck in: *Œuvres de Frédéric le Grand*, Bd. 14, hrsg. von Johann D. E. Preuß, Berlin 1850, S. 411–442. Digitale Ausgabe der Universitätsbibliothek Trier: http://friedrich.uni-trier.de/de/oeuvres/14/411/text/.

Giampietro Tagliazucchi, *Silla[.] Drama per musica da rappresentarsi nel Regio Teatro di Berlino per il felicissimo giorno natalizio della sacra real maestà di Sofia Dorotea regina madre per comando delle maestà del re. / Silla[,] ein Singespiel[,] welches auf allergnädigsten Befehl* […] *auf dem Berlinischen Schauplatze aufgeführet werden soll.* Berlin: Haude & Spener, 1753. Digitalisat (nach dem Exemplar der Staatsbibliothek zu Berlin): http://vd18.de/de-sbbpk-vd18/content/structure/44104446.

Giampietro Tagliazucchi, *Silla[.] Drama per musica da rappresentarsi nel Regio Teatro di Berlino per il felicissimo giorno natalizio della sacra real maestà di Sofia Dorotea regina madre per comando delle maestà del re. / Sylla[.] Pièce Dramatique, mise en Vers Italiens, pour l'accommoder au gout de la Musique, & qui paroitra à Berlin, sur le Théatre du Roi, le 27. Mars, Jour de Naissance De S. M. la Reine Mere*, Berlin: Haude & Spener, 1753.

Sylla. A dramatic entertainment, presented at the King's Theatre in Berlin. On the 27th day of March, 1753. being the birth-day of the Queen Mother. Translated from the French of the King of Prussia, by Mr. Derrick, London: Vaillant, Bouquet, Clarke und Chapelle, 1753.

Literatur

Händel-Handbuch, herausgegeben vom Kuratorium der Georg-Friedrich-Händel-Stiftung von Dr. Walter Eisen und Dr. Margret Eisen. […] Gleichzeitig Supplement zu *Hallische Händel-Ausgabe*, Band 1: […] *Thematisch-systematisches Verzeichnis: Bühnenwerke*; von Bernd Baselt, Kassel und Leipzig 1978.

Christian Esch, *„Lucio Silla". Vier Opera-Seria-Vertonungen aus der Zeit zwischen 1770 und 1780*, 2 Bde., Baden-Baden 1994.

Claudio Sartori, *I libretti italiani a stampa dalle origini al 1800. Con 16 indici analitici*, 7 Bde., Cuneo 1990–94.

Johann Heinrich Zedler, *Grosses vollständiges Universallexicon aller Wissenschaften und Künste*, 64 Bände und 4 Supplementbände, Leipzig 1732–1754. Digitalisat: http://www.zedler-lexikon.de/index.html (26.02.2013).

Claudia Terne, *Friedrich II. von Preußen und die Hofoper*. Onlinepublikation: http://www.perspectivia.net/content/publikationen/friedrich300-colloquien/friedrich-hof/Terne_Hofoper (25.02.2013).

Dokumentation

WOLFGANG AMADÉ MOZART
LUCIO SILLA. DRAMMA PER MUSICA IN DREI AKTEN

Die Handlung

Zusammengefasst von Ulrich Leisinger

Der 1. Akt gliedert sich in drei Bilder und stellt die handelnden Charaktere und ihre Beziehung zueinander vor:

1. Bild. Ein einsamer Ort am Tiber. Der Senator Cecilio ist vom römischen Diktator Lucio Silla verbannt und geächtet worden; er kehrt unter Lebensgefahr nach Rom zurück und trifft sich heimlich mit seinem Freund Lucio Cinna, um Näheres über das Schicksal seiner Verlobten Giunia zu erfahren. Dieser berichtet ihm von Sillas Versuchen, Giunia zu gewinnen; dafür habe dieser das Gerücht von Cecilios Tod verbreiten lassen. Giunia sucht täglich das Grab ihres Vaters Gaius Marius auf, der sich mit Silla überworfen hatte, und Cinna rät Cecilio, dort auf sie zu warten.

2. Bild. Im Palast des Silla. Silla möchte mit Hilfe seiner Schwester Celia Giunias Zuneigung erlangen. Giunia widersetzt sich schroff Sillas Ansinnen: Ihr Vater habe sie vor seinem Tod beschworen, Silla stets zu hassen und den Gemahl bis in den Tod zu lieben. Durch die Demütigung schlägt Sillas verschmähte Liebe in Rachegelüste um.

3. Bild. Am Grab des Gaius Marius. Cecilio trifft vor Giunia im Mausoleum des Gaius Marius ein und verbirgt sich. Giunia kommt mit ihrem Gefolge zum Grab. Der Chor ruft zur Wiederherstellung der Freiheit auf und fordert den Sturz des Tyrannen. Giunia beschwört die Liebe zum Vater und zu ihrem Verlobten, den sie tot glaubt. Cecilio tritt aus seinem Versteck hervor; Giunia hält ihn zunächst für einen Schatten aus dem Totenreich, erkennt ihn dann aber. Sie beteuern einander ihre Liebe.

Der 2. Akt gliedert sich ebenfalls in drei Bilder und leitet zum dramatischen Höhepunkt des Werkes über:

1. Bild. Ein Triumphbogen. Aufidio, Sillas treuer Unterstützer, rät ihm, den Senat einzuberufen und Giunia öffentlich zu seiner Frau zu erklären; sie werde sich ihm dann nicht länger entziehen können. Celia berichtet, dass sie bei Giunia kein Gehör gefunden habe. Silla kündigt an, dass er sie heute dennoch freien werde und verspricht seiner Schwester, dass sie Cinna, den sie liebt, heiraten könne. Cinna tritt auf, Celia ist verwirrt und, obgleich sie ihm ihre Liebe nicht offenbart, durchschaut Cinna Sillas Plan, sich durch eine Heirat seiner Loyalität versichern zu wollen. Er sinnt daher auf Wege, den

Tyrannen zu töten. Giunia lehnt aber seinen Plan ab, zum Schein auf die Ehe einzugehen und Silla in der Hochzeitsnacht zu ermorden. Cinna will den Mord nun selbst begehen.

2. Bild. Im Garten. Silla begegnet Giunia erneut. Da sie ihn auch jetzt brüsk zurückweist, verkündet er, dass sie sterben solle – aber nicht allein. Cecilio, der nach dem Fortgang Sillas auftritt, teilt Giunia seinen Entschluss mit, den Diktator zu töten. Beide nehmen voneinander Abschied: Cecilio will Giunia mit dem Gedanken trösten, ihr auch nach dem Tode als Geist beizustehen; Giunia bittet die Götter um Trost und Hilfe. Celia versucht noch einmal, Giunia zur Ehe mit Silla zu überreden. Sie will aber lieber sterben.

3. Bild. Auf dem Kapitol. Der Chor spricht den Wunsch aus, dass Silla, der Kriegsheld, noch an diesem Tage auch vom Gott der Liebe gekrönt werden solle. Silla erklärt vor dem einberufenen Senat, dass er Giunia heiraten werde, angeblich um den schwelenden Konflikt zwischen seinen Anhängern und denen des Gaius Marius zu beenden. Giunia hofft vergeblich auf Widerspruch und will sich der Heirat durch Selbstmord entziehen. Cecilio eilt in diesem Moment mit dem Schwert in der Hand herbei, sieht sich aber einer Übermacht von Wachen gegenüber. Auch Cinna ist bewaffnet herbeigelaufen; als er erkennt, dass er seinen Plan nicht umsetzen kann, gibt er vor, zur Rettung Sillas gekommen zu sein und bleibt auf diese Weise verschont. Cecilio will sich nicht ergeben; Giunia bittet ihn inständig, auf die Hilfe des Himmels und die Treue der Geliebten zu vertrauen und aufzugeben. Cecilio wird überwältigt und von Silla zum Tode verurteilt.

Der kürzere 3. Akt besteht aus zwei Bildern und führt zur überraschenden Lösung des Konflikts:

1. Bild. Vor dem Gefängnis. Cinna kommt zum Gefängnis, in dem Cecilio festgehalten wird, und gesteht sein Versagen ein. Er verspricht Celia, sie zu heiraten, wenn sie ihren Bruder davon überzeugt, von Giunia zu lassen. Giunia ist gekommen, um Cecilio das letzte Lebewohl zu sagen. Aufidio will Cecilio zum Richtplatz führen. Cecilio nimmt bewegt von Giunia Abschied. Diese gibt sich ihrem Schmerz hin und malt sich seinen und ihren eigenen Tod aus.

2. Bild. Auf dem Kapitol. Silla bekräftigt seinen Entschluss, Cecilio hinrichten zu lassen. Giunia wird hinzugerufen, sie ruft die Bürger auf, sich dem Diktator zu widersetzen. Silla überrascht alle, indem er Cecilio freigibt und dessen Ehe mit Giunia stiftet. Silla widerruft die Proskription, mit der er seine Gegner aus dem Lande verbannt hatte. Cinna, der Silla seinen Verrat bekennt, wird nicht nur begnadigt, sondern durch die Ehe mit Celia belohnt. Silla tritt als Diktator ab und zieht sich aus allen Ämtern zurück. Der Chor feiert Silla, da er sein eigenes Herz besiegt hat.

DATEN ZU DEN SALZBURGER AUFFÜHRUNGEN 2013

Les Musiciens du Louvre Grenoble
Salzburger Bachchor (Chorleitung: Alois Glassner)

Dirigent: Marc Minkowski
Regie: Marshall Pynkoski
Bühne, Kostüme: Antoine Fontaine
Licht-Design: Hervé Gary
Choreographie: Jeannette Lajeunesse Zingg

Lucio Silla: Rolando Villazón (Tenor)
Giunia: Olga Peretyatko (Sopran)
Cecilio: Marianne Crebassa (Mezzosopran)
Lucio Cinna: Inga Kalna (Sopran)
Celia: Eva Liebau (Sopran)

Continuo
Cembalo: Francesco Corti
Violoncello: Patrick Sepec

Fechtmeister: Jack Rennie
Tänzer:
Edward Tracz, Jeremy Nasmith, Jack Rennie, Jones Henry, Marie McDunnough, Cynthia Smithers, Julia Sedwick, Magdalena Vasko, Jeannette Lajeunesse Zingg

Studienleitung: Julien Vanhoutte
Korrepetition: Francesco Corti
Produktionsassistenz, Regieassistenz, Abendspielleitung: Alix Op de Hipt
Bühnenbildassistenz, Kostümassistenz: Christina Pointner
Regieassistenz, 2. Inspizient: Daniela Gassner
Übertitel: Konstanze Rigler
1. Inspizient: Christian Gnasmüller
Licht-Inspizienz: Inge Matthiesen

Technischer Direktor: Jürgen Höfer; Technische Leitung Oper: Michael Nussbaumer; Technisches Betriebsbüro: Margit Ramsauer, Nicole Lechner-Schedler; Ausstattungsleitung: Michael Veits, Margit Ann Berger; Konstruktionsbüro: Alois Badegruber; Technische Vorstände: Helmut Schauer (Bühne), Heinz Ilsanker (Licht), Edwin Pfanzagl (Akustik), Gunnar Lindner (Videotechnik); Werkstättenleitung und Stv. Technischer Direktor: Christian Müller; Werkstättenvorstände: Peter Gross, Rudolf Gröger, Franz Guggenberger, Thomas Hertl, Wolfgang Posani, Josef Rehrl; Bühnentechnik: Helmut Hechenberger; Beleuchtungstechnik: Franz Ablinger; Akustik: Iker Olabe, Requisite: Gilbert Fellinger

Direktorin Kostüm und Maske: Dorothea Nicolai; Produktionsleitung Kostüm und Maske: Amélie Haas; Maske: Christa Lamberz und Team; Kostümassistenz: Christina Pointner; Betriebsbüro: Elisabeth Buggenig; Damenschneiderei: Josefa Schmeisser, Irmgard Meier; Herrenschneiderei: Gregor Kristen; Stoff und Einkauf: Gabriele Högler; Fundus: Harald Descho und Team; Modisterei: Ute Thoma; Färberei: Elke Grothe; Garderobe: Denise Duijts und Team

Aufführungen:
Mozartwoche: 24./29. Januar, 1. Februar 2013
Salzburger Festspiele: 27./30. Juli, 2./4. August 2013
Musikfest Bremen: 25./27. August 2013

KONKORDANZ DER LUCIO SILLA-VERTONUNGEN

von Wolfgang Amadé Mozart, Johann Christian Bach und Pasquale Anfossi

Zusammengestellt von Adriana De Feo und Paul Corneilson

MOZART	BACH	ANFOSSI
Overtura D-Dur 4/4 Molto allegro – A-Dur 2/4 Andante – D-Dur 3/8 Molto allegro	Sinfonia B-Dur 4/4 Allegro assai – Es-Dur 3/4 Andante – B-Dur 3/8 Presto	Sinfonia D-Dur 4/4 Allegro con spirito – G-Dur 2/4 Andantino – D-Dur 6/8 Allegro
ATTO PRIMO SCENA I Recitativo „Oh ciel! L'amico Cinna" (Cecilio, Cinna) **Nr. 1 Aria** „Vieni ov'amor t'invita" (Cinna) B-Dur 4/4 Allegro	ATTO PRIMO SCENA I Recitativo „Oh ciel! L'amico Cinna" (Cecilio, Cinna) **Nr. 1 Aria** „Vieni ove amor t'invita" (Cinna) F-Dur 4/4 Allegro	ATTO PRIMO SCENA I Recitativo „Cecilio! Oh con qual gioia" (Cecilio, Cinna) **Nr. 1 Aria** „Vedrai cangiar d'aspetto" (Cinna) B-Dur 3/4 Allegro moderato
SCENA II Recitativo accompagnato „Dunque sperar poss'io" (Cecilio) **Nr. 2 Aria** „Il tenero momento" (Cecilio) F-Dur 4/4 Allegro aperto	SCENA II Recitativo accompagnato „Dunque sperar poss'io" (Cecilio) **Nr. 2 Aria** „Il tenero momento" (Cecilio) G-Dur 4/4 Andantino di molto	SCENA II Recitativo „Dunque sperar poss'io" (Cecilio) **Nr. 2 Aria** „L'aura che va scherzando" (Cecilio) D-Dur 3/4 Larghetto
SCENA III Recitativo „A te dell'amor mio, del mio riposo" (Silla, Celia, Aufidio) **Nr. 3 Aria** „Se lusinghiera speme" (Celia) C-Dur 3/4 Grazioso	SCENA III Recitativo „A te dell'amor mio, del mio riposo" (Silla, Celia, Aufidio) **Nr. 3 Aria** „Se lusinghiera speme" (Celia) D-Dur 3/8 Andante	SCENA III Recitativo „A te dell'amor mio, del mio riposo" (Silla, Celia, Aufidio) **Nr. 3 Aria** „Si pasce un affetto" (Celia) A-Dur 2/4 Allegretto grazioso
SCENA IV Recitativo „Signor, duolmi vederti" (Silla, Aufidio)	SCENA IV Recitativo „Signor, duolmi vederti" (Silla, Aufidio)	SCENA IV Recitativo „Signor, duolmi vederti" (Silla, Aufidio)
SCENA V Recitativo „Sempre dovrò vederti" (Silla, Giunia) **Nr. 4 Aria** „Dalla sponda tenebrosa" (Giunia) Es-Dur 2/2 Andante ma adagio	SCENA V Recitativo „Sempre dovrò vederti" (Silla, Giunia) **Nr. 4 Aria** „Dalla sponda tenebrosa" (Giunia) Es-Dur 4/4 Largo assai	SCENA V Recitativo „Sempre dovrò vederti" (Silla, Giunia) **Nr. 4 Aria** „Non pavento i sdegni tuoi" (Giunia) D-Dur 4/4 Allegro con spirito
SCENA VI Recitativo „E tollerare io posso" Recitativo accompagnato „Mi piace? Il cor di Silla" (Silla) **Nr. 5 Aria** „Il desio di vendetta e di morte" (Silla) D-Dur 4/4 Allegro	SCENA VI Recitativo accompagnato „E tollerare io posso" (Silla) **Nr. 5 Aria** „Nell'odio costante" (Silla) C-Dur 4/4 Allegro	SCENA VI Recitativo „E tollerare io posso" Recitativo accompagnato „Sventurato ch'io son!" (Silla) **Nr. 5 Aria** „Chi mai vide un'alma amante" (Silla) Es-Dur 3/4 Andante sostenuto

MOZART	BACH	ANFOSSI
SCENA VII Recitativo accompagnato „Morte, morte fatal" (Cecilio)	SCENA VII Recitativo „Morte, morte fatal" Recitativo accompagnato „Oh dèi! Chi mai s'appressa?" (Cecilio)	SCENA VII Recitativo accompagnato „Ombre de' lazi eroi" **Nr. 6 Cavatina** „Dolci aurette, deh portate" (Cecilio) E-Dur 2/2 Larghetto
SCENA VIII **Nr. 6 Coro con solo** „Fuor di queste urne dolenti"/„O del padre ombra diletta" (Coro, Giunia) Es-Dur 2/2 Adagio (Coro) g-Moll 2/2 Molto adagio (Giunia)	SCENA VIII **Nr. 6 Coro con solo** „Fuor di queste urne dolenti"/„O del padre ombra diletta" (Coro, Giunia) c-Moll 2/2 Larghetto con moto (Coro) Es-Dur 2/2 (Giunia)	SCENA VIII **Nr. 7 Cavatina** „Dal fortunato Eliso" (Giunia) c-Moll 3/4 [ohne Tempobezeichnung]
Recitativo accompagnato „Se l'empio Silla, o padre" (Giunia)	Recitativo „Se l'empio Silla, o padre" (Giunia)	Recitativo „Lasciatemi pur sola" Recitativo accompagnato „Ombra amata del padre" (Giunia, Cecilio)
SCENA IX Recitativo „Eccomi, o cara" **Nr. 7 Duetto** „D'Elisio in sen m'attendi" (Cecilio, Giunia) A-Dur 3/4 Andante	SCENA IX Recitativo „Eccomi, o cara" **Nr. 7 Duetto** „D'Elisio in sen m'attendi" (Cecilio, Giunia) B-Dur 2/2 Larghetto con moto	**Nr. 8 Duetto** „Dèi pietosi, in questo istante" (Giunia, Cecilio) B-Dur 3/4 Larghetto
ATTO SECONDO SCENA I Recitativo „Tel predissi, o signor" (Silla, Aufidio) **Nr. 8 Aria** „Guerrier, che d'un acciaro" (Aufidio) C-Dur 4/4 Allegro	ATTO SECONDO SCENA I Recitativo „Signore, ai cenni tuoi" (Silla, Aufidio) **Nr. 8 Aria** „Guerrier, che d'un acciaro" (Aufidio) D-Dur 3/4 Allegro maestoso	ATTO SECONDO SCENA I Recitativo „Tel predissi, signor" (Silla, Aufidio) **Nr. 9 Aria** „Si cangierà quel core" (Aufidio) F-Dur 3/8 Allegretto
SCENA II Recitativo „Ah no, mai non credea" (Silla, Celia) [**Aria** „Il timor con passo incerto" (Silla)][1]	SCENA II Recitativo „Ah sì, di civil sangue" (Silla, Celia) **Nr. 9 Aria** „Anch'io per un'ingrata" (Silla) G-Dur 4/4 Larghetto con moto	SCENA II Recitativo „Eppur chi lo crederia?" (Silla, Celia)[2]
SCENA III Recitativo „Qual furor ti trasporta?" Recitativo accompagnato „Al fiero suon de' minacciosi accenti" (Cecilio, Cinna) **Nr. 9 Aria** „Quest'improvviso tremito" (Cecilio) D-Dur 4/4 Allegro assai		

MOZART	BACH	ANFOSSI
SCENA IV Recitativo „Ah sì, s'affretti il colpo“ (Cinna, Celia) **Nr. 10 Cavatina** „Se il labbro timido“ (Celia) G-Dur 2/4 Tempo grazioso	SCENA III Recitativo „Voglia il cielo… Ma Cinna“ (Cinna, Celia) **Nr. 10 Cavatina** „Il labbro timido“ (Celia) A-Dur 2/4 Andante	SCENA III
SCENA V Recitativo „Di piegarsi capace“ (Cinna, Giunia) **Nr. 11 Aria** „Ah se il crudel periglio“ (Giunia) B-Dur 4/4 Allegro		Recitativo „Ah no: si dissuada il mio germano“[2] (Celia) **Nr. 10 Aria** „So quanto affanno in petto“ (Celia) G-Dur 4/4 Allegro
SCENA VI Recitativo accompagnato „Ah sì, scuotasi omai“ (Cinna) **Nr. 12 Aria** „Nel fortunato istante“ (Cinna) F-Dur 4/4 Molto allegro	SCENA IV Recitativo „Or comprendo l'arcan“ **Nr. 11 Aria** „Nel fortunato istante“ (Cinna) E-Dur 4/4 Allegro non tanto presto	
SCENA VII Recitativo „Signor, a' cenni tuoi“ (Silla, Aufidio)		
SCENA VIII Recitativo „Silla? L'odiato aspetto“ (Giunia, Silla) **Nr. 13 Aria** „D'ogni pietà mi spoglio“ (Silla) C-Dur 4/4 Allegro assai	SCENA V Recitativo „Ad affrettar si vada in Campidoglio“ (Giunia, Silla) **Nr. 12 Aria** „D'ogni pietà mi spoglio“ (Silla) B-Dur 4/4 Allegro	SCENA IV Recitativo „Quai sento ad ogni passo“ (Giunia, Silla) **Nr. 11 Aria** „Impallidir fra poco“ (Silla) B-Dur 4/4 Allegro con spirito
SCENA IX Recitativo „Che intesi, eterni dèi?“ (Giunia, Cecilio)	SCENA VI Recitativo „Che intesi, eterni dèi?“ (Giunia, Cecilio)	SCENA V Recitativo „Che intesi, eterni dèi?“ (Giunia, Cinna) **Nr. 12 Aria** „Ah non sai che l'idol mio“ (Giunia)[3] A-Dur 2/4 Andante grazioso
		SCENA VI Recitativo „No, no, s'affretti il colpo“ (Cinna, Cecilio) **Nr. 13 Aria** „La fiamma che accende“ (Cinna)[4] C-Dur 4/4 Allegro
		SCENA VII Recitativo „Dell'amico ai consigli“ (Cecilio, Giunia)
Recitativo accompagnato „Chi sa che non sia questa“ (Cecilio) **Nr. 14 Aria** „Ah se a morir mi chiama“ (Cecilio) Es-Dur 2/2 Adagio	Recitativo accompagnato „Chi sa che non sia questa“ (Cecilio) **Nr. 13 Aria** „Ah se a morir mi chiama“ (Cecilio) Es-Dur 3/4 Largo ma non tanto	**Nr. 14 Aria** „A partir tu mi condanni“ (Cecilio) Es-Dur 4/4 Cantabile

MOZART	BACH	ANFOSSI
SCENA X Recitativo „Perché mi balzi in seno“ (Giunia, Celia) **Nr. 15 Aria** „Quando sugl'arsi campi“ (Celia) A-Dur 4/4 Allegro	SCENA VII Recitativo accompagnato „Perché mi balzi in seno“ (Giunia)	
SCENA XI Recitativo accompagnato „In un istante oh come“ (Giunia) **Nr. 16 Aria** „Parto, m'affretto“ (Giunia) C-Dur 4/4 Allegro assai	**Nr. 14 Aria** „Ah se il crudel periglio“ (Giunia)[5] C-Dur 2/4 Andante	SCENA VIII Recitativo „Oh come il mio spavento“ (Giunia)
SCENA XII **Nr. 17 Coro** „Se gloria il crin ti cinse“ (Silla, Aufidio) F-Dur 4/4 Allegro Recitativo „Padri coscritti, io che pugnai per Roma“ (Silla, Aufidio, Giunia)	SCENA VIII **Nr. 15 Coro** „Se gloria il crin ti cinse“ (Silla, Aufidio) F-Dur 3/4 Allegro SCENA IX Recitativo „Padri coscritti, io che pugnai per Roma“ (Silla, Aufidio, Giunia)	SCENA IX Recitativo „Signore, i cenni tuoi“ (Silla, Aufidio, Giunia)
SCENA XIII Recitativo „Sposa, ah no, non temer“ (Cecilio, Silla, Giunia, Aufidio)	SCENA X Recitativo „Sposa, ah no, non temer“ (Cecilio, Silla, Giunia, Aufidio)	SCENA X Recitativo „Sposa, no, non temer“ (Cecilio, Silla, Giunia, Aufidio, Cinna)
SCENA XIV Recitativo „Come? D'un ferro armato“ (Cinna, Silla, Giunia, Aufidio, Cecilio) **Nr. 18 Terzetto** „Quell' orgoglioso sdegno“ (Silla, Cecilio, Giunia) B-Dur 2/2 Allegro	SCENA XI Recitativo „Come! D'un ferro armato“ (Cinna, Silla, Giunia, Aufidio, Cecilio) **Nr. 16 Terzetto** Quell' orgoglioso sdegno“ (Silla, Cecilio, Giunia) D-Dur 4/4 Allegro	**Nr. 15 Terzetto** „Perfidi, il vostro ardire“ (Silla, Cecilio, Giunia) B-Dur 4/4 Allegro con spirito
<u>ATTO TERZO</u> SCENA I Recitativo „Ah sì, tu solo, amico“ (Cecilio, Cinna, Celia) **Nr. 19 Cavatina** „Strider sento la procella“ (Celia) B-Dur 4/4 Allegro	<u>ATTO TERZO</u> SCENA I Recitativo „Ah sì, tu solo, amico“ (Cecilio, Cinna) SCENA II Recitativo „D'ascoltar Giunia“ (Celia, Cecilio, Cinna) **Nr. 17 Cavatina** „Strider sento la procella“ (Celia) G-Dur 4/4 Allegro moderato	<u>ATTO TERZO</u>

MOZART	BACH	ANFOSSI
SCENA II Recitativo „Forse tu credi, amico“ (Cecilio, Cinna) **Nr. 20 Aria** „De’ più superbi il core“ (Cinna) D-Dur 4/4 Allegro	SCENA III Recitativo „Forse tu credi, amico“ (Cecilio, Cinna) **Nr. 18 Aria** „De’ più superbi il core“ (Cinna) D-Dur 4/4 Allegro moderato	
SCENA III Recitativo „Ah no, che ’l fato estremo“ (Cecilio, Giunia)	SCENA IV Recitativo „Ah no, che ’l fato estremo“ (Cecilio, Giunia)	SCENA I Recitativo „Ah no, che ’l fato estremo“ (Cecilio, Giunia)
SCENA IV Recitativo „Tosto seguir tu déi“ (Aufidio, Cecilio, Giunia) **Nr. 21 Aria** „Pupille amate“ (Cecilio) A-Dur 3/8 Tempo di Menuetto	SCENA V Recitativo „Tosto seguir tu déi“ (Aufidio, Cecilio, Giunia) **Nr. 19 Aria** „Pupille amate“ (Cecilio) A-Dur 3/8 Andantino	SCENA II Recitativo „Tosto seguir tu déi“ (Aufidio, Cecilio, Giunia) **Nr. 16 Aria** „Resta in pace, amato bene“ (Cecilio) C-Dur 2/4 Andantino espressivo
SCENA V Recitativo accompagnato „Sposo… mia vita… Ah dove“ (Giunia) **Nr. 22 Aria** „Fra i pensier più funesti di morte“ (Giunia) c-Moll 2/2 Andante	SCENA VI Recitativo accompagnato „Sposo… mia vita… Ah dove“ (Giunia) **Nr. 20 Aria** „Fra i pensier più funesti di morte“ (Giunia) f-Moll 4/4 Allegro di molto	SCENA III Recitativo accompagnato „Sposo… mia vita… Ah dove“ (Giunia) **Nr. 17 Aria** „Fra i pensier più funesti di morte“ (Giunia) Es-Dur 4/4 Allegro con spirito
SCENA VI Recitativo „Celia, Cinna, non più.“ (Silla, Cinna, Celia) [Aria „Se al generoso ardire“ (Silla)][1]	SCENA VII Recitativo „Celia, Cinna, non più.“ (Silla, Cinna, Celia) Recitativo accompagnato „Amor, gloria, vendetta“ (Silla) **Nr. 21 Aria** „Se al generoso ardire“ (Silla) Es-Dur 3/4 Andantino	
SCENA VII Recitativo „Anima vil, da Giunia“ (Giunia, Silla, Cinna, Celia)	SCENA VIII Recitativo „Anima vil, da Giunia“ (Giunia, Silla, Cinna, Celia)	
SCENA ULTIMA Recitativo „Lo sposo mio? Che miro?“ **Nr. 23 Finale col coro** „Il gran Silla a Roma in seno“ (Cecilio, Aufidio, Giunia, Silla, Cinna, Celia) D-Dur 3/4 Allegro	SCENA ULTIMA Recitativo „Lo sposo mio! Che miro!“ **Nr. 22 Coro** „Il gran Silla a Roma in seno“ (Cecilio, Aufidio, Giunia, Silla, Cinna, Celia) B-Dur 4/4 Allegro maestoso	SCENA ULTIMA Recitativo „Roma, il senato e il popolo m’ascolti“ **Nr. 18 Coro** „Questo amplesso, eterni dèi“ (Cecilio, Aufidio, Giunia, Silla, Cinna, Celia) A-Dur 3/8 Andante sostenuto

1 Von Mozart nicht vertont.
2 Entspricht bei Mozart einem Teil der Scena II/1.
3 Entspricht bei Mozart inhaltlich Teil der Scena II/5 (Rezitativ und Arie Nr. 11).
4 Entspricht bei Mozart inhaltlich Scena II/4 und Scena II/6 (Nr. 12).
5 Entspricht bei Mozart Scena II/5 (Nr. 11).

LUCIO SILLA AUF DER BÜHNE

Aufführungen im 20. und 21. Jahrhundert (Auswahl)

Zusammengestellt von Stefanie Krenner und Till Reininghaus

Reihenfolge der Partien, soweit ermittelbar: Dirigent, Regisseur
(Silla, Giunia, Cecilio, Lucio Cinna, Celia, Aufidio), Aufführungsort

1929	Max Rudolf, Ewald Schindler (N.N.), Prag (in deutscher Sprache)
1954	Rudolf Neuhaus, Erich Geiger (Thomann, Glowa-Burckhardt, N.N.), Dresden
1964	Bernhard Conz, Christoph Groszer (Dooley, Muszely, Grobe, Lange, Witzmann, Franc), Salzburger Festspiele
1967	Camden Town Hall, London
1972	Ewald Körner, Walter Oberer (Morgan, N.N., Döse, N.N.), Bern
1975	Leopold Hager (Schreier, Augér, Varady, Mathis, Donath, Krenn), Mozartwoche Salzburg (konzertante Aufführung)
1981	Nikolaus Harnoncourt, Jean-Pierre Ponnelle (N.N.), Zürich
1984/85	Sylvain Cambreling, Patrice Chéreau (Rolfe Johnson, Cuberi, Murray, Aruhn, Barbaux, Baasbank), Mailand/Nanterre/Brüssel
1987	Julius Rudel, N.N. (di Cesare, Drivala, Pierotti, N.N.), Barcelona
1988	Gerard Schwarz, Amy Kaiser (Hadley, Chalker, Jones, Schuman, Welting, Kazaras), New York (konzertante Aufführung)
1991	Arnold Östman, Jean-Pierre Ponnelle nach Grischa Asagaroff (Moser, Gruberova, Murray, Kenny, Lind, Jelosits), Wien
	Mozart Festival Warschau, Warsaw Chamber Opera
1992	Gerard Schwarz (Cole, Wolf, Bartoli, Schuman, Blackwell, Raftery), New York (konzertante Aufführung)
1993	Sylvain Cambreling, Peter Mussbach (Delamboye, Orgonasova, Graham, Szmytka, Grant Murphy, Banks), Mozartwoche Salzburg
1998	Fabrizio Ventura, Brigitte Fassbaender (Martinez, Oltivanyi, Vondung, Tsalos, Boylan, Shamiye), London
	Festival Theatre Edinburgh
2001	Jonathan Darlington, N.N. (Raftery, Walz, Hammarström, Mulhern, Marin-Degor, Edwards), Lausanne

2003 Sébastien Rouland, Ludger Engels (Aeberhard, Walz, Radziejewska, Wibom, Matsuokas Tsarev), Luzern

2004 Adam Fischer, Jossi Wieler (Francis, Bonde-Hansen, Jepson, Sieden, Chum), Amsterdam

2005 Nikolaus Harnoncourt, Claus Guth (Streit, Petibon, Fink, Dasch, Janková, Frey), Wien

Peter Kuhn (Fankhauser, Tjønn, Vedernjak, Bauer, Hoppe, N.N.), Gießen (konzertante Aufführung)

2006 Bernhard Epstein, Olga Motta (Fritz, Schneider, Prudenskaja, Dulic, Schneider), Hannover

Tomás Netopil, Jürgen Flimm (Saccà, Massis, Bacelli, Cangemi, Kleiter, Ferrari), Salzburger Festspiele (Koproduktion mit Venedig)

2007 Konrad Junghänel, Olga Motta (Fritz, Schneider, Prudenskaja, Kancheva, Sukamanova), Stuttgart

Adam Fischer, Günter Krämer (Odinius, Ptassek, Sandis, Laszczkowski, Labin, Truisi), Mannheimer Opernsommer, Schwetzingen

Andreas Stoehr, Christof Loy (Kristensen, Kermes, Martinez, Elmark, Eichenholz), Kopenhagen (Koproduktion mit Düsseldorf)

2008 Andreas Stoehr, Christof Loy (Rankin, Kermes, Martinez, Avemo, Noack, Roschkowski), Düsseldorf (Koproduktion mit Kopenhagen)

Patrick Peire, Ludger Engels (Richter, Zamojska, Kim, Havranová, Gong, Gionfriddo), Freiburg (Koproduktion mit dem Stadttheater Aachen)

2009 Marcus Bosch, Ludger Engels (Tralla, Bourvé, Danova, Mayer, Berard, Havranova, Kim), Aachen (Koproduktion mit dem Stadttheater Freiburg)

2010 Guido J. Rumstadt, Dieter Kaegi (Klink, Bruera, Knorren, Marguerre, Hool, Kim), Nizza

Thomas Rösner, Emmanuelle Bastet (Simu, Archibald, Gardina, Azzaretti, Lazarenko, Crook), Nantes (Koproduktion mit Rennes)

Claude Schnitzler, Emmanuelle Bastet (Simu, Casey, Hammarström, Azzaretti, Lazarenko, Crook), Rennes (Koproduktion mit Nantes)

2012 Robert Page (Gregory, Romaniw, Hellier, Dennis, Watson, N.N.), London (konzertante Aufführung)

Peter Kuhn (Sturm, Tjønn, Vedernjak, Rohrbach, Boos, N.N.), Remscheid/ Solingen (konzertante Aufführungen)

2013 Marc Minkowski, Marshall Pynkoski (Villazon, Peretyatko, Crebassa, Kalna, Liebau), Mozartwoche Salzburg (Koproduktion mit den Salzburger Festspielen und in Kooperation mit dem Musikfest Bremen)

DISKOGRAPHIE LUCIO SILLA

Gesamtaufnahmen im Präsenzbestand der Mozart Ton- und Filmsammlung der Stiftung Mozarteum Salzburg

Zusammengestellt von Stefanie Krenner

Reihenfolge der Partien: Dirigent (Lucio Silla, Giunia, Cecilio, Lucio Cinna, Celia, Aufidio; Orchester, Chor)

Audio

1961	Carlo Felice Cillario (Ferrari, Gatta, Cossotto, Rota, Falachi, Pontiggia; Orchestra da Camera dell'Angelicum di Milano, Coro Polifonico di Milano) Harmonia Mundi HM 30611/13
1964	Bernhard Conz (Dooley, Muszely, Grobe, Lange, Witzmann, Franc; Mozarteum Orchester Salzburg, Kammerchor der Salzburger Festspiele) Livemitschnitt Salzburger Festspiele, ORF Salzburg
1975	Leopold Hager (Schreier, Augér, Varady, Mathis, Donath, Krenn; Mozarteum Orchester Salzburg, Salzburger Rundfunk- und Mozarteumchor) Deutsche Grammophon 479 1248 Philips 422 532-2 Deutsche Grammophon 002894791248 (Neuauflage 2013)
1985	Sylvain Cambreling (Rolfe Johnson, Cuberli, Murray, Aruhn, Barbaux, van Baasbank, Orchestre du Théâtre Royal de la Monnaie, Chœurs du Théâtre Royal de Monnaie) Brilliant Classics 92540; 92633/15-17
1989	Nikolaus Harnoncourt (Schreier, Gruberova, Bartoli, Kenny, Upshaw; Concentus Musicus Wien, Arnold Schönberg-Chor) Teldec 2292-44928-2
1991	Arnold Östman (Moser, Gruberova, Murray, Kenny, Lind, Jelosits; Orchester der Wiener Staatsoper, Chor der Wiener Staatsoper) Livemitschnitt Wiener Staatsoper, Bayerischer Rundfunk

1993 Sylvain Cambreling (Delamboye, Orgonasova, Graham, Szmytka, Grant, Murphy, Banks; Camerata Academica Salzburg, Salzburger Bachchor)
Livemitschnitt Salzburger Mozartwoche, ORF Salzburg

2001 Adam Fischer (Odinius, Nold, Hammarström, Bonde-Hansen, Elmark; The Danish Radio Sinfonietta, Ars Nova Copenhagen)
Dacapo 8226069-71

2006 Tomás Netopil (Saccà, Massis, Bacelli, Cangemi, Kleiter, Ferrari; Orchestra del Teatro La Fenice, Coro del Teatro La Fenice)
Livemitschnitt Salzburger Festspiele, Bayerischer Rundfunk

2006 Nikolaus Harnoncourt (Schade, Petibon, Fink, Dasch, Janková, Frey; Concentus Musicus Wien, Arnold Schönberg-Chor)
Livemitschnitt Theater an der Wien/Wiener Festwochen, ORF Wien

2006 Tomás Netopil (Saccà, Massis, Bacelli, Cangemi, Kleiter, Ferrari; Orchestra del Teatro La Fenice, Coro del Teatro La Fenice)
Livemitschnitt Teatro La Fenice Venedig
Dynamic CDS 524/1-2

2009 Marcus Bosch (Tralla, Bourvé, Danova, Mayer, Berard, Havranova, Kim; Sinfonieorchester Aachen, Opernchor des Theaters Aachen)
Premiere Opera Ltd. CDNO 3523-3

2013 Marc Minkowski (Villazon, Peretyatko, Crebassa, Kalna, Liebau; Les Musiciens du Louvre, Salzburger Bachchor)
Livemitschnitt Salzburger Mozartwoche, ORF Salzburg

Video

1993 Sylvain Cambreling (Delamboye, Orgonasova, Graham, Szmytka, Grant Murphy, Banks; Camerata Academica Salzburg, Salzburger Bachchor)
Fernsehmitschnitt Salzburger Mozartwoche, ORF Wien

2006 Tomás Netopil (Saccà, Massis, Bacelli, Cangemi, Kleiter, Ferrari; Orchestra del Teatro La Fenice, Coro del Teatro La Fenice)
Fernsehmitschnitt Salzburger Festspiele
Deutsche Grammophon 00440 073 422-6; 073 422-1

REGISTER DER ERWÄHNTEN WERKE WOLFGANG AMADÉ MOZARTS

Bildnachweise und -rechte

Umschlag, S. 25, 26, 29, 30, 38, 42: Szenenfotos der *Lucio Silla*-Produktion der Mozartwoche 2013 von Matthias Baus.

S. 16, 21, 122, 133, 150: Wolfgang Amadé Mozart, *Lucio Silla*. Autographe Partitur. Krakow: Biblioteka Jagiellońska, Signatur: *Mus. ms. autogr. 135*, Bd. 1: fol. 1r, 1v, 36v, 77v; Bd. 2: fol. [37r].

S. 46: Johann Nepomuk della Croce(?), *Wolfgang Amadé Mozart als Ritter vom Goldenen Sporn*, 1777. Ölkopie von Antonio Maria Nardi, 1926. Salzburg: Internationale Stiftung Mozarteum, Mozart-Archiv, Inventar-Nr. *330*.

S. 51: Samuel Freeman, *Venanzio Rauzzini*. Veröffentlicht von Vernor, Hood & Sharpe; nach einem Punktierstich von William Mineard Bennett, veröffentlicht am 1. Mai 1807. London: National Portrait Gallery.

S. 52: Leopold Mozart an seine Frau Maria Anna, 18. Dezember 1772. Autographer Brief, BD 271. Salzburg: Internationale Stiftung Mozarteum, Bibliotheca Mozartiana, Signatur: *DocBD 271*.

S. 60: *Pietro Metastasio*. Kupferstich in der Ausgabe seiner Werke, Paris 1780/82. Salzburg: Internationale Stiftung Mozarteum, Bibliotheca Mozartiana, Signatur: *Rara Lit 150b*.

S. 79: Lucius Cornelius Sulla, vermutlich Porträt-Büste um 50/40 v. Chr. Berlin, akg-images.

S. 82, 112, 139, 201: Giovanni De Gamerra/Wolfgang Amadé Mozart, *Lucio Silla*. Libretto-Druck, Mailand 1773. Bologna: Civico Museo Bibliografico Musicale G. B. Martini, Signatur: *Lo.3342*, Titelseite, *Argomento* (S. 5), Personenverzeichnis (S. 7), *Scena III/7* (S. 67).

S. 108: *Porträt Giovanni De Gamerra*. Kupferstich. Wien: Österreichische Nationalbibliothek, Porträtsammlung, Inventar-Nr. *PORT 00093172 01*.

S. 143: Johann Christian Bach, *Lucio Silla*. Zeitgenössische Partitur-Abschrift. Darmstadt: Universitäts- und Landesbibliothek, Signatur: *Mus. ms. 60*, Titelseite, fol. 55v, 57v.

S. 146, 157: Pietro Bettelini, Kupferstich *Starsänger des 18. Jahrhunderts*. Dresden: Staatliche Kunstsammlung, Kupferstich-Kabinett, Inv.-Nr. *A 1 27313* in *A 877, 2* – Deutsche Fotothek, Aufnahme-Nr. *FD 262 455*.

S. 184: Thomas Gainsborough, *Johann Christian Bach*, Öl auf Leinwand, 1776. London: National Portrait Gallery, Inventar-Nr. *NPG 5557*.

S. 204: Friedrich II. von Preußen, *Sylla*. Text-Druck, Berlin 1753. Salzburg: Internationale Stiftung Mozarteum, Bibliotheca Mozartiana, Signatur: *Lib Syl 1*, Titelseite.

S. 216: Giovanni De Gamerra/Pasquale Anfossi, *Lucio Silla*. Libretto-Druck, Venedig 1774. Mailand: Biblioteca Nazionale Braidense, Signatur: *Racc.dramm.4043*, Titelseite.

IMPRESSUM

Medieninhaber und für den Inhalt verantwortlich:
Internationale Stiftung Mozarteum (Schwarzstraße 26, A-5020 Salzburg)
Redaktion: Ulrich Leisinger, Till Reininghaus
Satz: Stiftung Mozarteum Salzburg, Media Design: Rizner.at
Druck: Samson Druck GmbH, St. Margarethen

Die vorliegende Publikation ist im Rahmen der
Digitalen Mozart-Edition (DME) entstanden, einem
Kooperationsprojekt zwischen The Packard Humanities Institute, Los Altos/CA,
und der Internationalen Stiftung Mozarteum, Salzburg.

Bibliografische Information der Deutsche Nationalbibliothek
Die Deutsche Nationalbibliothek verzeichnet diese Publikation in der Deutschen Nationalbibliographie;
detaillierte bibliografische Daten sind im Internet über http://dnb.d-nb.de abrufbar.

ISBN 978-3-7025-0736-7